W0177787

Kräuter aus dem Garten

Kräuter
aus dem Garten

Franz-Xaver Treml

KOSMOS

Der Autor

Franz-Xaver Treml ist Deutschlands einziger
Raritätengärtner. In seiner Gärtnerei im Bayerischen Wald finden seit über 15 Jahren mehr
als 3 000 exotische und noch unbekannte
Kräuter eine deutsche Heimat.
In diesem Buch gibt er viele Ratschläge und
Tipps, wie exotische Kräuter, aber auch alle alt-
bekannten Küchen- und Heilkräuter sowie Gewürze und Wildkräuter auch bei uns wachsen
und gedeihen. Außerdem legt er großen Wert
auf die Verwendung der Kräuter für Gesundheit
und Küche.
Lassen Sie sich entführen in die Welt der
Kräuter!

Der Kräuter-Experte Franz-Xaver Treml
erklärt in seiner Raritäten-Gärtnerei
die Heilkraft und Wirkstoffe der Kräuter.

Die Raritäten-Gärtnerei von Franz-Xaver Treml – ein Ort zum Staunen, Schwelgen und Genießen.

Inhalt

Griechisches Basilikum (links) mit Duftgeranie (Mitte) und Bergminze (rechts)

Zum Gebrauch dieses Buches

Dieses Buch ist nach Pflanzengruppen geordnet (siehe Inhalt Seite 5). Innerhalb der Gruppen sind die Pflanzen nach botanischen Namen sortiert.

Deutscher Name

Botanischer Name Der botanische Name setzt sich aus zwei Teilen zusammen. Der erste Name bezeichnet die Gattung, der zweite die Art. Manchmal befindet sich ein × zwischen dem Gattungs- und dem Artnamen. Dann handelt es sich um eine Hybride. Ein × vor dem Gattungsnamen bedeutet, dass man es mit einer Gattungshybride zu tun hat
Syn. weist auf einen oder mehrere synonyme Namen hin, unter dem/denen die Pflanze auch bekannt ist und gehandelt wird.

Name der Sorte Steht immer in einfachen Anführungsstrichen. Leider kann in diesem Buch aus Platzgründen nur eine kleine Auswahl genannt werden. Auch gibt es nicht in jedem Geschäft jede Sorte. In Ihrem Gartenfachhandel können Sie sich über das aktuelle Sortiment informieren.

Standort Symbole von links nach rechts: sonnig, hell (ohne direkte Sonneneinstrahlung), halbschattig, schattig

Pflanzenhöhe Hier ist die durchschnittliche Wuchshöhe angegeben. Durch hohes oder niedriges Licht- und Nährstoffangebot kann es zu Abweichungen kommen. Hängende Pflanzen können oft mit Kletterhilfe auch aufrecht gezogen werden. Bitte beachten Sie auch, dass die Sorten eine andere Höhe haben können als die Art.

Blütenfarbe Hier ist die Blütenfarbe der in der Überschrift genannten Art abgebildet: Farbvariation in Weiß, Gelb, Orange, Rosa, Rot, Violett, Blau, Grün, Braun.

Blatt-Sellerie

Blatt-Sellerie
Apium graveolens var. *secalinu*

		Höhe 40–60 cm	Erntezeit Juni bis Okt

Blatt-Sellerie wächst buschig aufrecht. D Blattstiele sind grün und fleischig. Selleri kann ein- oder zweijährig gezogen werde bildet keine Knollen. Durch das Abdecken Stiele mit Stroh kann man sie bleichen.
Standort Sellerie braucht einen sonnige halbschattigen Platz und nahrhafte, feuc Böden, die sich leicht erwärmen.
Pflege Geben Sie regelmäßig ausreiche Wasser und Dünger. Sellerie ist empfindli genüber Spätfrösten.
Vermehrung Aussaat ab März, Direktsa Freiland ab Mai, Samen nur leicht abdeck

BLÜTENFARBE

BLÜTEZEIT

Jan	Feb	März	April	Mai

Erntezeit
Monate, in denen das Kraut oder ein Teil davon geerntet werden kann.

Pflege
Pflegeleicht: schon für Anfänger geeignet
anspruchsvoll: für Fortgeschrittene
Wenn nichts angegeben ist, braucht man für die erfolgreiche Kultur die Grundkenntnisse der Kräuterpflege.

Topfkultur
Pflanze kann auch in Topf und Kübel auf Balkon oder Terrasse gezogen werden.

Giftigkeit
Viele Kräuter, zum Beispiel Rosmarin und Salbei, dürfen nicht während der Schwangerschaft eingenommen werden. Auch bei Kindern ist manchmal Vorsicht geboten. Das ist in dem Buch teilweise, aber nicht immer erwähnt.

pflege-
eicht

Ernten Junge Blätter vor der Blüte.
Gesundheit und Küche Sellerie ist sehr gesund und regt Kreislauf, Stoffwechsel und die Säurebildung im Magen an. Durch seinen hohen Kaligehalt fördert Sellerie die Entwässerung und wirkt belebend. In der Küche würzt er Suppen, Eintöpfe, Saucen und Salate. Selleriestiele können auch roh verzehrt werden.
Weitere Art Die Stiele des Bleich-Selleries (*Apium graveolens* var. *dulce*) sind gelblich bis weiß und bleichen von selbst.
Weitere Namen Stiel-Sellerie, Stangen-Sellerie, Schnitt-Sellerie

Die deutschen Namen
Die Namen können regional sehr unterschiedlich sein. Es kann sogar vorkommen, dass zwei verschiedene Pflanzen in der Umgangssprache denselben deutschen Namen haben. Eindeutig ist nur der botanische Name, allerdings kommt es auch hier immer wieder zu Umbenennungen.

Arten und Sorten
Bitte beachten Sie, dass die anderen genannten Arten und Sorten oft etwas abweichend von der ausführlich beschriebenen Art gepflegt werden müssen.

Blütezeit Im farblich hervorgehobenen Feld ist die durchschnittliche Blütezeit angegeben.

Juli   *Aug*   *Sept*   *Okt*   *Nov*   *Dez*

Pink Hyssop
Hyssopus officinalis

Rainbow Falls Thyme
Thymus serpyllum Rainbow
Falls

Andersons Thyme

Mother of Thyme
Thymus serpyllum

Dartm...
Thymus serpyllum...

Edward Bowles
Lavender

Kräuterpflege

Bereits seit Jahrtausenden beschäftigen sich Menschen mit Kräutern: ihrem Anbau und Pflege sowie ihrer Verwendung in der Heilkunde und in der Küche. Heute können Kräuterfans aus einer Vielzahl an ganz unterschiedlichen Arten und Sorten wählen. Für jeden Geschmack und Verwendung ist ein Kraut gewachsen.

Der richtige Standort ist die Voraussetzung dafür, dass sich die beliebten Pflanzen in unserem Garten oder auf der Fensterbank wohlfühlen und gedeihen und ihre typischen Aromen und Inhaltsstoffe bilden können. Achten Sie schon beim Einkauf darauf, welche speziellen Ansprüche dieses oder jenes Kraut hat, und ob Sie diese in Ihrem Garten erfüllen können. Dann kann praktisch nichts mehr schiefgehen.

Rückschnitt, Trocknen, Vermehrung – alle grundlegenden Informationen von der Anlage Ihres Kräutergartens bis zur Ernte und Verwendung Ihrer Lieblingskräuter finden Sie auf den nächsten Seiten. Alle spezielleren Fragen werden bei den jeweiligen Kräuterporträts ab Seite 30 beantwortet.

Einkauf der Kräuter

Viele Küchenkräuter finden Sie in Gärtnereien oder Gartencentern in Ihrer Nähe. Wenn Sie aber nicht alltägliche Arten und Sorten in Ihren Kräutergarten pflanzen möchten, besuchen Sie am besten eine spezialisierte Kräutergärtnerei. Kräutergärtnereien haben meist eine breite Auswahl an gängigen Arten, oft aber auch viele Raritäten in ihrem Sortiment. Die meisten spezialisierten Kräutergärtnereien geben eigene Kataloge heraus, die gegen eine Schutzgebühr bestellt werden können. Darin werden die Kräuter mit ihren Standortansprüchen beschrieben und können oft auch direkt bestellt werden. Die namhaften Kräutergärtnereien sind auch im Internet zu finden. Adressen finden Sie auf Seite 310.

Es lohnt sich aber auch, diese Gärtnereien zu besuchen. Dort werden Sie ausführlich über die Pflege und Verwendung der Kräuter beraten, und Sie können sich von der Vielzahl der Aromen inspirieren lassen.

Vorbereitung

Überlegen Sie am besten vor dem Besuch in der Gärtnerei, welche Kräuter Sie in Ihrem Garten oder auf Balkon und Terrasse pflegen möchten und wie viel Platz dazu zur Verfügung steht. Denken Sie daran, dass viele mehrjährige Kräuter in späteren Jahren mehr Platz benötigen als die kleinen Jungpflanzen. Planen

Die Grundausstattung für den Kräutergärtner sind Gießkanne und Pflanzschaufel. Viele andere Werkzeuge erleichtern die Arbeit, sind aber nicht unbedingt nötig.

Viele selbst gezogene Kräuter können Sie trocknen und für Tees oder Tinkturen verwenden.
Genaue Angaben dafür finden Sie in den jeweiligen Porträts.

Sie für das erste Kräuterjahr einjährige Pflanzen ein, die mögliche Lücken füllen. Schreiben Sie sich dann eine Einkaufsliste, die Sie beim Einkaufen begleitet. So haben Sie immer im Blick, wie viele Pflanzen Sie brauchen.

Kräuterwahl
Achten Sie bei der Auswahl der Kräuter für ein Beet darauf, möglichst hoch und niedrig wachsende Pflanzen zu nehmen. Hoch wachsende Kräuter setzen Sie am besten in die Mitte oder ans Ende des Beetes. Niedrig wachsende Kräuter dagegen kommen in die Ecken oder in den vorderen Beetbereich.
Achten Sie auch darauf, welche verschiedenen Aromen und Düfte Ihre Kräuter haben. Sie können sich mit vielerlei unterschiedlichen Düften umgeben und aus einem umfangreichen Aromen-Spektrum wählen.

Pflanzenqualität
Zwar ist es recht schwierig, die innere Qualität der Pflanzen von außen zu sehen, aber es gibt einige Qualitätskriterien, die Sie leicht selbst prüfen können. Schauen Sie sich die Pflanze im Geschäft genau an, bevor Sie zur Kasse gehen. Achten Sie besonders darauf, dass die ausgewählten Kräuter gesund und kräftig wirken und ihre Blätter ohne Verfärbungen, Beläge und Flecken sind. Die ausgewählte Pflanze sollte viele Blatt- und Blütenansätze und mehrere Triebe haben. Außerdem sollte sie frei von jeglichem Schädlingsbefall, zum Beispiel Weiße Fliege oder Läuse, sein. Viele Schädlinge fallen auf den ersten Blick auf, schauen Sie aber auch die Blattunterseite des Krauts und die Triebspitzen an. Der Topfballen sollte gut durchwurzelt und die Erde feucht, aber nicht zu nass sein.

Zuhause
Sobald Sie mit den Kräutern zu Hause angekommen sind, sollten Sie die Pflanzen sofort auspacken und vom Transport beschädigte, abgeknickte oder welke Triebe entfernen.
Dann wird die Erdfeuchtigkeit überprüft und die Töpfe werden gegebenenfalls angegossen. Wenn die Pflanzen bereits in der Gärtnerei abgehärtet wurden, können Sie sie direkt in das Beet pflanzen.

Der beste Standort für den Kräutergarten

Kräuter und Gewürze werden in der Küche oft schnell gebraucht. Planen Sie Ihren Kräutergarten daher am besten in Hausnähe ein. Wenn Sie dann noch einen Wasseranschluss in der Nähe haben, erspart Ihnen das viel Gießarbeit in heißen Sommern.

Boden

Der Boden im geplanten Kräutergarten sollte möglichst leicht und durchlässig sein, sodass keine Staunässe entstehen kann. Außerdem müssen genügend Nährstoffe verfügbar und es sollten keine Steine im Boden sein.

Manche Kräuter haben ganz spezielle Bodenansprüche, die in dem jeweiligen Porträt angegeben sind. Sandige Lehmböden sind aber für die meisten Kräuter am besten geeignet.

Ein sonniger Platz ist ideal für Ihren Kräutergarten.

In einer Kräuterspirale finden viele Kräuter mit ganz unterschiedlichen Standortansprüchen ein Zuhause.

Grundsätzlich kann man sagen, dass hartlaubige Kräuter, zum Beispiel Bohnenkraut, Thymian und Rosmarin, eher in sandige Böden gepflanzt werden, weichlaubige Kräuter wie Pfefferminze dagegen humusreiche, zum Beispiel mit Kompost angereicherte Gartenerde, bevorzugen.

Licht

Am wichtigsten aber ist die Sonne. Weil viele der beliebten Kräuter ursprünglich im warmen Mittelmeerklima zu Hause sind, brauchen sie einen sonnigen Standort. Vor einer vor Wind schützenden Wand, Mauer oder Hecke gedeihen Kräuter besonders gut.

Aber auch für schattigere Ecken im Kräutergarten gibt es die geeigneten Pflanzen. Viele Kräuter, die bei uns heimisch sind, fühlen sich auch im Halbschatten wohl.

Dagegen sind schattige Plätze mit Durchzug oder stehender Luft nicht für einen Kräutergarten geeignet. Vermeiden Sie lieber solche Standorte, denn die Pflanzen würden dort kränkeln.

Anlage eines Kräutergartens

Bevor Sie mit dem Pflanzen starten, sollten Sie sich kurz Gedanken über die Art und Größe des Kräutergartens machen. Ein Würzkräutergarten für eine ganze Familie kann schon mit einem 3 mal 4 Meter großen Beet verwirklicht werden. Wenn Sie nur einige Minzen für den Tee oder Basilikum pflegen möchten, sind Kräutertöpfe oder -tröge bereits ausreichend.

Kräuterspirale

Mit einer Kräuterspirale können auf relativ kleinem Raum (3 Meter Durchmesser) etliche Kräuter mit verschiedenen Standortansprüchen eine Heimat finden. Mediterrane Kräuter, wie Thymian, Oregano und Lavendel, gedeihen am besten an der Spitze, wo es am trockensten und am sonnigsten ist. Am Fuß fühlen sich Melisse, Agastachen oder Minzen wohl. Zunächst wird auf einer kreisrunden Fläche ein 50 bis 70 cm hoher Steinhügel errichtet, der mit Gartenerde oder Mischboden aufgefüllt wird. Anschließend setzt man mit Natursteinen eine spiralförmig aufgebaute Trockenmauer darauf.

Innen wird mit einem Gemisch aus zwei Dritteln Gartenerde, einem Drittel Kompost und etwas Sand aufgefüllt. Im mittleren und unteren Teil der Spirale können Sie gleich mit organischem Dünger aufdüngen. Dann die gewünschten Kräuter einsetzen. Im Frühjahr des nächsten Jahres müssen manche Kräuter nachgepflanzt werden, weil der Frost dem erhöhten Beet stärker zusetzen kann. Wenn gegen Ende März immer noch kein frischer, grüner Austrieb zu sehen ist, müssen die erfrorenen Pflanzen vorsichtig mit dem Wurzelballen aus der Erde genommen werden und durch neue ersetzt werden. Füllen Sie das Pflanzloch mit Sand und frischer Erde auf. Gut angießen nicht vergessen!

Bodenvorbereitung

Ist der optimale Standort gefunden, können Sie mit den Vorbereitungsarbeiten beginnen. Dazu gehört das grobschollige Umgraben des Bodens im Herbst vor der Anpflanzung. Dabei werden auch gleichzeitig alter Bewuchs und Wurzelunkräuter entfernt.
Der Frost im Winter sprengt dann die Schollen durch gefrierendes Wasser auf und macht den Boden feinkrümelig.

Entfernen Sie vor dem Pflanzen alten Bewuchs, Unkräuter und Steine vom Beet.

Lockern Sie beim Umgraben den Boden und werfen Sie die Schollen grob um.

Im Frühjahr, wenn der Boden nicht mehr gefroren ist, sollten Sie bei sandigen Böden zur Bodenverbesserung abgelagerten Kompost oder Rindenhumus einarbeiten. Dadurch wird der Boden mit Nährstoffen angereichert, die sich nicht so leicht durch starken Regen auswaschen können. Bei zu schweren und zu tonhaltigen Böden dagegen wird der Boden mit Sand oder Kompost aufgelockert. Warten Sie mit der Anpflanzung dann drei bis vier Wochen, damit das Bodenleben sich wieder einpendeln kann.

Pflanzung

Im Frühjahr, sobald die Tage wärmer werden und in den Nächten keine Fröste mehr zu erwarten sind, können vorgezogene oder gekaufte Kräuter in den Garten gesetzt werden. Auch die Aussaat direkt ins Freiland ist möglich. Im Herbst, ab Mitte September, werden mehrjährige Kräuter gepflanzt, zum Beispiel Salbei, Thymian oder Bergminze.
Ist das Beet vorbereitet und sind die Pflanzen gekauft, dann können Sie mit dem Pflanzen beginnen. Ebnen Sie zunächst das Beet mit einem Rechen ein. Dann positionieren Sie die Pflanzen an ihrem Pflanzplatz. Achten Sie dabei auf die Standortansprüche und Wuchsgrößen der Kräuter. Wenn die Topfballen sehr trocken sind, werden diese zuerst in ein Wasserbad getaucht, bis keine Luftblasen mehr aufsteigen.
Mit einer Pflanzschaufel werden nun die Pflanzlöcher ausgehoben, die etwas größer als der Topf sein sollten. Dann kommt der Wurzelballen so tief in das Loch, dass er auf gleicher Höhe wie der Boden ist. Füllen Sie den Zwischenraum zwischen Boden und Wurzelballen mit Erde auf und drücken Sie alles gut an. Nachdem gepflanzt wurde, müssen die Kräuter kräftig gewässert werden. Trockenheit in der Anwuchsphase kann Pflanzenschäden und Wachstumsstockungen zur Folge haben.

Lücken im Kräuterbeet füllen

Wenn im Kräutergarten noch Lücken sind, können Sie diese mit einjährigen Kräutern wie Borretsch oder Kapuzinerkresse füllen. Säen Sie diese im Mai in lockeren Boden, dann angießen. Achten Sie während der Keimphase auf ausreichende Bodenfeuchtigkeit.

Kräuter auf Balkon und Terrasse

Viele Kräuter-Liebhaber besitzen keinen Garten und möchten trotzdem nicht auf eigene, frische Kräuter verzichten. Das ist auch nicht nötig, denn Kräuter sind auch in Topf und Kübel einfach zu pflegen. In den Kräuterporträts erkennen Sie sie an dem Topf-Symbol. Um sich aber unnötigen Ärger zu ersparen, sollte man einige Punkte beachten. Achten Sie darauf, dass der Balkon oder die Terrasse die erforderliche Tragkraft besitzt. Außerdem müssen Balkonkästen entsprechend gesichert sein, damit auch bei Wind keinerlei Gefahr von ihnen ausgehen kann.

Am besten eignet sich für Kräutertöpfe ein sonniger, windgeschützter Standort. Bei sehr starker Sonneneinstrahlung im Sommer sollte dieser aber schattierbar sein. Grundsätzlich können Sie fast alle Materialien und Gefäße für Ihren Kräuterkasten wählen. Achten Sie aber darauf, dass die Gefäße über Wasserabzugslöcher oder eine gute Drainage verfügen. Kein Kraut bekommt gerne „feuchte Füße". Jedes Material hat seine Vor- und Nachteile, die bedacht werden müssen. Die sehr edel anmutenden Ton-Kübel sind aber auch sehr schwer. Außerdem verdunstet Ton im Sommer Wasser, sodass der Gießaufwand bei diesen Gefäßen um einiges größer wird. Mittlerweile gibt es sehr schöne Terracotta-Imitate aus Plastik, die leicht zu handhaben sind. Töpfe und Kübel können an Mauern oder Hauswänden in mehreren Etagen aufgestellt werden. Stellen Sie dazu die größeren Kübel nach hinten und kleinere davor. Ergänzen Sie das Arrangement mit mehreren Kräuterampeln. So wird der Balkon zum Kräuterparadies.

In den Kräuter-Porträts ab Seite 30 ist bei jedem Porträt angegeben, ob das Kraut für Topf und Kübel geeignet ist.

Selbst im kleinsten Topf findet sich Platz für den eigenen kleinen Kräutergarten.

Grundsätzlich können Sie fast alle ein- oder mehrjährigen Kräuter in Kübel pflanzen. Bedenken Sie dabei aber, dass im Vergleich zu einem Kräuterbeet den Pflanzen ein sehr begrenztes Substrat- und damit Nährstoff- und Wasserangebot zur Verfügung steht.

Pflege der Kräuter-Töpfe
Durch das kleine Erdvolumen in den Töpfen muss der mobile Kräutergarten regelmäßig gewässert werden. Um den Gießbedarf zu verringern, kann man die Kräutertöpfe mit Wasser speichernder Kübelpflanzenerde befüllen oder Wasser speichernde Pflanzgefäße verwenden. Außerdem brauchen die Kräuter nach dem Anwachsen etwa alle drei bis vier Wochen eine zusätzliche Düngung mit handelsüblichem organischem oder mineralischem Dünger.
Im Winter können Sie Frostschäden bei mehrjährigen Kräutern vermeiden, indem Sie die Gefäße vor dem Durchfrieren schützen, zum Beispiel mit Jutesäcken, die um die Töpfe gebunden werden. Stellen Sie die Töpfe außerdem auf Styropor-Platten, das schützt vor kalten Füßen. Nicht frostharte Kräuter müssen vor den ersten Frösten hereingeholt werden.

Im Frühjahr pflanzt man Topfkräuter am besten in frische Erde um, damit die ausgelaugte Erde aus der vorherigen Saison ausgetauscht werden kann. Verwenden Sie am besten nährstoffarme Blumenerde, die Sie mit etwas Sand mischen können. Mit frischen Nährstoffen starten die Topfkräuter wieder gut vorbereitet in die neue Kräutersaison.

Kräuter auf der Fensterbank
Viele exotische Kräuter fühlen sich besonders auf der Fensterbank oder im Wintergarten wohl. Der Vorteil für uns ist, dass auch im Winter frische Kräuter zur Verfügung stehen und in unseren Wohnbereich Duft und Flair exotischer Kräuter einzieht. Sie können zum Beispiel verschiedene Salbei-Arten (*Salvia*-Arten) oder die Anisverbene (*Lippia alba*) als Zimmerpflanzen ziehen.
Achten Sie darauf, dass der ausgewählte Standort möglichst hell, aber nicht allzu warm ist. Im Winter brauchen Sie den Pflanzen keinen Dünger zu geben und sie nicht allzu viel wässern. Nach dem Winter werden die Exoten in Form geschnitten und dürfen wieder hinaus auf die Terrasse.

Pflege des Kräutergartens

Kräuter vorziehen
Einige Kräuter können Sie bereits im Winter auf der Fensterbank vorziehen, damit Sie früher ernten können. Graben Sie die Pflanzen, zum Beispiel Schnittlauch, Guter Heinrich, Löffelkraut, Schafgarbe, Löwenzahn oder Vogelmiere, bei frostfreiem Wetter im Februar aus dem Boden. Sie werden in Töpfe gepflanzt und an ein helles Fenster bei zirka 20 °C gestellt. Bereits nach kurzer Zeit erscheint der erste grüne Austrieb. Diese jungen Blätter kann man als Suppengrün oder für den Salat verwenden.

Verjüngung
Viele Kräuter, zum Beispiel Estragon, Minze und Zitronen-Melisse, vertragen im Frühsommer einen kräftigen Rückschnitt zur Verjüngung und treiben innerhalb kurzer Zeit wieder durch. So wachsen die Kräuter zu kompakten Pflanzen heran. Die Kräuter können dann bis in den Herbst regelmäßig geerntet werden. Ausdauernde, horstbildende Kräuter sollten kurz vor dem Austrieb oder zu Beginn des Austriebs spätestens im dritten Standjahr geteilt werden. Der ausgehobene Wurzelballen wird mit einem scharfen Messer in der Mitte geteilt, sodass möglichst viele Wurzeln an den beiden Teilen bleiben und die Pflanze nur wenig verletzt wird. Anschließend die beiden Teile wieder einpflanzen.

Während der Wachstumsperiode
Halten Sie Ihr Kräuterbeet unkrautfrei, damit Ihren Zöglingen Wasser und alle Nährstoffe zur Verfügung stehen können. Lockern Sie den Boden außerdem mit einer Hacke, denn ein feinkrümeliger, lockerer Boden hält Wasser besser.
Gießen Sie regelmäßig morgens und abends je nach Bedarf der Kräuter, am besten mit abgestandenem, gut temperiertem Wasser aus einer Regentonne. Kräuter in Töpfen und Kübeln brauchen sehr viel mehr Wasser als im Kräutergarten, weil den Pflanzen weniger Erdvolumen zur Verfügung steht. Kontrollieren Sie regelmäßig die Feuchtigkeit, um ein Austrocknen des Wurzelballens zu verhindern. Viele Kräuter vertragen aber auch keine „nassen Füße". Achten Sie daher auf Staunässe und

Unerwünschte Pflanzen sollten regelmäßig im Kräutergarten entfernt werden.

Kontrollieren Sie im Frühjahr die Pflanzen in den Töpfen und wechseln Sie abgefrorene Kräuter, wenn nötig, aus.

leeren Sie Untersetzer mit stehendem Wasser aus.

Obwohl Kräuter sehr genügsam sind, danken Ihnen die meisten Kräuter sparsame Düngergaben mit gutem Wuchs und reichhaltiger Ernte. Kräuter in Töpfen und Kübeln brauchen öfter Düngergaben als Kräuter im Gartenboden. Dosieren Sie den Dünger nicht zu großzügig, damit die Kräuter ihre heilkräftigen und aromatischen Inhaltsstoffe bilden können. Bei allen winterharten Kräutern, besonders bei denen, die verholzen, gilt Düngestopp ab August, damit die Pflanzen ihre Frosthärte ausbilden können.

Erntezeit verlängern

Wenn Sie auch im Herbst noch frische Kräuter ernten möchten, können Sie die Erntezeit vieler Kräuter relativ einfach verlängern. Graben Sie die gewünschten Pflanzen aus dem Boden und pflanzen Sie sie in Töpfe. Der Spross sollte dabei zurückgeschnitten werden. Ins Gewächshaus oder in ein Frühbeet gepflanzt, entwickeln sich die Pflanzen wieder so weit, dass man noch mal ernten kann.

Winterschutz

Spätestens im November müssen alle frostempfindlichen Kräuter, wie zum Beispiel Rosmarin, Zitronenstrauch oder Lorbeer, ins Winterquartier geräumt werden. Das sollte hell und frostfrei sein. Kräuter, die nur einen leichten Winterschutz benötigen, werden mit einer mehr oder weniger dicken Laub- oder Reisigschicht bedeckt. Verwenden Sie zum Abdecken niemals luftundurchlässige Materialien, wie Noppenfolien oder Ähnliches.

Im Winter

Auch im Winter gibt es etwas zu tun – und zu ernten. Blätter von Rosmarin, Lorbeer und dem Zitronenstrauch, die im Winterquartier auf den Sommer warten, können nach Bedarf geerntet werden. Kontrollieren Sie die Pflanzen im Winterquartier regelmäßig auf Schädlinge und Krankheiten und gießen Sie nach Bedarf. Abgefallene Blätter werden aufgesammelt oder abgefegt. Bei milder Witterung können Sie hin und wieder das Quartier, wenn möglich, kurz durchlüften. Das kräftigt die Pflanzen und macht sie widerstandsfähiger.

Krankheiten und Schädlinge

Um Krankheiten, Schädlinge und andere Probleme zu vermeiden, ist Vorbeugung bei Kräutern die beste Methode. Da die meisten Kräuter für den menschlichen Verzehr gepflegt werden, sollten keinerlei Pflanzenschutzmittel eingesetzt werden. Am besten pflanzen Sie Ihre Kräuter an den bestmöglichen Standort. Beachten Sie dazu die speziellen Pflegeangaben in den Porträts. Achten Sie auch auf genügend große Pflanzenabstände, damit die Kräuter bei Regen und feuchtem Wetter schnell abtrocknen können. Beobachten Sie Ihre Pflanzen und kontrollieren Sie sie auf mögliche Schädlinge. Wenn doch einmal Krankheiten oder Schädlinge auftreten, entfernen Sie am besten die betroffenen Blätter, Triebe oder die ganze Pflanze, um die restlichen Kräuter nicht zu gefährden.

Pilzkrankheiten
Pilzkrankheiten sind häufig an Kräutern zu beobachten. Zu kalte oder nasse Standorte fördern meist die Entwicklung verschiedener

Pilze, die den Pflanzen Nährstoffe und Wasser entziehen. Halten Sie besonders Jungpflanzen nicht zu kalt und zu feucht und entfernen Sie betroffene Pflanzenteile sofort.

Echter Mehltau
Echter Mehltau ist eine der häufigsten Krankheiten. Er verbreitet sich bei sonnigem und trockenem Wetter durch seine Sporen. Auf den Pflanzen erkennt man ihn leicht an dem weißen Pilzrasen auf der Blattoberseite. Später bekommen die Blätter dunkle Flecken und trocknen ein.

Rost
Roste treten bei verschiedenen Kräutern besonders durch feuchtwarmes Wetter begünstigt auf. An den Stängeln und Blattunterseiten bildet der Pilz orangerote Pusteln, die die Nährstoffversorgung der oberen Blätter beeinträchtigen. Verschiedene Minzarten, aber auch Schnittlauch können für Roste empfindlich sein.

Blatt- und Stängelfleckenkrankheit
Diese seltener auftretende Krankheit wird von verschiedenen Pilzen verursacht. Die betrof-

Echter Mehltau

Schnittlauchrost

Nacktschnecke

fenen Pflanzenteile (Stängel, Blatt- und Blüten-stiele) bekommen ab Mai dunkelbraune Flecken und sterben dann ab.

Schädlinge

Viele Kräuter sind grundsätzlich wenig anfällig für Schädlinge, weil ihre Duft- und Aromastoffe viele Schadinsekten abstoßen. Trotzdem gibt es einige Schaderreger, welche die Pflanzen durch ihren Fraß erheblich schädigen können. Im Winterquartier überwinternde Kräuter und Exoten sind besonders anfällig für Schädlinge und können daher leicht bei warmen und tro-ckenen Bedingungen befallen werden.
In erster Linie sollten Sie Nützlinge im Kräuter-garten, wie auch in allen anderen Gartenteilen, schützen und fördern. So stellt sich meist schnell ein biologisches Gleichgewicht in Ihrem Garten ein und Schädlinge haben es schwer. Marienkäfer, Flor- und Schwebfliegen, Ohrwürmer, Raubwanzen und viele andere mehr helfen Ihnen, Ihre Kräuter schädlingsfrei zu halten.

Schnecken

Besonders Nacktschnecken können dem Kräu-tergärtner zur Last fallen. Ihre Fraß- und Saug-schäden können die Pflanzen erheblich beein-trächtigen. Schnecken sollten unbedingt durch Absammeln bekämpft werden. Schnecken-zäune können dabei vorbeugend gute Dienste leisten.

Raupen

Die Raupen verschiedener Schmetterlingsar-ten befallen auch Kräuter. Mit ihrer Gefräßig-keit können sie das ganze Kräuterbeet kahl fressen und großen Schaden anrichten. Beobachten Sie die Kräuter regelmäßig und sammeln Sie die Raupen ab.

Spinnmilben

Typische Schädlinge im Winterquartier sind Spinnmilben. Sie spinnen sich in den Blattach-seln in ein weißliches Netz und saugen Pflan-zensaft aus dem Gewebe. Die Pflanzen bekom-men helle bis silbrige Punkte auf den Blättern. Häufiges Lüften und ein biologisches Spritz-mittel dämmen den Befall ein.

Zwergzikaden saugen gerne an den Blättern duftender Kräuter, zum Beispiel an Salbei (Bild), Oregano und Laven-del. An den Saugstellen entstehen weiße Flecken.

Anzucht und Vermehrung

Viele beliebte Kräuterpflanzen können Sie sich mit der Aussaat von Samen leicht selbst anziehen. Das geht schnell und unkompliziert und man spart auch noch Geld dabei. Kräuter können auch ganz einfach vermehrt werden. Die besten Anzucht- und Vermehrungsmethoden des jeweiligen Krauts finden Sie in jedem Porträt beschrieben. Hier wird nun kurz erklärt, wie es genau funktioniert.

Aussaat

Ab März können Sie mit der Anzucht Ihrer Kräuter beginnen. Säen Sie den Samen in kleine Aussaatschalen, die mit spezieller Anzuchterde gefüllt wurden. Anzuchterde enthält besonders wenig Dünger, weil Keimlinge nur wenige Nährstoffe zum Wachsen brauchen.

Kräuter sind entweder Licht- oder Dunkelkeimer, das heißt, sie brauchen entweder Licht oder müssen abgedeckt werden, um optimal keimen zu können. Auch die Keimtemperatur ist wichtig für ein gutes Anzuchtergebnis. Manche Kräuter benötigen eine hohe Keimtemperatur von bis zu 20 °C. Die meisten Kräuter können Sie aber bei niedrigeren Temperaturen anziehen. Achten Sie auf die genauen Angaben dazu auf den Samentüten.

Sie können sich die Aussaat mit Aussaatscheiben oder Saatbändern vereinfachen, die es im Fachhandel oder in Gartencentern für viele Arten zu kaufen gibt.

Stellen Sie die Schalen mit den Samen auf eine helle, warme Fensterbank oder ins Gewächshaus. Decken Sie sie mit einer Plastikhaube ab,

Aussaat: Säen Sie die Samen locker in einem Saatgefäß mit spezieller Anzuchterde aus.

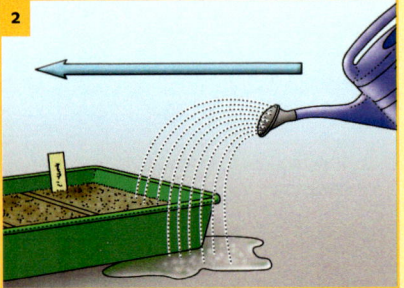

Wenn auf der Samentüte angegeben, werden die Samen leicht mit Erde bedeckt (Dunkelkeimer). Überbrausen Sie die Samen dann vorsichtig.

Nach wenigen Wochen entwickeln sich Keimlinge. Sobald sie sich gut entwickelt haben, können sie vereinzelt werden.

Dann ist es auch Zeit, die Jungpflanzen in einzelne Töpfe umzusetzen.

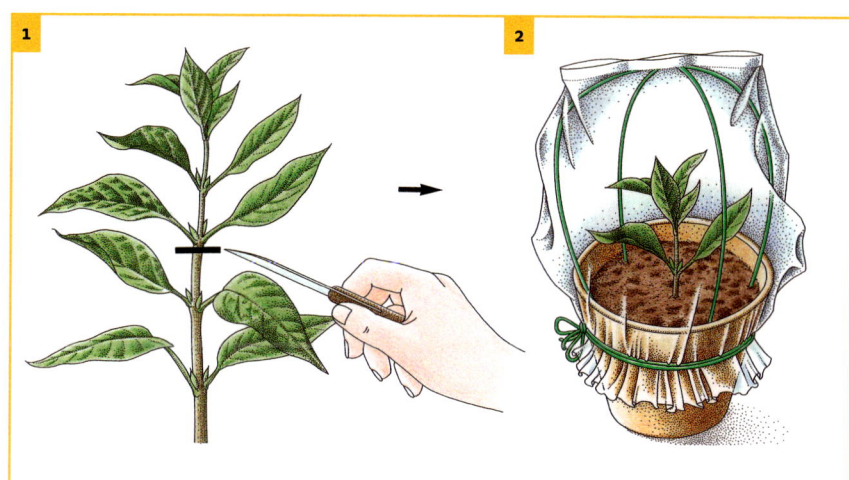

Stecklingsvermehrung: Für die Vermehrung von Stecklingen werden die Triebspitzen nach dem vierten Blattpaar geschnitten. Stecken Sie die Jungpflanze in einen Topf und decken Sie sie mit einer Plastiktüte ab.

damit die Feuchtigkeit länger erhalten bleibt. Regelmäßig vorsichtig gießen. Nach etwa zehn bis 15 Tagen zeigen sich die ersten Keimlinge. Sobald die Keimlinge voll ausgebildete Keimblättchen zeigen, werden sie in kleine Töpfchen pikiert und darin sorgfältig weitergepflegt. Nach den Eisheiligen Mitte Mai können die kleinen Pflanzen, sobald sie abgehärtet sind, in den Kräutergarten gesetzt werden. Achten Sie immer darauf, dass sich der Boden bereits genügend erwärmt hat.

Ab Ende April, wenn keine Spätfröste mehr zu erwarten sind, können viele Kräuter, zum Beispiel Bohnenkraut, Borretsch, Dill, Fenchel, Koriander, Ringelblume und Schnittlauch, auch direkt ins Freiland gesät werden. Wärmeliebende Kräuter, zum Beispiel Basilikum, können ab Mitte Mai ebenfalls direkt ins Freie gesät werden.

Stecklinge

Wenn Sie nur wenige Pflanzen brauchen, vermehren Sie die Kräuter am besten mit abgeschnittenen Triebspitzen, die, in Erde gesteckt, schnell neue Wurzeln bilden. Stecklinge werden meist vor der Blüte von den Pflanzen geschnitten. Schneiden Sie kräftige Triebe etwa einen halben Zentimeter unterhalb vom vierten oder fünften Blattpaar mit einem scharfen Messer schräg ab. Um die Bewurzelung der abgeschnittenen Triebe zu fördern und den Befall von Pilzen zu verringern, können die Stecklinge mit der Schnittstelle in ein Bewurzelungs- oder Holzkohlepulver getaucht werden.

Dann werden die Stecklinge in kleine Töpfchen oder Anzuchtkisten gesteckt, gut angedrückt und angegossen. Sie können die Stecklinge auch in Torfquelltöpfe setzen, die Sie später leicht in größere Töpfe umtopfen können. Eine Folienabdeckung schützt die kleinen Pflänzchen vor Austrocknung, solange sie noch keine eigenen Wurzeln gebildet haben. Hell und warm in ein Gewächshaus oder auf die Fensterbank stellen und Bodenfeuchte regelmäßig kontrollieren. Nach einigen Wochen, wenn aus dem Steckling eine kleine Pflanze geworden ist, kann der Kräuternachwuchs nach einer Abhärtungszeit in den Garten gepflanzt werden.

Teilung

Ältere, mehrtriebige Wurzelstöcke, zum Beispiel von Schnittlauch, können durch Wurzelteilung vermehrt werden. Dazu wird am besten der Wurzelstock aus der Erde genommen und mit einem großen, scharfen Messer so ge-

Teilung: Große Pflanzenhorste lassen sich vorsichtig mit einem Spaten teilen.

teilt, dass an beiden Teilstücken genügend Triebknospen und Wurzelmasse verbleibt. Um das Eindringen von Pilzen zu vermeiden, kann man die Schnittwunden mit Holzkohlepulver benetzen.

Pflanzen Sie die beiden Teile an neue Plätze, die Sie bereits für die Kräuter vorbereitet und mit Kompost angereichert haben. Anschließend gut angießen.

Wurzelausläufer

Durch Wurzelausläufer werden zum Beispiel Minzen oder Meerrettich einfach und sicher vermehrt. Dazu werden die unterirdischen Sprosse, auch Stolonen genannt, die bereits kleine Blättchen gebildet haben, in etwa fingerlange Stücke geschnitten. Diese Wurzelteile können Sie dann in Schalen oder Töpfe mindestens 5 cm tief pflanzen. Dort bilden sie neue Wurzeln und treiben bald aus. Bei optimalen Wetterbedingungen können Sie die Wurzelstücke auch gleich in den Boden legen, ebenfalls mindestens 5 cm tief.

Absenker

Kräuter, die an der Basis verholzen, können im Mai mit Absenkern vermehrt werden. Salbei, Thymian, Minzen, Oregano, Berg-Bohnenkraut und andere mehrjährige Kräuter neigen oft einzelne Zweige zum Boden hin. Die verholzten Triebe werden zum Boden hinabgebogen und am Erdboden mit einem Kunststoffhaken oder Draht befestigt. Der Trieb wird dort mit Erde angehäufelt. In den nächsten Wochen bildet die Pflanze an dieser Stelle neue Wurzeln. Wenn der Absenker gut angewurzelt ist, kann er von der Mutterpflanze getrennt und am neuen Platz eingepflanzt werden. Er sollte regelmäßig gegossen werden, dann entwickelt er sich schnell zu einer kleinen Pflanze.

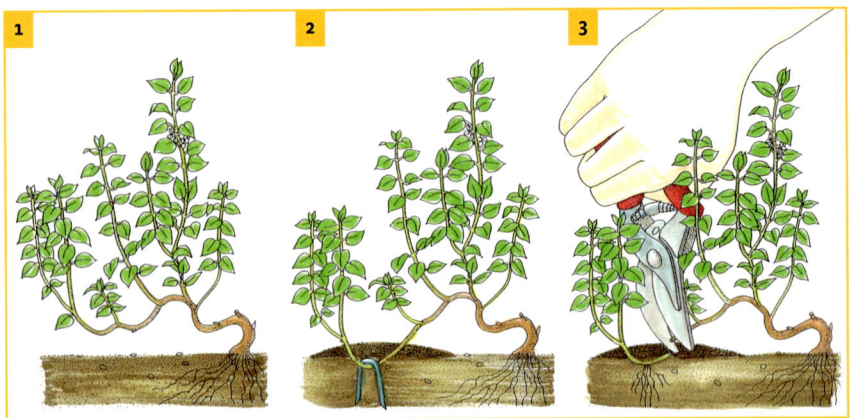

Absenker: Den Zweig mit einem U-förmigen Draht in der Erde verankern und leicht mit Erde abdecken. Nach der Wurzelbildung wird der Trieb von der Pflanze geschnitten und an einen neuen Platz gepflanzt.

Kräuterernte

Für die Küche oder Hausapotheke können viele Kräuter in der gesamten Vegetationsperiode frisch verwendet werden. Bereits ab März erfreut uns die Natur mit Gänseblümchen, Duft-Veilchen und dem Hirtentäschelkraut.

Erntetermin
Je nachdem, welche Teile der Pflanze Sie ernten möchten, ist der richtige Erntezeitpunkt zu wählen. Kräuter, die ätherische Öle enthalten, zum Beispiel Minzen oder Thymian, werden vor der Blüte geerntet. Dann ist der Gehalt an ätherischen Ölen am höchsten.

Blattkräuter ernten
Ab Mai können die ersten Blattkräuter geerntet werden. Die Blätter werden am besten morgens und vor der Blüte nach Bedarf oder zum Trocknen geschnitten. Auch wenn nur die Blätter verwendet werden, sollte der ganze Trieb zurückgeschnitten werden. So treiben die Kräuter wieder gut aus. Erntegut kurz überbrausen und vorsichtig mit einem Küchentuch trockentupfen.

Blütenkräuter ernten
Bei den Blütenkräutern befinden sich die Wirkstoffe nicht in den Blättern, sondern in den Blüten. Um die Wirkstoffe zu nutzen, erntet man diese Kräuter, sobald sich die Blüten voll entwickelt haben, zu Beginn der Blütezeit. Am besten ernten Sie in den Mittagsstunden. Der Morgentau ist dann bereits abgetrocknet und die Blüten haben sich komplett geöffnet. Legen Sie die Blüten zum Trocknen auf Roste oder Gitter und lassen Sie sie an einem schattigen und gut durchlüfteten Ort durchtrocknen.

Samenkräuter ernten
Kräuter, die wegen ihrer Samen gezogen werden, zum Beispiel Anis, Dill, Fenchel, Koriander, Kümmel, können im Spätsommer geerntet werden. Der richtige Zeitpunkt dafür ist gekommen, sobald sich der Samen mit den Fingern aus den Blütenständen leicht lösen lässt. Schneiden Sie dann alle Blüten zurück und stülpen Sie eine kleine Tüte darüber. Durch

Bei Küchenkräutern werden die Blätter frisch geerntet.

leichtes Schütteln fallen die Samen ganz leicht heraus. Zum Aufbewahren geben Sie die Samen dann am besten in ein sauberes Glas oder in luftdurchlässige Stoffsäckchen.

Wurzelkräuter ernten
Wurzelkräuter, zum Beispiel Wurzel-Petersilie, Meerrettich, Beinwell, sollten erst dann geerntet werden, wenn sich der oberirdische Pflanzenteil gelb gefärbt hat oder bereits abgestorben ist. Das ist meist im Herbst der Fall. Die Wurzeln werden in der Ruheperiode dann mit einer Grabegabel ausgehoben und behutsam gesäubert. Die meisten Wurzeln werden durch Trocknen haltbar gemacht. Am schnellsten geht das im Backofen. Große Wurzelstücke werden klein geschnitten und locker nebeneinander auf ein Backblech gelegt. Nach zehn Minuten, bei zirka 180 °C, sind die Wurzeln weitestgehend getrocknet.

Winterernte
Einige Kräuter lassen sich auch im Winter ernten. Dazu gehört das Berg-Bohnenkraut (*Satureja montana*) oder Tripmadam (*Sedum reflexum*). Wenn die Triebe gefroren sind, können sie leicht abgebrochen werden. Vor dem Verwenden sollten sie aber aufgetaut werden. Bei frostfreiem Wetter einfach abschneiden.

Kräuter in der freien Natur sammeln
Viele Heilkräuter kann man in der Natur sammeln. Vorher sind sie aber genau zu bestimmen, damit jegliche Verwechslung ausgeschlossen ist. Unter Naturschutz stehende Pflanzen zu sammeln ist strengstens verboten. Ernten Sie nie den gesamten Bestand einer Art ab, damit sich die Pflanzen wieder regenerieren und auch im nächsten Jahr wieder geerntet werden können. Wenn Sie sich unsicher in der Bestimmung von Wildkräutern sind, besuchen Sie am besten eine geführte Kräuterwanderung. Dort zeigt und erklärt Ihnen ein Kräuterexperte die wild wachsenden Kräuter. Meistens wird Ihnen auch erläutert, wofür man die gesammelten Arten verwenden kann. Informationen zu Kräuterwanderungen erhalten Sie in Tourismusbüros oder bei örtlichen Vereinen und Gruppen, zum Beispiel bei den Landfrauen oder den Gartenbauvereinen.

Eine Vielzahl von Aromen können sich in der Küche einfinden.

Ernten Sie die benötigten Kräuter am besten in den Vormittagsstunden.

Haupterntezeit verschiedener Kräuter

März	Duft-Veilchen, Gänseblümchen
April	Bärlauch, Brunnenkresse, Löwenzahn
Mai	Brennnessel, Kamille
Juni	Borretsch, Rosmarin, Salbei, Sauerampfer, Thymian
Juli	Basilikum, Beifuß, Frauenmantel, Hirtentäschelkraut, Königskerze, Lorbeer, Nachtkerze, Ringelblume, Ysop, Wermut
August	Bohnenkraut, Dill, Eisenkraut, Fenchel, Goldrute, Koriander, Majoran, Petersilie
September	Anis, Engelwurz, Knoblauch
Oktober	Baldrian, Liebstöckel, Meerrettich

Nach der Ernte

In der Vegetationsperiode können Kräuter frisch aus dem Garten oder den Töpfen geerntet werden und gleich in der Küche oder für Tees weiterverarbeitet werden. Im Winter jedoch ist man bei vielen Kräutern auf Getrocknetes angewiesen. Das Trocknen ist die älteste und einfachste Konservierungsmethode. In den Porträts zu jedem Kraut wird beschrieben, welche Kräuter getrocknet werden können und wie sie dazu am besten geerntet werden.

Beim Trocknen wird alles Wasser aus den Pflanzenzellen entfernt und die Kräuter werden so haltbar. Wie lange die Kräuter getrocknet werden müssen, ist von davon abhängig, welche Pflanzenteile getrocknet werden und wie hoch die Temperatur dabei ist. Je nach Pflanzenteil gibt es spezielle Methoden, mit denen man die Kräuter idealerweise konserviert. Auf den nachfolgenden Seiten finden Sie genau beschrieben, wie man die einzelnen Pflanzenteile am besten konserviert.

Konservieren und Verwenden

Trocknen
Viele Kräuter können getrocknet werden. Frisch geerntete Triebe bindet man dazu zu Sträußen zusammen und hängt sie kopfüber an einem warmen und trockenen Ort auf. Sobald die Blätter brüchig werden und leicht zwischen den Fingern zerbröseln, können sie abgestreift und lichtgeschützt und trocken aufbewahrt werden.

Einfrieren
Wenn Sie zu viel frische Kräuter geerntet haben, können Sie diese auch portionsweise, am besten in einem Eiswürfelbehälter, einfrieren. So sammelt sich mit der Zeit ein beachtlicher Kräutervorrat für den Winter an.

Salzen
Salzen ist eine weitere Möglichkeit, Kräuter zu konservieren. Dazu werden Kräuter klein geschnitten und abwechselnd mit Speisesalz in ein Gefäß gefüllt. Das Salz entzieht den Kräutern die enthaltene Feuchtigkeit und konserviert sie. Nach etwa zwei Wochen kann das Kräutersalz gut durchgemischt und verwendet werden.

Essig und Öl
Essig und Öl konservieren ebenfalls die Aromen der Kräuter. Kräuter werden in gutes Speiseöl, mediterrane Kräuter auch in Olivenöl oder Weinessige eingelegt.
Nach einigen Wochen abseihen und in eine Flasche füllen. Kräuteröle und -essige sind auch als Geschenk sehr beliebt!

Kräuterkissen
Aromen und Düfte vieler Kräuter lassen sich durchs Trocknen auch in die kalte Jahreszeit hinüberretten. Dann können die natürlichen Aromen unsere Sinne beleben und unsere Stimmung immer wieder aufhellen. Duftkissen, gefüllt mit unterschiedlichen Kräutern, legt man sich zum Beispiel unters Kopfkissen. Mit jeder Kopfbewegung entweichen Aromen aus dem Kissen und wirken wohltuend und beruhigend. Probieren Sie einfach unterschied-

So können Kräuter trocknen.

Potpourris erfreuen durch ihren Duft und die Farbenvielfalt!

liche Duftkräuter-Mischungen aus, zum Beispiel mit Eberraute, Kamille, Fenchel, Minze oder Zitronenmelisse.

Potpourris
Bereits getrocknete Blüten und Blätter verschiedener Kräuter können, in ein Schälchen oder Gaze-Beutel gefüllt, Auge und Nase ansprechen. Dabei sind aromatische und farbansprechende Kräuter am besten geeignet. Diese Beutel oder Schälchen verströmen ihren ganz eigenen Duft.

Getrocknete Kräuter kontrollieren
Kräuter können getrocknet nur begrenzt gelagert werden. Verbrauchen Sie diese deshalb schnell auf, am besten innerhalb eines Jahres. Kräuter sollten möglichst ohne hohe Luftfeuchte aufbewahrt werden, damit sich kein Schimmel bilden kann. Kontrollieren sie Ihre Vorräte deshalb regelmäßig auf Feuchte und Pilzbefall. Bereits befallene Kräuter dürfen nicht weiter zum Würzen oder für Tees verwendet werden. Sie können zu Übelkeit, Erbrechen und Durchfall führen.

Kräutertees
Viele Kräuter eignen sich sehr gut für Teemischungen. Probieren Sie selbst eigene Mischungen aus Wirk- und Geschmackskräutern aus. Das Grund-Teerezept: Schneiden Sie frische Kräuter grob durch. Getrocknete Kräuter werden, wenn noch nicht geschehen, ebenfalls grob zerkleinert. Zwei bis drei Teelöffel der frischen Pflanzenteile werden mit einer Tasse kochend heißem Wasser überbrüht. Bei getrockneten Kräutern ist ein Teelöffel Kraut ausreichend. Früchte, wie zum Beispiel Fenchel, werden kurz vorher mit einem Stößel angestoßen, um die größtmögliche Wirkung zu erzielen. Fünf bis zehn Minuten abgedeckt ziehen lassen, dann abseihen.

Tinkturen
Kräutertinkturen stellt man her, indem man grob zerkleinerte Blätter oder Wurzeln im Verhältnis ein Teil Kraut und fünf bis zehn Teile Alkohol einlegt. Nach mehreren Tagen wird abgeseiht.

Küchenkräuter

Kräuter erobern Gärten, Balkone und Terrassen. Diese vielseitigen Lieblinge sind oftmals pflegeleicht und gedeihen auch in Topf und Kübel. Küchenkräuter können aber noch mehr: Mit ihren Aromen und Düften verfeinern sie viele Speisen und machen manche Gerichte viel bekömmlicher.

Wer sich mit der großen Vielfalt der Kräuter noch nicht beschäftigt hat, bekommt in einer Kräuter-Gärtnerei (Adressen dazu siehe Seite 310) einen Eindruck davon, wie viele verschiedene Düfte und Gerüche es gibt. Besonders bei den unterschiedlichen Minze-Arten macht man am besten vor dem Kauf eine „Geruchsprobe".

Entdecken Sie außerdem, neben den klassischen Würzkräutern, auch alte Bekannte wieder: Der Französische Estragon (siehe Seite 42) beispielsweise ist heute fast in Vergessenheit geraten, während er früher zu einem der wichtigsten Kräuter in der Küche zählte. Gehen Sie auf Entdeckungsreise in die Welt der Küchenkräuter. Das nachfolgende Kapitel hilft Ihnen dabei!

Lauch-Zwiebel

Lauch-Zwiebel
Allium fistulosum

| ☀ | Höhe 30–70 cm | Erntezeit März bis Oktober | pflege-leicht | 🪴 |

Die in China und Japan beliebten Lauch-Zwie-beln besitzen eine essbare Blattbasis. In mil-den Wintern können sie bei uns das ganze Jahr über geerntet werden. Die Lauch-Zwiebel ist mehrjährig und vollkommen winterhart.

Standort Ein sonniger Standort ist optimal. Lauch-Zwiebeln brauchen wasserdurchlässige und humusreiche Erde.

Pflege Der Wurzelballen sollte nicht aus-trocknen. Lauch-Zwiebeln brauchen regelmä-ßig Dünger.

Vermehrung Teilung des Wurzelstocks nach der Blüte, Aussaat im zeitigen Frühjahr.

Ernten Es werden nur die röhrenförmigen Stiele geerntet. Die Stiele wachsen schnell wie-der nach.

Gesundheit und Küche Lauch-Zwiebeln wir-ken antibiotisch, sind gesundheitsfördernd und cholesterinsenkend. In China werden Lauch-Zwiebeln als Gemüse verwendet. Die Basis des Blütenschafts wird blanchiert gegessen. Bei uns werden Lauch-Zwiebeln in der Küche wie Schnittlauch, zum Beispiel für Sa-late oder Kräuterquark, verwendet.

Weitere Namen Winter-Zwiebel, Jacobs-lauch.

BLÜTENFARBE

BLÜTEZEIT

| Jan | Feb | März | April | Mai | Juni | Juli | Aug | Sept | Okt | Nov | Dez |

Schnittlauch

Schnittlauch
Allium schoenoprasum

| | Höhe
20–30 cm | Erntezeit
April bis September | pflege-
leicht | |

Schnittlauch bildet grüne, dicke, röhrenförmige Stiele, die in Horsten wachsen. Die Pflanze kommt mit jedem tiefgründigen Boden zurecht. Ihre Blüten sind lilafarben und halbkugelig. Das mehrjährige und winterharte Kraut ist in allen nördlichen Ländern verbreitet.

Standort Hell. Feuchte, kalkhaltige und nährstoffreiche Böden sind optimal.

Pflege Gut feucht halten, im Frühjahr regelmäßig düngen. Alle zwei bis drei Jahre durch Teilung verjüngen.

Vermehrung Aussaat im Frühjahr, Teilung der Wurzelballen das ganze Jahr.

Ernten Stiele von April bis September. Beim Abschneiden darauf achten, dass einige Zentimeter am Boden stehen bleiben. Blüten am besten entfernen. Nach der Blüte sollte Schnittlauch nicht mehr verwendet werden.

Gesundheit und Küche Schnittlauch regt den Appetit an, fördert die Verdauung und wirkt harntreibend. Er schmeckt am besten zu Salaten, Suppen, Rührei und Kräuterbutter. Frisch verwendet enthält der Schnittlauch sehr viel Vitamin C. Kochen Sie Schnittlauch nicht mit, sonst verliert er seine wertvollen Inhaltsstoffe.

BLÜTENFARBE

BLÜTEZEIT

| Jan | Feb | März | April | Mai | Juni | Juli | Aug | Sept | Okt | Nov | Dez |

Zitronenverbene

Zitronenverbene, Zitronenstrauch
Aloysia triphylla
(syn. *Lippia citriodora*)

 | **Höhe** bis 250 cm | **Erntezeit** Juni bis Oktober | **pflege-leicht** |

Der sehr frostempfindliche Strauch stammt aus Südamerika und wird bei uns als Kübelpflanze gepflegt. Die Zitronenverbene duftet stärker und intensiver nach Zitrone als der Zitronenbaum. Zierliche, weiße, duftende Blüten bilden sich in endständigen Rispen.

Standort Sonnig, im Sommer wird ein windgeschützter Platz benötigt. Im Winter Blätter entfernen und in einem dunklen Keller oder im hellen Wintergarten bei 5 °C überwintern.

Pflege Gleichmäßig feucht halten und regelmäßig düngen. Im Sommer als Kübelpflanze ziehen. Triebe jedes Jahr um die Hälfte kürzen.

Schädlinge Weiße Fliege, in trockenen Sommern Rote Spinne.

Vermehrung Ganzjährig Stecklinge.

Ernten Blätter und Blüten in der Wachstumszeit schneiden, auch zum Trocknen.

Gesundheit und Küche Zitronenverbenen wirken beruhigend, stoffwechselanregend. Man kann einen entspannenden Tee zubereiten und sie zum Aromatisieren und Würzen verwenden. Auch für Kräuterkissen und aromatische Essige und Öle geeignet. Schmeckt hervorragend zu Fischgerichten.

Weiterer Name Verveine.

BLÜTENFARBE

BLÜTEZEIT

Jan	Feb	März	April	Mai	Juni	Juli	**Aug**	**Sept**	Okt	Nov	Dez

Amarant

Amarant
Amaranthus hypochondriacus
(Amaranthus lividus, Amaranthus blitum, Amaranthus retroflexus)

☼	Höhe bis 100 cm	Erntezeit Juli bis Oktober	pflege-leicht

Das einjährige Fuchsschwanzgewächs ist in Nord- und Südamerika heimisch. Dort ist Amarant seit vielen Jahren als Gemüse und Getreide bekannt. Meist hat diese Fuchsschwanz-Art dicke Stängel, dunkelgrüne, eiförmige, gelegentlich rötlich überlaufene Blätter und dunkelpurpurfarbene bis dunkelgelb-grüne Blüten, die in Rispen erscheinen.

Standort Sonnig. Amarant kommt mit jedem Boden zurecht.

Pflege In der Wachstumsphase braucht Amarant sehr viel Wasser und Dünger. Vermehrt sich leicht durch Selbstaussaat.

Vermehren Aussaat im Frühjahr.

Ernten Blätter nach Bedarf, auch zum Trocknen, reife Samen.

Gesundheit und Küche Amarant enthält kein Gluten und ist sehr mineralstoffreich. Die frischen Blätter verzehrt man bei Durchfall und starker Menstruation. Getrocknet können sie als Tee aufgebrüht werden. Häufiger Verzehr von Amarant verzögert den Alterungsprozess und erhöht die Leistungsfähigkeit, auch Schlafstörungen treten seltener auf. Die Blätter können wie Gemüse zubereitet werden, die reifen Samen wie Getreide verarbeitet werden.

BLÜTENFARBE

BLÜTEZEIT

Jan	Feb	März	April	Mai	Juni	**Juli**	**Aug**	Sept	Okt	Nov	Dez

Dill

Farnblättriger Dill

Dill, Gurkenkraut
Anethum graveolens

| Höhe 100 cm | Erntezeit Juli bis August | pflege-leicht |

Das Gurkenkraut bildet fein gefiederte, breite Blätter. Es ist eine einjährige, aufrecht wachsende Pflanze. Die Blüten erscheinen in gelben Doppeldolden in der Sommermitte und sind tiefgelb.

Standort Dill benötigt einen vollsonnigen Standort. In alle humosen Böden säen.

Pflege Gleichmäßig gießen und wenig düngen. Bei zu viel Dünger werden die Stiele weich.

Probleme Blattspitzendürre; Raupen.

Vermehrung Direktaussaat ins Freiland ab Mai, Folgesaaten bis August.

Ernte Junge Triebe und Blätter, Dolden ernten, wenn die Samen braun sind.

Gesundheit und Küche Dill wirkt verdauungsfördernd, appetitanregend und krampflösend. In der Küche zum Würzen von Salaten, Fisch, Saucen und Einlegen von Gurken. Auch für Kräuteressig. Ein Tee aus den Blättern hilft gegen Blähungen.

Weitere Sorten 'Tetra' hat dunkelgrüne Blätter und einen sehr hohen Krautertrag. Der Farnblättrige Dill (*Anethum graveolens* 'Fernleaf') bleibt mit 20 bis 40 cm kleiner und ist auch für Töpfe und Kübel geeignet.

BLÜTENFARBE

BLÜTEZEIT

| Jan | Feb | März | April | Mai | Juni | Juli | Aug | Sept | Okt | Nov | Dez |

Echte Engelwurz

Echte Engelwurz
Angelica archangelica

| | | Höhe
bis 250 cm | Erntezeit
Juni bis Oktober | pflege-
leicht |

Man findet die Engelwurz auf feuchten Wiesen. Der würzige Duft der grünlich weißen Blüten unterscheidet sie vom sehr giftigen Schierling. Im Garten kann die Echte Engelwurz in Kräuter- oder Bauerngärten gepflanzt werden. Engelwurze sind mehrjährig und winterhart.

Standort Die Engelwurz gedeiht am besten an sonnigen bis halbschattigen Plätzen. Der Boden sollte tiefgründig und humos sein.

Pflege Gleichmäßig feucht halten. Entfernt man die Blütenstände, erhöht sich der Wirkstoffgehalt.

Vermehrung Aussaat im frühen Herbst

Ernten Frische Triebe und Blätter ab Juni, Samen in einer Tüte auffangen, Wurzeln im Herbst des zweiten Jahres oder im zeitigen Frühjahr.

Gesundheit und Küche Die Engelwurz ist magenstärkend, menstruationsfördernd, harntreibend, blutreinigend und enthält ätherische Öle und Bitterstoffe. Die getrockneten Wurzeln können für Tees verwendet werden. Die jungen Blätter und Blattstiele können frisch oder getrocknet Suppen und Saucen beigemischt werden.

Weitere Namen Angelika, Brustwurz.

BLÜTENFARBE

BLÜTEZEIT

| Jan | Feb | März | April | Mai | Juni | Juli | Aug | Sept | Okt | Nov | Dez |

Blüten des Garten-Kerbels

Garten-Kerbel, Suppenkraut
Anthriscus cerefolium

		Höhe bis 60 cm	Erntezeit April bis September	pflege-leicht	

Im Frühsommer bis in den Herbst locken die kleinen, weißen Blüten des Kerbels Bienen und andere Insekten in den Garten. Die gesamte Pflanze riecht nach Anis. Kerbel ist einjährig und lässt sich auch leicht auf der Fensterbank ziehen. Sammeln Sie Kerbel nicht in der Natur, denn er kann leicht mit dem giftigen Schierling verwechselt werden!

Standort Setzen Sie Kerbel in nahrhafte, feuchte Gartenböden. Im Zimmer an ein Nord- oder Ostfenster stellen.

Pflege Gleichmäßig feucht halten, mäßig düngen.

Schädlinge Blattläuse.

Vermehrung Aussaat im Frühjahr

Ernten Frisches Grün von Frühjahr bis Herbst (vor der Blüte). Man kann das Kraut mit den Samenständen auch trocknen.

Gesundheit und Küche Ein Tee aus den Blättern wirkt blutreinigend, stoffwechselanregend, entgiftend und wassertreibend. In der Küche wird Kerbel in Suppen, Saucen, Fisch- und Fleischgerichten verwendet.

Tipp In Frankreich wird Kerbel nie mitgekocht, sondern fein gehackt über Suppen und Eierspeisen gestreut.

BLÜTENFARBE

BLÜTEZEIT

Jan	Feb	März	April	Mai	Juni	Juli	Aug	Sept	Okt	Nov	Dez

Blatt-Sellerie

Blatt-Sellerie
Apium graveolens var. *secalinum*

☀	◑	Höhe 40–60 cm	Erntezeit Juni bis Oktober	pflege- leicht	🪴

Blatt-Sellerie wächst buschig aufrecht. Die Blattstiele sind grün und fleischig. Sellerie kann ein- oder zweijährig gezogen werden. Er bildet keine Knollen. Durch das Abdecken der Stiele mit Stroh kann man sie bleichen.

Standort Sellerie braucht einen sonnigen bis halbschattigen Platz und nahrhafte, feuchte Böden, die sich leicht erwärmen.

Pflege Geben Sie regelmäßig ausreichend Wasser und Dünger. Sellerie ist empfindlich gegenüber Spätfrösten.

Vermehrung Aussaat ab März, Direktsaat ins Freiland ab Mai, Samen nur leicht abdecken.

Ernten Junge Blätter vor der Blüte.

Gesundheit und Küche Sellerie ist sehr gesund und regt Kreislauf, Stoffwechsel und die Säurebildung im Magen an. Durch seinen hohen Kaligehalt fördert Sellerie die Entwässerung und wirkt belebend. In der Küche würzt er Suppen, Eintöpfe, Saucen und Salate. Selleriestiele können auch roh verzehrt werden.

Weitere Art Die Stiele des Bleich-Selleries (*Apium graveolens* var. *dulce*) sind gelblich bis weiß und bleichen von selbst.

Weitere Namen Stiel-Sellerie, Stangen-Sellerie, Schnitt-Sellerie.

BLÜTENFARBE

BLÜTEZEIT

Jan	Feb	März	April	Mai	Juni	Juli	**Aug**	**Sept**	Okt	Nov	Dez

Eberrraute

Eberraute
Artemisia abrotanum

 | Höhe bis 150 cm | Erntezeit Mai bis Oktober | pflege-leicht |

Dieses mehrjährige und winterharte Kraut, ursprünglich aus Südeuropa stammend, bildet feingliedrige, graugrüne Blätter. Auch im Winter behalten die Blätter ihre Farbe.

Standort   Eberrauten bevorzugen einen sonnigen Standort. Der Boden sollte trocken und mager sein.

Pflege   Gleichmäßig feucht halten, wenig düngen.

Vermehrung   Teilung des Wurzelstocks im Spätherbst, Kopfstecklinge im Sommer.

Ernten   Frische Pflanzenteile von Mai bis Oktober, auch zum Trocknen geeignet.

Gesundheit und Küche   Die Eberraute enthält viel ätherisches Öl und das Alkaloid Absinthin. Sie ist harn- und schweißtreibend, magen- und gallensaftanregend. Die Eberraute vertreibt, getrocknet in Kleiderschränke gelegt, Motten und kann auch zur Abwehr von Stechmücken und Weiße Fliege, Zwiebel- und Karottenfliege in Mischkulturen gesät werden. In der Küche wird das Kraut frisch oder getrocknet zum Würzen von Saucen und Fleisch sparsam verwendet.

Weitere Namen   Eberreis, Schoßwurz, Albraute.

BLÜTENFARBE

BLÜTEZEIT

Jan	Feb	März	April	Mai	Juni	Juli	Aug	Sept	Okt	Nov	Dez
						Juli	Aug	Sept			

Estragon

Estragon
Artemisia dracunculus

  | Höhe bis 50 cm | Erntezeit Juli bis September | pflege-leicht |

Estragon ist mehrjährig, wächst aufrecht buschig und ist winterhart. Seine schmalen, kurzen Blätter duften sehr stark nach Lakritze. Im Spätsommer zeigen sich winzige, gelbe Blütenköpfchen.

Standort Pflanzen Sie das Kraut an einen sonnigen bis halbschattigen Platz. Estragon liebt trockene, sandige und magere Böden.

Pflege Gleichmäßig feucht halten, wenig düngen.

Krankheiten Rost

Vermehrung Wurzelteilung im Frühjahr, Stecklinge im Sommer.

Ernten Frische Triebspitzen ab Mai bis in den Spätherbst, als Wintervorrat einfrieren.

Gesundheit und Küche Estragon regt den Appetit an, fördert die Verdauung (vor allem bei Geflügel) und wirkt harntreibend. Das Kauen der Wurzel hilft bei Zahnschmerzen und regt außerdem die Nieren an. In der Küche werden frische Blätter gehackt in Fischsaucen, für Kräuteressig, in Suppen, Salaten und Fleischgerichten verwendet. Estragon sollte nur frisch verwendet werden, für den Winter einfrieren.

Weitere Namen Dragonkraut, Schlangenkraut.

BLÜTENFARBE

BLÜTEZEIT

Jan	Feb	März	April	Mai	Junl	Juli	Aug	Sept	Okt	Nov	Dez

Französischer Estragon

Französischer Estragon
Artemisia dracunculus ssp. *dracunculus*

| | | Höhe
bis 50 cm | Erntezeit
Juni bis August | pflege-
leicht | |

Diese mehrjährige, nicht vollkommen winterharte, sehr stark nach Lakritze duftende Estragon-Art hat schmale, kurze Blätter und winzige, gelbe Blütenköpfchen, die im Spätsommer erscheinen.

Standort   Sonnig bis halbschattig. Ein trockener, sandiger, magerer Boden ist ideal. Der Französische Estragon benötigt Winterschutz.

Pflege   Regelmäßig düngen und gießen, Überwinterung: bei Kahlfrösten abdecken.

Krankheiten   Rost.

Vermehrung   Wurzelteilung im Frühjahr, Stecklinge im Sommer.

Ernten   Frische Triebspitzen im Sommer, Wurzeln im Herbst.

Gesundheit und Küche   Der Französische Estragon wirkt appetitanregend, verdauungsfördernd und harntreibend. Seine Blätter gibt man gehackt an Fischsaucen (zum Beispiel Béarnaise-Sauce) und Kräuteressig. Auch zu Suppen, Salaten und Fleischgerichten schmeckt diese Estragon-Art gut. Sie fördert besonders die Verdauung von Geflügelfleisch. Estragonwurzeln werden gekaut, um Zahnschmerzen zu mildern und außerdem die Nierentätigkeit anzuregen.

BLÜTENFARBE

BLÜTEZEIT

| Jan | Feb | März | April | Mai | Juni | Juli | Aug | Sept | Okt | Nov | Dez |

Römischer Wermut

Römischer Wermut
Artemisia pontica

☀	Höhe bis 50 cm	Erntezeit Juni bis September	pflege-leicht	🪴

Mit seinen filigranen, aromatischen, silbergrünen Blättern und winzig kleinen, gelblichen Blüten, die in Rispen erscheinen, wächst der Römische Wermut in ganz Südeuropa.
Standort Sonnige Standorte sind ideal. Der Römische Wermut gedeiht in warmen, durchlässigen, aber auch in lehmigen oder trockenen Böden.
Pflege Sehr sparsam gießen und düngen. Die Pflanze wuchert gerne. Kann auch in Topf und Kübel gezogen werden.
Vermehrung Teilung des Wurzelstocks im Frühjahr, Kopfstecklinge im Sommer.

Ernten Blätter im ganzen Sommer, auch zum Trocknen geeignet.
Gesundheit und Küche Der Römische Wermut wirkt magenstärkend, schweißtreibend und harntreibend. Er hat einen hohen Anteil an Bitterstoffen und Absinthin. Sein feines Wermutaroma ist ideal für die Herstellung von Wermutwein. Die Blätter können frisch oder getrocknet verwendet werden.
Weitere Art Der Echte Wermut (*Artemisia absinthium*) ist ein Heilkraut, das als Tee nach fettem Essen getrunken wird.
Weiterer Name Schaf-Wermut.

BLÜTENFARBE

BLÜTEZEIT

Jan	Feb	März	April	Mai	Juni	Juli	**Aug**	**Sept**	Okt	Nov	Dez

Artemisia vulgaris

Gewöhnlicher Beifuß
Artemisia vulgaris

'Crispa' ist eine krausblättrige Sorte.

	Höhe bis 150 cm	Erntezeit Juni bis Juli	pflege-leicht	

Der mehrjährige Beifuß ist ein stark duftender, aromatischer Strauch. Man findet das winter-harte Küchenkraut auch an Wiesenrändern. Die in Rispen erscheinenden Blüten sind gelb-lich bis rötlich behaart.

Standort Ein sonniger Standort ist ideal. Pflanzen Sie den Beifuß in trockene, durchläs-sige und sandige Böden.

Pflege Regelmäßig gießen, wenig Dünger geben. Beifuß neigt zum Wuchern. Nicht zu anderen Pflanzen setzen.

Vermehrung Wurzelteilung im Frühjahr, Aussaat ganzjährig.

Ernten Frische Blätter vor der Blüte, Blüten, ganze Zweige zum Trocknen für den Winter, Wurzeln im Herbst.

Gesundheit und Küche Beifuß regt den Ap-petit an, fördert die Verdauung (besonders bei sehr fettreichen Speisen) und hilft gegen Völle-gefühl. Er enthält ätherisches Öl, Bitterstoffe und Thujon. Ein Tee aus den Blättern und Blü-ten hilft bei Magenverstimmungen. Der Ge-wöhnliche Beifuß wird bei der Herstellung von Kräuterschnäpsen verwendet. In der Küche wird er gerne zu Fleisch- und Gemüseeintöp-fen und vielen Gemüsespeisen gegeben.

BLÜTENFARBE

BLÜTEZEIT

Jan	Feb	März	April	Mai	Juni	Juli	Aug	Sept	Okt	Nov	Dez

Gartenmelde

Garten-Melde
Atriplex hortensis

| ☀ | Höhe bis 60 cm | Erntezeit Juni bis August | pflege-leicht |

Das einjährige Gänsefußgewächs aus Vorder-asien ist ein schnellwüchsiges und anspruchs-loses Küchen- und Salatkraut. Es kann auch im Sommer als Spinatersatz zubereitet werden. Die grünlichen Blüten öffnen sich von Juni bis September.
Standort Die buschig wachsende Garten-Melde liebt es sonnig und gedeiht in stick-stoffreichen, feuchten Böden.
Pflege Reichlich gießen und düngen, vor allem Stickstoffdünger geben. Die Garten-Melde neigt zur Selbstaussaat.
Vermehrung Aussaat im Frühjahr, frostfrei.

Ernten Nur frische Blätter von Juni bis August.
Gesundheit Die Blätter der Garten-Melde sind ballaststoffreich, stärkend, blutbildend und enthalten viel Vitamin C und Eisen. Einige zerkleinerte Blätter mit einem Esslöffel Honig erhitzen und essen. Das kann bei Gichtanfällen helfen.
Weitere Sorte Die Rote Garten-Melde (*Atri-plex hortensis* 'Rubra') hat dunkle, purpurrote Blätter. Sie kann auch schön als Kübelpflanze gezogen werden.
Weitere Namen Gartenspinat, Spanischer Spinat, Mehlkraut.

BLÜTENFARBE

BLÜTEZEIT

| Jan | Feb | März | April | Mai | **Juni** | **Juli** | **Aug** | Sept | Okt | Nov | Dez |

Barbarea vulgaris

Weißbunte Sorte 'Variegata'

Gewöhnliches Barbarakraut
Barbarea vulgaris

  | Höhe 30–60 cm | Erntezeit Januar bis Dezember | pflege-leicht |

Das anspruchslose, zweijährige Küchenkraut ist winterhart. Die gelben, bis 60 cm hohen Blüten erscheinen im zweiten Jahr von Juni bis Juli und locken Bienen und Insekten an. Der Name kommt vom Namenstag der Hl. Barbara (4. Dezember), an dem das Kraut noch im Saft steht.
Standort   Ein sonniger bis halbschattiger Platz ist ideal. Das Barbarakraut wächst am besten in lehmiger, feuchter Erde.
Pflege   In Kompost setzen und gleichmäßig feucht halten. Sät sich gerne selbst aus.
Vermehrung   Aussaat im Sommer.
Ernten   Junge Blätter und Triebe, ganzjährig.

Gesundheit und Küche   Dieses dankbare Küchenkraut regt den Stoffwechsel an und wirkt keimhemmend. Es enthält Vitamin C und Senföle. Ein Tee aus dem frischen Kraut hilft gegen Magenübersäuerung. In der Küche wird die Barbarakresse zum Würzen von Salaten und für Kräuterbutter verwendet. In Butter gedünstet ist das Barbarakraut ein schmackhaftes Winter-Gemüse, das ähnlich wie Spinat schmeckt.
Weitere Sorte   Das Gefleckte Barbarakraut (*Barbarea vulgaris* 'Variegata') ist eine weißgrün blättrige Zierart für den Bauerngarten.

BLÜTENFARBE

BLÜTEZEIT

| Jan | Feb | März | April | Mai | Juni | Juli | Aug | Sept | Okt | Nov | Dez |

Borretsch

Borretsch
Borago officinalis

 | Höhe 50–80 cm | Erntezeit Juni bis August | pflege-leicht |

Dieses einjährige Raublattgewächs bildet haarige, eiförmige Blätter und blüht leuchtend blau. Borretsch ist anpassungsfähig und unkompliziert. Dieses Küchenkraut riecht charakteristisch nach Gurken.
Standort Borretsch bevorzugt sonnige, warme Standorte. Der Boden sollte sandig sein.
Pflege Nicht austrocknen lassen und viel düngen. Borretsch lässt sich einfach in Topf und Kübel ziehen. Er sät sich im Garten aus.
Vermehrung Aussaat von März bis Juni, auch ins Freiland.
Ernten Junge Blätter des blühenden Krauts.

Gesundheit und Küche Borretsch wirkt schleimlösend, harntreibend und blutreinigend. Er enthält Gerbstoffe und ätherische Öle, die entzündungshemmend wirken. Junge Blätter werden zum Würzen an Salate und Kräutersaucen gegeben und als Gemüse zubereitet. Sie können auch zum Einlegen von Gurken verwendet werden. Mit den hübschen Blüten kann man Salate garnieren.
Weitere Sorte Der Weißblühende Borretsch (*Borago officinalis* 'Alba') blüht mit wunderbaren, weißen Sternblüten.
Weitere Namen Blaustern, Gurkenkraut.

BLÜTENFARBE

BLÜTEZEIT

| *Jan* | *Feb* | *März* | *April* | *Mai* | **Juni** | **Juli** | **Aug** | *Sept* | *Okt* | *Nov* | *Dez* |

Guter Heinrich

Guter Heinrich
Chenopodium bonus-henricus

☀	Höhe 30–80 cm	Erntezeit April bis September	pflege-leicht

Das mehrjährige, winterharte Gänsefußge-wächs ist heute nur noch in Kultur anzutreffen. Es wird als Küchenkraut in Bauern- und Kräu-tergärten gepflanzt. Die spinatähnlichen Blät-ter schmecken am besten vor der Blüte.

Standort Das pflegeleichte Küchenkraut liebt einen sonnigen Standort mit sandigen, leh-migen Gartenböden.

Pflege Viel düngen und gießen.

Schädlinge Raupen, Blattläuse bei jungen Trieben.

Vermehrung Aussaat, Teilung der Wurzel-stöcke im Frühjahr.

Ernten Frische Blätter, Blüten und Sprosse von April bis September. Nach der Blüte im Spätsommer sollten die Blätter nicht mehr ge-erntet werden.

Gesundheit und Küche Guter Heinrich wirkt blutreinigend und abführend. Er enthält sehr viele Mineralstoffe (besonders Eisen) und Pro-teine. Die Blätter des Guten Heinrichs werden wie Spinat, die Sprosse wie Spargel zubereitet. Die grünlichen Blütenähren dünstet man in Butter.

Weitere Namen Wilder Spinat, Dorf-Gänse-fuß.

BLÜTENFARBE

BLÜTEZEIT

Jan	Feb	März	April	Mai	Juni	Juli	Aug	Sept	Okt	Nov	Dez

Meerfenchel

Meerfenchel
Crithmum maritimum

 | Höhe bis 50 cm | Erntezeit Juni bis August | anspruchsvoll |

Der mehrjährige, sehr aromatische Meerfenchel ist eine nicht leicht zu pflegende Liebhaberpflanze. Dieses Küchenkraut ist nur bedingt winterhart und braucht im Winter einen guten Schutz. Die grüngelben Blüten erscheinen in großen Dolden, die wiederum in zahlreiche kleine Dolden übergehen. Meerfenchel wächst an den Küsten Südeuropas.

Standort Das Küchenkraut liebt einen sonnigen Standort und kann in trockene Sandböden gepflanzt werden. Meerfenchel ist auch für Trockenmauern geeignet.

Pflege Wenig gießen und düngen. Bei zu viel Nässe kann die Pflanze leicht faulen. Überwinterung: dicker Winterschutz mit Reisig, nicht gießen.

Vermehrung Wurzelteilung, Stecklinge im Sommer.

Ernten Frische Blätter und Stängel den ganzen Sommer, nur frisch verwenden.

Gesundheit und Küche Der Meerfenchel ist appetitanregend und verdauungsfördernd. Er hilft bei Blähungen und Darmkrämpfen. In der Küche wird er als Fischgewürz und zum Würzen von Salaten verwendet. Meerfenchel schmeckt wie Möhren.

BLÜTENFARBE

BLÜTEZEIT

| Jan | Feb | März | April | Mai | Juni | **Juli** | **Aug** | Sept | Okt | Nov | Dez |

Wilde Rauke

Rauke

Eruca sativa (syn. *Brassica eruca,*
Raphanus eruca, Sinapis eruca)

 | **Höhe** bis 30 cm | **Erntezeit** Mai bis September | **pflege-leicht** |

Rukolablätter

Die kresseartige Rauke ist mehrjährig und winterhart. Der Geschmack ist scharf und sehr aromatisch. Rauken wachsen buschig mit gelben Blüten. Diese Anfängerpflanze kann auch gut in kleinen Gärten gepflegt werden.

Standort Sonniger Platz. Der Boden sollte feucht und lehmig sein. Rauken kann man im Winter auch im Topf ziehen.

Pflege Gleichmäßig feucht halten, im Herbst zurückschneiden.

Vermehrung Aussaat ganzjährig.

Ernten Junge, frische Blätter. Raukenblätter nicht direkt an der Blattbasis abschneiden, sondern etwas darüber. So wachsen sie schneller nach und man kann das ganze Jahr ernten.

Gesundheit und Küche Die Rauke fördert Durchblutung und Verdauung, ist stoffwechselanregend und enthält sehr viel Vitamin A und C sowie Senfölglykoside. In der Küche werden Raukenblätter in Salate, zu Nudeln, Reisgerichten und Eierspeisen gegeben.

Weitere Art Die Wilde Rauke (*Eruca vesicaria*) ist ein- oder zweijährig und stammt aus Italien. Ihre Blätter sind etwas breiter und der Geschmack ist milder.

Weitere Namen Senf-Rauke, Rukola.

BLÜTENFARBE

BLÜTEZEIT

| Jan | Feb | März | April | Mai | **Juni** | **Juli** | **Aug** | **Sept** | Okt | Nov | Dez |

Helichrysum italicum

Helichrysum italicum ssp. serotinum

Currystrauch
Helichrysum italicum

| ☀ | Höhe bis 70 cm | Erntezeit Juni bis Oktober | pflege-leicht | |

Das pflegeleichte Küchenkraut ist mehrjährig und bedingt winterhart. Die silbergrauen, immergrünen Blätter sind sehr auffallend. Der Currystrauch ist auch für Anfänger geeignet.
Standort Ein sonniger Standort ist ideal. Setzen Sie die Pflanze in durchlässige Erde.
Pflege Nur wenig gießen und düngen. Nach der Blüte zurückschneiden. Überwinterung: leichter Winterschutz mit Reisig oder Laub.
Vermehrung Stecklinge im Frühjahr bis Sommer
Ernten Frische, junge Blätter und Blüten. Im Schatten zum Trocknen aufhängen.

Gesundheit und Küche Der Currystrauch hilft bei Husten und wirkt entzündungshemmend. Er enthält ätherische Öle. Das getrocknete Kraut kann für Tees verwendet und bei empfindlicher und überreizter Haut in das Badewasser gegeben werden. In der Küche wird es zum Würzen von Eierspeisen beigegeben. Zweige nur kurz mitkochen lassen, vor dem Servieren entfernen.
Weitere Art Der Zwerg-Currystrauch (*Helichrysum italicum* ssp. *serotinum*) bleibt mit 20 cm kleiner und duftet etwas herber.
Weiterer Name Currykraut.

BLÜTENFARBE

BLÜTEZEIT

| Jan | Feb | März | April | Mai | Juni | Juli | Aug | Sept | Okt | Nov | Dez |

Echter Lavendel

Echter Lavendel
Lavandula angustifolia

	Höhe bis 70 cm	Erntezeit Juni bis August	pflege-leicht	

Diese allseits beliebte Duftpflanze ist recht anspruchslos und pflegeleicht. Kompakte Sorten können auch auf Balkon und Terrasse in Töpfen gezogen werden.

Standort Das mediterrane Gewächs liebt es sonnig und warm. Die Erde sollte sehr durchlässig sein, eventuell Sand oder Kies beimischen. Neutrale bis kalkhaltige Böden werden bevorzugt.

Pflege Lavendel nach Bedarf gießen, er verträgt keine Staunässe. Nach der Blüte zurückschneiden, im Frühjahr bis zur verholzten Basis einkürzen.

Vermehrung Aussaat im Frühjahr, Stecklinge vor der Blüte. Stecklingsvermehrte Pflanzen sind robuster und leben länger.

Ernten Junge Triebe bis zur Blüte, Blüten.

Gesundheit und Küche Lavendel wirkt krampflösend, antiseptisch und enthält ätherische Öle. Blüten im Badewasser wirken beruhigend. Frischer Lavendel verfeinert, sparsam dosiert, Suppen, Saucen und Fischspeisen.

Weitere Sorten 'Hidcote' hat tief lilafarbene, intensiv duftende Ähren und wird 30 bis 50 cm hoch. Die früh blühende 'Munstead' wird bis 70 cm hoch und hat stark duftende Blüten.

BLÜTENFARBE

BLÜTEZEIT

Jan	Feb	März	April	Mai	Juni	Juli	Aug	Sept	Okt	Nov	Dez

Lavandula stoechas

Lavandula × intermedia

Wolliger Lavendel

Weitere Lavendel

Zahn-Lavendel (*Lavandula dentata*)
Dieser überwiegend in Südfrankreich wachsende Lavendel blüht hellblau und bildet gezähnte Blätter mit wolliger Unterseite. Er wird bis 90 cm hoch und duftet harzig.

Provence-Lavendel (*Lavandula × intermedia*)
Der typische französische Duftlavendel trägt überwiegend blaue bis violette Blüten von Juni bis August. Der mehrjährige Provence-Lavendel braucht Winterschutz. Es sind verschiedene Sorten im Handel erhältlich.

Wolliger Lavendel (*Lavandula lanata*)
Dieser mehrjährige, aber nicht winterharte Lavendel aus Südspanien wird bis 60 cm hoch und trägt weißfilzige, wollige Blätter. Die dunkelvioletten Blüten duften kräftig. Er benötigt sandige, kalkhaltige Böden und ist für Töpfe und Kübel geeignet.

Speick-Lavendel (*Lavandula latifolia*)
Diese schnell wachsende Art mit ihren breiten, silbrigen Blättern wird bis zu 80 cm hoch. Die etwas später erscheinenden, blauen Blüten duften stark.

Oregano-Lavendel (*Lavandula multifida*)
Dieser mehrjährige, nicht winterharte Lavendel mit graugrünen, farnartigen Blättern duftet leicht nach Oregano und wird bis zu 60 cm hoch. Die violetten bis blauen Blütenköpfe ordnen sich spiralförmig an der Blütenähre an. Oregano-Lavendel lässt sich auch gut in Töpfen und Kübeln ziehen.

Schopf-Lavendel (*Lavandula stoechas*)
Dieser mehrjährige und nicht winterharte Lavendel wird 40 bis 70 cm hoch. Er ist im gesamten Mittelmeergebiet heimisch. Die kleinen Blüten tragen meist violette, aber auch rosa und weiße Hochblätter von Juli bis Oktober und duften süß nach Zimt und Kampfer. Der kleine Strauch gedeiht ebenfalls gut in Töpfen mit durchlässiger Erde auf Balkon und Terrasse. Im Handel sind verschiedene Sorten erhältlich.

Lepidium sativum

Garten-Kresse
Lepidium sativum

	Höhe	Erntezeit	pflege-	
	10 cm	Januar bis Dezember	leicht	

Die pflegeleichte Garten-Kresse kann man das ganze Jahr über auf der Fensterbank oder im Sommer im Garten anziehen. Das Küchenkraut fühlt sich auch in bunten Beeten oder in Staudenbeeten wohl. Man verwendet die Garten-Kresse am besten frisch. Sie gedeiht auch bei Garten-Anfängern.

Standort   Ein halbschattiger Platz ist ideal. Garten-Kresse wächst in jedem Gartenboden. Am besten wird sie in Töpfe oder Schalen ausgesät.

Pflege   Regelmäßig gießen und düngen.

Vermehrung   Aussaat, keimt sehr schnell.

Ernten   Keimlinge (bis 10 cm hoch) abschneiden; nicht blühen lassen, damit die Pflanze nicht bitter wird.

Gesundheit und Küche   Garten-Kresse wirkt blutreinigend und stoffwechselanregend. Sie enthält ätherisches Öl, sehr viel Vitamin C und pflanzliche Antibiotika. In der Küche wird die Garten-Kresse frisch an Salat, Eier, Kräuterbutter und Quark gegeben. Auch als Belag auf frischem Vollkornbrot mit Butter schmeckt Kresse sehr gut. Sie kann als Gemüse gekocht und zum Garnieren verwendet werden. Auch zu Ofenkartoffeln schmeckt sie gut.

BLÜTENFARBE

BLÜTEZEIT

Jan	Feb	März	April	Mai	Juni	Juli	Aug	Sept	Okt	Nov	Dez

Liebstöckel

Liebstöckel
Levisticum officinale

		Höhe 150 cm	Erntezeit April bis Oktober	pflege-leicht

Liebstöckel ist ein mehrjähriges und winterhartes Küchen- und Heilkraut mit röhrigen Stängeln und glänzenden, fiederteiligen Blättern. Die Blüten sind blassgelb. Liebstöckel riecht stark aromatisch nach Sellerie und stammt vom östlichen Mittelmeer. Der Geruch von Liebstöckel erinnert an Suppenwürfel, daher auch der Name Maggikraut.
Standort Sonne bis Halbschatten, tiefgründiger, nährstoffreicher, feuchter Boden.
Pflege Reichlich gießen und düngen. Ältere Pflanzen stützen, im Herbst zurückschneiden.
Schädlinge Minierfliegen.

Vermehrung Aussaat im Frühjahr, Wurzelteilung im Frühjahr und Herbst.
Ernten Frisches Kraut von Frühjahr bis Herbst, Samen, Wurzeln im Herbst des zweiten Jahres.
Gesundheit und Küche Liebstöckel wirkt harntreibend, hormonsteigernd, verdauungsfördernd und stärkt den Magen. Ein Tee aus den Blättern und Wurzeln hilft gegen Bauch- und Kopfschmerzen. In der Küche werden Blätter und Wurzeln für Kuchen, Brot, Salat und Kräuterschnäpse verwendet.
Weitere Namen Maggikraut, Badekraut.

BLÜTENFARBE

BLÜTEZEIT

Jan	Feb	März	April	Mai	Juni	Juli	Aug	Sept	Okt	Nov	Dez

Zitronen-Melisse

Zitronen-Melisse
Melissa officinalis

| ☀ | ◑ | Höhe 30–90 cm | Erntezeit April bis Oktober | pflege-leicht | 🌱 |

Zitronen-Melisse ist ein pflegeleichtes Küchenkraut aus dem östlichen Mittelmeerraum. Die weißen bis rosafarbenen Blüten duften wie ihre Blätter intensiv nach Zitrone und locken Bienen und Schmetterlinge an. Das Küchen-, Tee- und Heilkraut ist winterhart.

Standort Melissen mögen Sonne bis Halbschatten. Der Boden sollte humusreich und feucht sein.

Pflege Wenig bis regelmäßig gießen. Zitronen-Melisse kann bis zu dreimal im Jahr zurückgeschnitten werden. In rauen Lagen ist ein Winterschutz erforderlich.

Krankheiten Mehltau bei ungünstigem Standort.

Vermehrung Aussaat im Frühjahr, Wurzelteilung im Herbst.

Ernten Frische Blätter und Triebe, auch zum Trocknen.

Gesundheit und Küche Melisse wirkt belebend, krampflösend, beruhigend, nervenstärkend, schlaffördernd und magenstärkend. Als Tee kann das frische Kraut bei Schlafstörungen, Krampfadern, Stress und psychischen Problemen angewendet werden. Als Melissengeist (frische Triebe und Blätter 2 Tage in Obstler an-

BLÜTENFARBE

BLÜTEZEIT

| Jan | Feb | März | April | Mai | Juni | Juli | Aug | Sept | Okt | Nov | Dez |

Kreta-Melisse

Limonen-Melisse

setzen) bei Rheuma- und Gelenkschmerzen zum Einreiben verwenden. In der Küche werden frische Melisseblätter zum Aromatisieren von Salaten und Saucen verwendet.

Weitere Sorten und Art Die Zwerg-Melisse (*Melissa officinalis* 'Nana') wird nur 15 cm hoch und blüht nicht. Die Goldene Melisse (*Melissa officinalis* 'Aurea') wächst bis 30 cm hoch und bildet gelbe Blätter, die im Sommer grünlich werden. Sie ist für schattige Plätze geeignet. Die Gelbgrüne Melisse (*Melissa officinalis* 'Variegata') trägt gelbgrün gefleckte Blätter, die im Sommer verbleichen. Die Kreta-Melisse (*Melissa officinalis* ssp. *altissima*) wächst bis 90 cm hoch und duftet stark nach grünem Apfel. Sie ist eine sehr gute Teepflanze, braucht aber einen sonnigen Standort und Winterschutz.

Zitronen-Melisse mit Salbei (hinten)

Pfefferminze 'Nane'

Orangenminze

Pfefferminze
Mentha × piperita

		Höhe 10–100 cm	Erntezeit April bis Oktober	pflege-leicht	

Dieses beliebte winterharte, mehrjährige Küchen- und Teekraut trägt weiße, rosafarbene oder purpurne Blüten. Im Handel sind viele verschiedene Sorten mit ganz unterschiedlichen Düften erhältlich. Allen Minzen gemeinsam ist ihr Gehalt an ätherischen Ölen.
Standort Minzen gedeihen an sonnigen bis halbschattigen Lagen. Der Boden sollte sandig, humos oder lehmig sein. Feuchte und nährstoffreiche Böden sind für alle Minzen notwendig.
Pflege Regelmäßig bis häufig gießen. Minzen neigen zum Wuchern, daher eine Wurzelsperre im Beet einsetzen oder mit eingesenktem Topf ins Beet pflanzen. Vorteilhaft ist daher die Pflege in Topf und Kübel.
Probleme Mehltau in feuchten Sommern, Minzekäfer.
Vermehrung Teilung der Wurzeln das ganze Jahr über, Stecklingsvermehrung im Frühjahr.
Ernten Junge Blätter und Triebe werden nach Bedarf geerntet. Zum Trocknen das ganze Kraut über dem Boden abschneiden.
Gesundheit und Küche Minzen wirken erfrischend, verdauungsfördernd und krampflösend. Alle Minzen haben sehr viele ätherische

BLÜTENFARBE

BLÜTEZEIT

| Jan | Feb | März | April | Mai | Juni | Juli | Aug | Sept | Okt | Nov | Dez |

Schweizer Minze

Bananen-Minze

Cervina-Minze

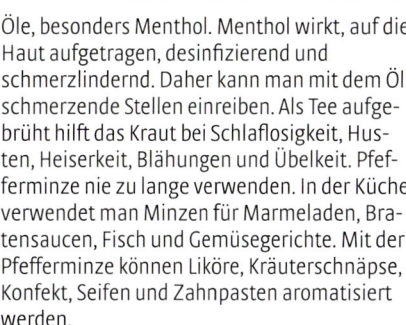

Belgische Minze

Apfel-Minze

Öle, besonders Menthol. Menthol wirkt, auf die Haut aufgetragen, desinfizierend und schmerzlindernd. Daher kann man mit dem Öl schmerzende Stellen einreiben. Als Tee aufgebrüht hilft das Kraut bei Schlaflosigkeit, Husten, Heiserkeit, Blähungen und Übelkeit. Pfefferminze nie zu lange verwenden. In der Küche verwendet man Minzen für Marmeladen, Bratensaucen, Fisch und Gemüsegerichte. Mit der Pfefferminze können Liköre, Kräuterschnäpse, Konfekt, Seifen und Zahnpasten aromatisiert werden.

'Mitcham'

Mentha longifolia

Die Ananas-Minze (Mentha suavolensis 'Variegata') schmeckt nach Ananas.   Mentha rotundifolia

Weitere Minze-Arten

Bach-Minze (*Mentha aquatica*)
Diese Minze wird auch Wasser-Minze genannt. Sie ist mehrjährig und winterhart und bildet Rhizome. Sie wird 30 bis 90 cm hoch und hat oval gezähnte, haarige Blätter, die ein angenehmes Pfefferminzaroma verströmen.

Bananen-Minze (*Mentha arvensis* 'Banana')
Die mehrjährige, Bananen-Minze hat rundliche, helle Blätter, die einen erstaunlichen Bananenduft verströmen. Sie wird bis zu 30 cm hoch und wächst kriechend. Winterschutz ist erforderlich. Ihre Blüte ist lilafarben.

Kärntner-Minze (*Mentha austriaca*)
Die glatten, spitzen Blätter der Kärntner-Minze haben einen geringen Mentholgehalt. Sie wird überwiegend zum Kochen verwendet und blüht hübsch rosafarben. Die Kärntner-Minze wird bis zu 60 cm hoch.

Kentucky-Spearmint (*Mentha × cordifolia*)
Diese mehrjährige Minze benötigt einen Winterschutz. Ihre sehr schönen, hellen Blätter und die rosafarbenen Blüten kennzeichnen diese Art. Sie hat den typischen Kaugummigeschmack, Wuchshöhe bis 50 cm.

Gekrauste Minze (*Mentha crispa*)
Diese winterharte Minzenart bildet hübsch gewelltes, krauses Laub. Ihr sehr frisches Aroma hat einen angenehmen Geschmack. Sie wird 40 bis 80 cm hoch.

Samt-Minze (*Mentha × dumetorum*)
Die mehrjährige, winterharte Minze wächst kompakt mit kurzem, samtigem Blatt. Die Blätter haben ein mildes Mentholaroma. Sie wird 40 bis 60 cm hoch.

Zitronen-Minze (*Mentha × gentilis* var. *citrata*)
Die mehrjährige, winterharte Minze duftet intensiv nach Zitrone. Ihre kurzen, spitzen Blätter werden vor allem zum Aromatisieren von Süßspeisen verwendet. Sie wird bis zu 40 cm hoch.

Kärntner Minze

Minze 'Jokka'

Samt-Minze

Ross-Minze (*Mentha longifolia*)
Die oft wild wachsende Ross-Minze ist mehrjährig, winterhart und kann bis zu 120 cm hoch werden. Ihre spitzen, gezähnten Blätter sind graugrün gefärbt.

Englische Minze.
(*Mentha × piperita* 'Mitcham')
Die mehrjährige, winterharte Englische Minze ist eine der ältesten bekannten Arten. Ihre in Rot übergehenden Blätter an roten Stielen duften intensiv nach Menthol. Sie wird bis zu 80 cm hoch.

Korsische Minze (*Mentha requienii*)
Die mehrjährige Korsische Minze benötigt in unseren Breiten Winterschutz. Sie wächst teppichartig, niederliegend und hat ein scharfes Aroma. Im Frühsommer erscheinen winzige, lilafarbene Blüten. Sie eignet sich gut als Unterpflanzung in Schalen.

Rote Raripila-Minze (*Mentha × smithiana* 'Rubra') Diese besondere Minze bildet rötliche Stiele und rote Adern in den ovalen Blättern

aus. Sie duftet süßlich und stark. Wird bis zu 50 cm hoch.

Marokkanische Minze
(*Mentha spicata* var. *crispa* 'Nane')
Die mehrjährige, winterharte Marokkanische Minze schmeckt sehr süß und erfrischend. Ihre kleinen, rundlichen Blätter und die rosafarbenen Blüten sind eine hübsche Zierde im Kräutergarten. In Nordafrika nimmt man die Blätter zu Kaffee. Sie ist eine der besten Minzen und wird bis 60 cm hoch.

Nane-Minze (*Mentha spicata* var. *crispa*)
Diese mehrjährige Minze ist winterhart und trägt sehr dekoratives Laub. Die Blätter kräuseln sich am Rand und zeigen ein sehr starkes, erfrischendes Mentholaroma. Sie kommt selten zur Blüte und wird bis zu 90 cm hoch.

Apfel-Minze (*Mentha suaveolens*)
Ihr Laub ist rundlich und weich behaart. Das milde Aroma schmeckt nach Apfel. Es passt besonders gut zu salzigen Speisen. Die fliederfarbenen Blüten locken Bienen in den Garten.

Meum athamanticum

Bärwurz, Bärenfenchel
Meum athamanticum

		Höhe 30–50 cm	Erntezeit Juni bis August	anspruchs-voll	

Dieses anspruchsvolle Küchen-, Tee- und Heilkraut wächst wild in lichten Laubwäldern. Die Bärwurz ist mehrjährig, winterhart und blüht weiß. Ihre gefiederten, haarfeinen Blätter können ab Juni verwendet werden.

Standort Bärwurz liebt einen sonnigen bis halbschattigen Platz und sandig-lehmige, feuchte Böden. Jede Art von Kalk meiden, damit die Pflanze nicht austrocknet.

Pflege Gleichmäßig feucht halten, auch für Töpfe geeignet.

Vermehrung Wurzelteilung nach der Blüte, Aussaat ist sehr schwierig.

Ernten Samen, große Wurzelstücke. Kleine Wurzelstücke wieder in den Boden zurückstecken, damit sie weiterwachsen können.

Gesundheit und Küche Bärwurz ist herzstärkend, magenstärkend und enthält ätherisches Öl. Der Geschmack erinnert an Liebstöckel. Getrocknete oder frische Wurzeln werden als Aufguss bei Migräne, Appetitmangel und Blasenleiden verwendet. Aus den Samen und Wurzeln können magenstärkende Spirituosen hergestellt werden. In der Küche wird Bärwurz zu Gemüse, Suppen und Erbsengerichten gegeben.

BLÜTENFARBE

BLÜTEZEIT

Jan	Feb	März	April	Mai	Juni	Juli	Aug	Sept	Okt	Nov	Dez

Brunnenkresse

Echte Brunnenkresse
Nasturtium officinale

  | Höhe 30–60 cm | Erntezeit März bis Oktober | pflege-leicht

Dieses mehrjährige, winterharte, kriechende Küchen- und Heilkraut wächst in klarem, fließendem Wasser. Die Blätter sind fiederteilig, von März bis Oktober erscheinen die weißen Doldenblüten.

Standort Der Standort sollte sonnig bis halbschattig sein. Ein Wasserlauf im Garten oder ein Trog mit ständigem Wasseraustausch ist der ideale Platz für Brunnenkresse.

Pflege Feucht halten, die Wurzeln sollten ständig leicht mit Wasser bedeckt sein. Nicht düngen. Bodenoberfläche öfters auflockern, um Algenbildung vorzubeugen.

Schädlinge Minierfraß durch Leberegel-Larven, befallene Blätter entfernen.

Vermehrung Aussaat ganzjährig (keimt sehr leicht), Ausläufer abtrennen und eintopfen.

Ernten Junge, frische Triebe vor der Blüte und im Herbst, Samen im Frühjahr.

Gesundheit und Küche Brunnenkresse ist blutreinigend, verdauungsfördernd und menstruationsfördernd. Sie enthält sehr viel Vitamine (A, C, D, E), Jod und Eisen. In der Küche kann sie in verschiedene Salate gemischt, zu Fisch und aufs Butterbrot gegeben werden.

Weitere Namen Bachkresse, Wassersenf.

BLÜTENFARBE

BLÜTEZEIT

| Jan | Feb | März | April | Mai | **Juni** | **Juli** | **Aug** | **Sept** | **Okt** | Nov | Dez |

Basilikum

Basilikum
Ocimum-Arten und -Sorten

		Höhe 20–70 cm	Erntezeit April bis Oktober	pflege-leicht	

Das beliebte und pflegeleichte Küchenkraut stammt ursprünglich aus den Tropen Asiens und Afrikas. Mittlerweile sind viele verschiedene Arten und Sorten im Handel erhältlich. Die meisten Sorten sind einjährig und müssen jedes Jahr neu ausgesät oder gepflanzt werden. Aber auch mehrjährige Basilikum-Sorten können Sie in Gärtnereien kaufen. Diese sind aber nicht winterhart. Sie sollten in einem hellen Raum bis 10 °C überwintert werden. Die meist weißen bis rosafarbenen Blüten duften intensiv und locken viele Bienen und Schmetterlinge an.

Standort Basilikum liebt einen sonnigen bis halbschattigen, warmen und windgeschützten Platz ohne direkte Mittagssonne. Der Boden sollte durchlässig und nicht zu sauer sein. Auch für Topf und Kübel geeignet.

Pflege Alle Basilikum-Arten und -Sorten sollten gleichmäßig feucht gehalten werden. Am besten werden sie nur morgens gegossen. Staunässe unbedingt vermeiden. Blütenansätze regelmäßig ausbrechen. Mehrjährige Sorten können zurückgeschnitten werden.

Probleme Schnecken, Blattläuse, Fusariumwelke bei zu hoher Luftfeuchtigkeit.

BLÜTENFARBE

BLÜTEZEIT

Jan	Feb	März	April	Mai	Juni	Juli	Aug	Sept	Okt	Nov	Dez

Busch-Basilikum

'Rubin'

Thai-Basilikum

'African Blue'

Vermehrung Aussaat (Lichtkeimer), bei genügend Wärme ganzjährig, bei mehrjährigen Sorten können auch Stecklinge geschnitten werden.

Ernten Frische Blätter, vor der Blüte.

Gesundheit und Küche Basilikum regt Appetit und Verdauung an, beruhigt und wirkt schweißtreibend. Basilikum enthält ätherische Öle. Ein Tee aus Blättern und Blüten lindert Blähungen und hilft bei Bronchitis, Erkältungen und Stress. In der Küche wird es gerne zu Tomatensalaten, Kräuterbutter, Saucen, Fisch und Pasta gegeben. Verwenden Sie Basilikum immer möglichst frisch, da beim Kochen sehr viel Aroma verloren geht. Basilikum sollte nur in kleinen Mengen verwendet werden.

Weitere Namen Basilikenkraut, Königskraut.

Heiligen-Basilikum

'African Blue'

Interessante Basilikum-Arten und -Sorten

Zitronen-Basilikum (*Ocimum americanum*)
Diese Art wächst einjährig mit kleinen, spitzen Blättern, die süß und zitronig schmecken. Zitronen-Basilikum ist sehr kälteempfindlich und blüht weiß.

Genoveser Basilikum (*Ocimum basilicum*)
Das einjährige Genoveser Basilikum trägt großes, dunkelgrünes Laub mit dem typischen Aroma. Es ist raschwüchsig und unempfindlich bei genügender Wärme. Nicht zur Blüte kommen lassen.

Rotes Basilikum
(*Ocimum basilicum* 'Dark Opal')
Diese einjährige Sorte ist sehr empfindlich gegenüber Staunässe und benötig einen voll sonnigen Platz. Die purpurroten Blätter mit einem etwas herben Geschmack und seine rosafarbenen Blüten entschädigen für die anspruchsvolle Pflege.

Thai-Basilikum
(*Ocimum basilicum* 'Siam Queen')
Diese einjährige Sorte wächst sehr gleichmäßig mit grünen Blättern, roten Adern und roten Blüten. Ihr würziges Aroma wird zu allen Thaigerichten verwendet.

Grünes Basilikum
(*Ocimum basilicum* 'Spezial Select')
Diese einjährige Sorte hat ein reines, minziges Aroma. Diese Sorte wird weniger von Pilzkrankheiten befallen. Sie blüht weiß.

Griechisches Busch-Basilikum
(*Ocimum basilicum* var. *minimum*)
Das einjährige Griechische Busch-Basilikum wächst kompakt mit kleinen Blättern und weißen Blüten. Das Aroma ist sehr kräftig. Das Griechische Busch-Basilikum wächst auch zu einem kleinen Strauch sehr schön heran.

Zimt-Basilikum

Basilikum-Blüte

Zitronen-Basilikum

Türkisches Basilikum
(*Ocimum basilicum* var. *minimum*)
Das Türkische Basilikum ist einjährig und bildet sehr kleine, grüne Blätter und weiße Blüten. Sie duften ungewöhnlich stark süßlich. In vielen südlichen Ländern steht diese Basilikum-Art meist in Töpfen vor dem Hauseingang, um mit ihrem Duft unliebsame Insekten zu verscheuchen.

Wildes Purpur-Basilikum
(*Ocimum canum* × *basilicum*)
Diese mehrjährige Art hat rote, große Blätter, die spitz zulaufen. Es schmeckt pfeffrig. Das Wilde Purpur-Basilikum blüht in Rosa.

Ostindisches Baum-Basilikum
(*Ocimum gratissimum*)
Diese mehrjährige Art hat ein intensives Nelken- und Zimtaroma. Die großen, haarigen Blätter können für den Winter auch getrocknet werden. Sie enthalten viele ätherische Öle, zum Beispiel Citrat und Eugenol. Das Ostindische Baum-Basilikum blüht hübsch hellgelb.

Griechisches Basilikum

Kampfer-Basilikum
(*Ocimum kilimandscharicum*)
Diese mehrjährige Art wächst sehr schnell zu einem Strauch heran und blüht weiß. Die Blätter haben ein Kampfer-Aroma. Ein Tee aus den Blättern wirkt gegen Husten, Erkältung und Magenprobleme.

Basilikum 'African Blue'
(*Ocimum kilimandscharicum* × *basilicum*)
Die mehrjährige, große, buschige Pflanze trägt dunkelrosafarbene Blüten und dunkles Laub. Diese Art bildet keinen Samen.

Origanum dictamnus

Diptam-Dost, Kreta-Majoran
Origanum dictamnus

☀	Höhe 20 cm	Erntezeit Juli bis September	anspruchs-voll	🪴

Der anspruchsvolle Diptam-Dost ist mehrjährig, aber nicht ganz winterhart. Mit attraktivem grauem, wintergrünem Laub und rosafarbenen Blüten ist es im Kräutergarten sehr hübsch anzusehen. In seiner Heimat Kreta wächst es vor allem an steinigen Hängen.

Standort   Kreta-Majoran liebt einen sonnigen Platz, ein Hang ist ideal. Der Boden sollte durchlässig und sandig bis steinig sein. Die Pflanze kann auch in Topf und Kübel auf Balkon und Terrasse gepflegt werden.

Pflege   Sehr sparsam gießen. Kreta-Majoran verträgt keine Staunässe. Im Topf vor Regen geschützt aufstellen. Überwinterung: frostfrei, hell und kühl.

Vermehrung   Aussaat im Frühjahr, Stecklinge (vor der Blüte geschnitten).

Ernten   Blätter und Triebspitzen während der Blütezeit. Alle krautigen Pflanzenteile sind auch zum Trocknen geeignet.

Gesundheit und Küche   Kreta-Majoran enthält einen hohen Anteil an ätherischen Ölen, die keimtötend wirken können. In der Küche können die Blätter zur Tee- oder Kräuterschnapszubereitung oder zum Würzen von Wein verwendet werden.

BLÜTENFARBE

BLÜTEZEIT

Jan	Feb	März	April	Mai	Juni	**Juli**	**Aug**	**Sept**	Okt	Nov	Dez

Griechischer Oregano

Griechischer Oregano
Origanum heracleoticum (syn. *Origanum vulgare* ssp. *hirtum*)

 | Höhe bis 60 cm | Erntezeit Juli bis August | pflege-leicht |

Die Blätter und Blüten des mehrjährigen und gut winterfesten Pizza-Oreganos haben ein sehr intensives Aroma. Diese Oregano-Art stammt ursprünglich aus Griechenland.

Standort Fühlt sich an sonnigen und trockenen Plätzen sehr wohl. Der Boden sollte wasserdurchlässig sein.

Pflege Regelmäßig gießen. Griechischer Oregano verträgt keine Staunässe. Rückschnitt, sobald der Oregano neu ausgetrieben hat, am besten im Frühjahr. Überwinterung: leichter Winterschutz mit Laub.

Krankheiten Echter Mehltau.

Vermehrung Kopfstecklinge vor der Blüte.

Ernten Frische Blätter und Triebspitzen mit den Blüten. Im Spätsommer trocknen.

Gesundheit und Küche Griechischer Oregano regt den Appetit an und fördert die Verdauung. Er enthält ätherisches Öl. In der Volksheilkunde wird ein Tee aus den Blättern bei leichten Magenbeschwerden und Darmkrämpfen getrunken. Griechischer Oregano schmeckt in jedem Gericht gut. Besonders zu Pizza, Kartoffeln, Bohnen- und Tomatengerichten ist er zu empfehlen.

Weiterer Name Pizza-Oregano.

BLÜTENFARBE

BLÜTEZEIT

| Jan | Feb | März | April | Mai | Juni | Juli | Aug | Sept | Okt | Nov | Dez |

Die intensiv duftenden Blüten des Majoran | Die Sorte 'Crispy Gold' trägt gelbgrüne, gekrauste Blätter.

Majoran
Origanum majorana

| ☀ | Höhe 20–40 cm | Erntezeit Juni bis September | pflege-leicht | 🌱 |

Dieses klassische, winterharte Küchen- und Heilkraut ist ursprünglich in Zentralasien beheimatet. Die Blüten duften intensiv und locken Bienen und Schmetterlinge an. Auch für Anfänger und für Topf und Kübel geeignet.
Standort Sonnig, leicht durchlässige, sandige, leicht erwärmbare und nährstoffreiche Böden sind ideal.
Pflege Sparsam gießen, regelmäßig düngen. Staunässe vermeiden.
Vermehrung Aussaat im Frühjahr, Stecklinge
Ernten Blätter und Triebe. Zum Trocknen Stängel mit Blüte abschneiden.

Gesundheit und Küche Majoran ist verdauungsfördernd, krampflösend und enthält ätherische Öle, die die Magensäfte anregen und leicht harntreibende Eigenschaften aufweisen. Als Würzkraut wird es Fleischgerichten, Suppen, Pilzgerichten und Brotaufstrichen beigegeben. Majoran wird in der Wurstherstellung als Würze verwendet.
Weitere Sorte Der Weißbunte Majoran (*Origanum majoranum* 'Variegata') ist eine mehrjährige, kleinblättrige Sorte mit weißgrün panaschiertem Laub und mildem Aroma.
Weiterer Name Echter Majoran.

BLÜTENFARBE

BLÜTEZEIT

| Jan | Feb | März | April | Mai | Juni | Juli | Aug | Sept | Okt | Nov | Dez |

Winterfester Majoran

Winterfester Majoran
Origanum × majoricum
(syn. *Origanum majorana × Origanum vulgare*)

	Höhe bis 80 cm	Erntezeit Juli bis September	pflege-leicht	

Diese mehrjährige und winterharte Kreuzung ist im Handel auch unter dem Namen Sizilianischer Oregano erhältlich. Im zweiten Jahr ist die pflegeleichte, kräftig wachsende Majoran-Art winterfest und übersteht Fröste.

Standort Sonnig. In durchlässige, lockere Erde pflanzen.

Pflege Sparsam gießen und düngen, Staunässe vermeiden. Im ersten Jahr Winterschutz gegen Spätfröste geben.

Vermehrung Stecklinge im Frühsommer.

Ernten Frische Triebe, im Spätsommer bis zum Boden zurückschneiden und trocknen.

Gesundheit und Küche Aus den frischen Blüten des Sizilianischen Oreganos wird das Majoranöl gewonnen, das in der Volksheilkunde bei Krampfzuständen, Magenleiden, Nervenschwäche und Migräne angewendet wird. Frische Triebe in Olivenöl (eine Woche ansetzen) sind sehr wirksam gegen Krampfadern, Gicht und Rheuma, nur niedrig dosieren. In der Küche wird der Winterfeste Majoran zum Würzen von Fleisch, Wurst und Eintöpfen verwendet. Diese Art ist im Geschmack milder und sie wirkt nicht magenreizend.

Weiterer Name Sizilianischer Oregano.

BLÜTENFARBE

BLÜTEZEIT

Jan	Feb	März	April	Mai	Juni	Juli	Aug	Sept	Okt	Nov	Dez

Kretischer Dost

Kretischer Dost
Origanum onites

| ☀ | Höhe 30–50 cm | Erntezeit Juli bis September | pflege-leicht | 🌱 |

Der ursprünglich in Sizilien beheimatete, mehrjährige Kretische Dost benötigt einen Winterschutz. Er bleibt eher klein und kann daher auch in Töpfen und Kübeln gezogen werden. Diese Art ist auch für Anfänger geeignet.

Standort Der Kretische Dost liebt einen sonnigen Platz. Er kommt auch mit mageren, steinigen Böden zurecht und ist für kleine Gärten geeignet.

Pflege Sparsam gießen und düngen, Staunässe vermeiden. Überwinterung: Mit Laub oder Reisig abdecken, Töpfe ins frostfreie Winterquartier stellen.

Vermehrung Stecklinge (vor der Blüte geschnitten).

Ernten Blätter und Blüten, frisch verwenden oder trocknen.

Gesundheit und Küche Der Kretische Dost wird in der Volksheilkunde bei Magen- und Darmbeschwerden sowie Erkrankungen der Atemorgane verwendet. Mit dem ätherischen Öl können rheumatische Beschwerden gelindert werden. In der Küche ist der Kretische Dost mit seinem milden Geschmack für alle Fleisch- und Gemüsegerichte geeignet.

Weiterer Name Französischer Majoran.

BLÜTENFARBE

BLÜTEZEIT

| Jan | Feb | März | April | Mai | Juni | **Juli** | **Aug** | **Sept** | Okt | Nov | Dez |

Gewöhnlicher Dost

Gewöhnlicher Dost
Origanum vulgare

	Höhe 50–100 cm	Erntezeit Juni bis Oktober	pflege- leicht	

Das buschig wachsende Heil- und Küchenkraut ist mehrjährig und winterhart. Die leicht behaarten Blätter sind aromatisch und verströmen beim Berühren den typischen Oregano-Duft.

Standort Der Gewöhnliche Dost liebt einen sonnigen und geschützten Platz. Der Boden sollte nährstoffreich und trocken sein.

Pflege Rückschnitt im Frühjahr.

Krankheiten Rost, kranke Pflanzenteile entfernen.

Vermehrung Aussaat, Teilung im Frühjahr, Kopfstecklinge (vor der Blüte geschnitten).

Ernten Blätter und Triebe, zum Trocknen während der Blüte abschneiden.

Gesundheit und Küche Dost wirkt stoffwechselanregend, entwässernd, schleimlösend und appetitanregend. Ein Tee hilft bei Magen- und Darmproblemen. In der Küche wird Oregano zu allen Fleisch- und Fischgerichten gegeben und für Nudelgerichte, Pizza, Tomaten und Käse verwendet.

Weitere Art Der sehr aromatische Kanarische Oregano (*Origanum vulgare* ssp. *virens*) wird bis 50 cm hoch; Winterschutz nötig.

Weitere Namen Wilder Majoran, Oregano.

BLÜTENFARBE

BLÜTEZEIT

Jan	Feb	März	April	Mai	Juni	Juli	Aug	Sept	Okt	Nov	Dez

Duftpelargonien fühlen sich auch auf Balkon und Terrasse wohl.

Duftgeranie
Pelargonium-Arten und -Sorten

	Höhe 20–100 cm	Erntezeit Januar bis Dezember	pflege-leicht	

Die duftenden Verwandten der beliebten Balkonklassiker zieht man am besten in Töpfen und Balkonkästen. Neben den verwendbaren Blättern duften die Blüten und sind ebenso schön wie die ihrer Verwandten.

Standort Sonnig. Die Erde sollte gut durchlässig, eventuell mit Sand gemischt und nährstoffreich sein. Sorgen Sie für eine gute Drainage im Topfboden mit Kieseln oder Tonscherben. Am besten in Töpfen ziehen.

Pflege Regelmäßig gießen und düngen. Im Frühjahr umtopfen und zurückschneiden. Überwinterung: heller, mäßig warmer Platz.

Schädlinge Wurzelläuse bei zu saurer Erde, dann umtopfen.

Vermehrung Stecklinge (ganzjährig), Aussaat ist schwierig.

Ernten Frische Blätter schneiden.

Gesundheit und Küche Die duftenden Blätter wirken hustenstillend und antibakteriell, enthalten ätherische Öle, Cumarine, Gerbstoffe, Umckalin, Flavonoide und Kieselsäure. In einem Vollbad wirken Duftgeranien entspannend. Die Blätter verwendet man in Essig eingelegt, in Eis, Marmeladen und zur Garnierung von Speisen.

BLÜTENFARBE

BLÜTEZEIT

Jan	Feb	März	April	Mai	Juni	Juli	Aug	Sept	Okt	Nov	Dez

'Variegatum'   'Shotteshan Pet'   'Attar of Roses'

Duftpelargonien lassen sich leicht in Töpfen ziehen.   'Orange Fizz'

Verschiedene Duftgeranien-Arten und -Sorten

Im Handel sind meist sehr viele unterschiedliche Arten und Sorten erhältlich. Sie schmecken und duften sehr unterschiedlich, lassen Sie sich bei der Auswahl von Ihrer Nase leiten!

'Attar of Roses' (*Pelargonium capitatum*)
Diese Sorte wächst halb aufrecht. Die kleinen, zierlichen, halbrunden Blätter und die hübschen, zart hellrosafarbenen Blüten duften stark nach Rosen. Auch für Topf und Kübel.

'Clorinda'
Diese Sorte wächst aufrecht mit dunkelgrünen Blättern. Die großen, dunkelrosafarbenen Blüten sind auf der Unterseite violett getönt. Sie duften sehr stark nach Eukalyptus und Zeder.

'Lady Scarborough'
Die oberen Blütenblätter dieser Sorte sind hellrosafarben mit roten Zeichnungen. Sie duftet stark nach Himbeere.

Pelargonium abrotanifolium
Das Laub ist feinfiedrig, silbergrau und duftet leicht nach Haselnuss. Die Art blüht weiß mit

roten Zeichnungen auf ihren oberen Blütenblättern.

Pelargonium alchemilloides
Diese Geranien-Art trägt frauenmantelartiges Laub. Sie blüht weiß mit Rosa und duftet angenehm nach Aprikose. In Südafrika wird die Wurzel gegen Fieber verwendet.

Pelargonium crispum 'Major'
Diese aufrecht wachsende Art trägt leicht gewelltes Laub. Ihre kleinen Blüten in zartem Hellviolett duften fruchtig-erfrischend nach Zitrone.

Pelargonium crispum 'Variegatum'
Sie wächst aufrecht mit stark gewelltem und weiß-grün gefärbtem Laub. Die attraktiven, hellvioletten Blüten duften stark nach fruchtiger Zitrone.

'Clorinda'

'Lady Plymouth'

'Sweet Mimosa'

Pelargonium cucullatum
Die aufrecht wachsende Art bildet starke Triebe mit großen, nierenförmigen und behaarten Blättern. Die Blüten leuchten dunkelviolett und duften intensiv nach reifen Früchten. In Südafrika werden ihre Wurzeln und Blätter gegen Durchfall verwendet.

Pelargonium gibbosum
Die aufrecht wachsende Geranien-Art duftet nachts nach Maiglöckchen, Flieder und Rosen. Ihre dünnen, hellen Triebe tragen kleine, graugrüne Blätter und unscheinbare, gelblich grüne Blüten.

Pelargonium graveolens 'Lady Plymouth'
Diese Art wächst kräftig aufrecht und bildet grün-weiße, gefiederte Blätter. Die kleinen, dunkelrosafarbenen Blüten duften sehr stark nach Zitronen und Rosen.

Pelargonium odoratissimum
Diese Art trägt herzförmige Blätter und kleine, weiße Blüten. Sie duftet sehr stark nach Apfel und Minze. In Südafrika wird diese Duft-

geranienart oft als Küchengewürz verwendet.

Pelargonium reniforme
Diese kleine, hängende Art trägt grün-silbrig gefärbte Blätter und kleine, stark dunkelviolette Blüten. Sie duftet fein herb. Die knollenförmigen Wurzeln werden in Südafrika als Antibiotikum verwendet und haben immunstimulierende Eigenschaften.

Pelargonium tomentosum
Die großen, samtigen Blätter dieser Art sind blattunterseits silbrig gefärbt. Die weißen bis hellrosafarbenen Blüten duften nach Pfefferminze. Sie wird auch als Küchengewürz verwendet.

Pelargonium vitifolium
Die aufrecht wachsende Pflanze trägt große, mittelgrüne Blätter und kleine, hellrosafarbene Blüten. Die Art duftet sehr stark und erfrischend nach Balsam. In Südafrika findet diese ungewöhnliche Geranien-Art sehr vielseitig Verwendung.

Krausblättrige Petersilie

Glattblättrige Petersilie

Petersilie
Petroselinum crispum

		Höhe 30–100 cm	Erntezeit März bis Oktober	pflege-leicht	

Es gibt viele unterschiedliche Petersilien-Arten im Handel. Der pflegeleichte Küchenklassiker kann auch als Heilpflanze genutzt werden. Die zweijährige Pflanze ist im Mittelmeerraum heimisch und dort ausdauernd. Verwenden Sie nur Petersilie aus dem eigenen Garten, denn die Hundspetersilie, die man in der Natur sammeln kann, ist giftig.

Standort Ein sonniger bis halbschattiger Platz und tiefgründige, humusreiche und feuchte Böden werden bevorzugt.

Pflege Regelmäßig gießen, sonst anspruchslos. Petersilie ist stark selbstunverträglich und sollte nicht länger als fünf Jahre am selben Standort stehen.

Krankheiten Blattfleckenkrankheit, Falscher Mehltau.

Vermehrung Aussaat im Frühjahr bis zum Juli. Direktsaat ins Freiland bei Bodentemperaturen ab 7 °C, ansonsten Keimlinge vorziehen.

Ernten Blätter. Wurzeln der Wurzel-Petersilie im Herbst aus der Erde nehmen und kühl lagern. Blatt-Petersilie nicht zu tief (wenige Zentimeter über dem Boden) schneiden damit die Pflanze wieder austreiben kann, letzter Schnitt im Oktober.

BLÜTENFARBE

BLÜTEZEIT

Jan	Feb	März	April	**Mai**	**Juni**	**Juli**	Aug	Sept	Okt	Nov	Dez

Glatte Petersilie

Gesundheit und Küche Petersilie ist appetitanregend, wassertreibend und enthält ätherische Öle, die die Nieren anregen. Frische Blätter enthalten reichlich Vitamin C. Ein Tee aus dem frischen Kraut kann bei Verdauungsstörungen, Blähungen, Menstruationsbeschwerden und Entzündungen der Harnwege helfen. Petersilienblätter werden frisch vielen Gerichten (nicht mitkochen!) als Gewürz und zur Garnierung beigegeben. Bereits 10 Gramm Petersilie decken den Bedarf an wichtigen Vitaminen. Petersilienblätter können getrocknet und tiefgefroren werden. Die gut getrockneten und anschließend zerriebenen Wurzeln sind eine gute Speisewürze für den Winter. Auch in der Naturkosmetik wird Petersilie, zum Beispiel als Petersilienwasser, verwendet. Es kann Sommersprossen verringern und bei Kopfläusen helfen. Vorsicht: In der Schwangerschaft und bei Nierenkrankheiten sollte man die Garten-Petersilie nicht übermäßig verwenden.
Weitere Arten Die Wurzel-Petersilie (*Petroselinum crispum* var. *radicosum*, syn. *Petroselinum tuberosum*) bildet im Boden große fleischige Wurzeln und hat glattes Laub. Die

Wurzel-Petersilie

fleischigen Wurzeln enthalten weniger ätherische Öle und sind in ihrer Wirkung milder. Die Italienische Petersilie (*Petroselinum crispum* var. *neopolitanum*) ist eine sehr blattreiche, hochwachsende, glatte Petersilie mit dunkelgrünem Laub und herzhaftem Geschmack.
Die Blätter der Mooskrausen Petersilie (*Petroselinum crispum* var. *crispum*) sind stark gekräuselt und sie trägt kurze Stiele. Der Blattanteil ist höher als bei der glatten Petersilie und das Aroma ist nicht so intensiv.
Weitere Namen Peterling, Suppenwurzel, Garten-Petersilie.

Portulak

Portulak
Portulaca oleracea (syn. *Portulaca sativa*)

	Höhe 30 cm	Erntezeit Juni bis August	pflege-leicht	

Das einjährige Küchen- und Heilkraut ist im Handel in unterschiedlichen Kulturformen erhältlich. Nur der grünblättrige Portulak kann zum Würzen verwendet werden. Alle anderen sind nur Zierformen. Die niederliegend wachsenden Stängel sind sehr fleischig und saftig.
Standort Sonnig. Sandiger, durchlässiger Boden wird bevorzugt.
Pflege In der Wachstumsphase ausreichend gießen und düngen. Portulak vermehrt sich stark durch Selbstaussaat.
Vermehrung Aussaat (im Frühjahr vorziehen oder ab Mai direkt ins Freiland säen)

Ernten Frische Triebe vor der Blüte.
Gesundheit und Küche Portulak wirkt blutreinigend und stoffwechselanregend und enthält viele Vitamine und Mineralstoffe. In der Volksheilkunde wird Portulak bei Magen- und Darmleiden, Vitamin C-Mangel sowie bei Harnwegsentzündungen angewendet. In der Küche werden die fleischigen Triebe und Blätter als Salat und gekochtes Gemüse verwendet. Die passierten Portulakblätter schmecken auch gut, wenn man daraus eine Kräutersuppe kocht.
Weitere Namen Postelein, Bürzelkraut.

BLÜTENFARBE

BLÜTEZEIT

Jan	Feb	März	April	Mai	Juni	Juli	Aug	Sept	Okt	Nov	Dez

Echter Rosmarin

Rosmarin
Rosmarinus officinalis in Sorten

☀	Höhe bis 100 cm	Erntezeit ganzjährig	pflege- leicht	🌱

Rosmarin ist ein immergrüner und stark duftender Strauch mit kräftig grünen bis weißfilzigen Blättern. Das beliebte Küchen- und Heilkraut blüht von April bis Juli und kann im September nachblühen. In seiner Heimat, dem gesamten Mittelmeergebiet, kann Rosmarin bis zu zwei Meter hoch werden. Winterharter Rosmarin wächst im Sommer nur sehr langsam. Die volle Winterhärte erreichen die Pflanzen erst im dritten Standjahr. Vorher benötigen auch sie einen leichten Winterschutz.

Standort　Rosmarin liebt einen sonnigen Platz. Der Boden sollte locker, sandig, humos und durchlässig sein. Die Winterhärte ist von Boden und Standort abhängig.

Pflege　Am besten im Topf ziehen. Staunässe unbedingt vermeiden. Rosmarin immer wieder zurückschneiden und im Frühjahr bis zum alten Holz zurückschneiden. Überwinterung: hell und kühl.

Probleme　Wollläuse im Überwinterungsquartier, Luftfeuchte erhöhen. Falscher Mehltau, befallene Blätter entfernen.

Vermehrung　Stecklinge von Frühjahr bis Herbst.

Ernten　Blüten und Kraut.

BLÜTENFARBE

BLÜTEZEIT

Jan	Feb	März	April	Mai	Juni	Juli	Aug	Sept	Okt	Nov	Dez

Zwerg-Rosmarin

'Tarantinus'

'Foxtail'

'Salem'

Gesundheit und Küche Rosmarin ist appetitanregend, kreislaufunterstützend, krampflösend und nervenstärkend. Rosmarinöl wirkt durchblutungsfördernd und gefäßerweiternd. Nur sparsam verwenden, sonst kann es zu Hautreizungen führen. In der Küche wird das stark aromatische Kraut zu Fleisch-, Geflügel-, Fisch- und Gemüsegerichten verwendet. Mit den hübschen Blüten Speisen garnieren.

Weitere Arten und Sorten Weißer Rosmarin (*Rosmarinus officinalis* var. *albiflorus*) ist eine weiß blühende Art, deren dichte Belaubung in einem schönen Kontrast zu den Blüten steht (bis −10 °C frosthart). 'Arp' ist eine hoch wachsende, winterharte Sorte aus den Pyrenäen. Die Blüten sind hellblau, die Blätter haben ein sehr gutes, pinienartiges Aroma (bis −20 °C

frosthart). 'Foxtail' blüht kräftig blau und ist dicht belaubt. Die Sorte ist hervorragend für Töpfe und Kübel geeignet und wird nur bis 50 cm hoch. Das Aroma und die Frosthärte sind mäßig (bis −5 °C frosthart). 'Prostratus' blüht hellblau und wächst mit dünnen Zweigen kriechend oder hängend. Er ist sehr gut für Topf und Kübel geeignet. Der Wuchs ist sehr locker (bis −10 °C frosthart). 'Rex' blüht hellblau und wächst enorm buschig. Die Blätter haben ein sehr gutes Aroma (bis −12 °C frosthart). 'Salem' trägt schöne, blaue Blüten und kräftig grüne Blätter mit einem wunderbaren Mittelmeeraroma, das Sehnsüchte weckt. Bis −12 °C frosthart. 'Veitshöchheim' trägt schöne dunkelblaue Blüten und breite Blätter, die erfrischend duften. Bis −20 °C frosthart.

Großer Sauerampfer

Großer Sauerampfer
Rumex acetosa

| ◐ ● | Höhe 30–100 cm | Erntezeit Mai bis August | pflege-leicht | 🌱 |

Das mehrjährige und winterharte Küchenkraut wächst straff aufrecht in feuchten Wiesen und an Waldlichtungen. Die saftigen, grundständige Blätter treiben im Frühjahr aus.
Standort Ampfer benötigt einen halbschattigen bis schattigen Platz. Der Boden sollte durchlässig, nahrhaft und feucht sein.
Pflege In Komposterde pflanzen und regelmäßig bis häufig gießen und düngen. Die Pflanze neigt zur Selbstaussaat.
Schädlinge Schnecken.
Vermehrung Aussaat von März bis August.
Ernten Junge Blätter und Sprossspitzen.

Gesundheit und Küche Sauerampfer wirkt appetitfördernd, harntreibend, blutreinigend, leberstärkend und enthält Oxalsäure und Vitamin C. Bei entzündeter Mundschleimhaut können Sauerampferspülungen helfen. Die frischen Blätter werden Salaten beigemischt. Sauerampfer nur sparsam verwenden, weil er einen hohen Gehalt an Oxalsäure hat.
Weitere Sorten und Arten 'Profusion' ist eine winterharte Sorte, die 30 cm hoch wird und nur durch Wurzelableger zu vermehren ist. Sie blüht nicht und bildet viele fleischige Blätter aus. Der Alpen-Ampfer (*Rumex alpinus*)

BLÜTENFARBE

BLÜTEZEIT

| Jan | Feb | März | April | Mai | Juni | Juli | Aug | Sept | Okt | Nov | Dez |

Rumex sanguineus

ist ebenfalls winterhart und wird bis 80 cm
hoch. Die Blätter und der Wurzelstock werden
in der Volksmedizin ähnlich verwendet wie
Rhabarber. Man kann die Blätter wie Sauerkraut zubereiten und als Wintergemüse verzehren. Blut-Ampfer (*Rumex sanguineus* var. *sanguineus*) ist ebenfalls winterhart und wird bis
40 cm hoch. Seine Blätter sind von blutroten
Adern durchzogen, der Geschmack ist mild. Der
winterharte Krause Ampfer (*Rumex crispus*)
wird bis 100 cm hoch und trägt wellige, krause
Blätter. Er ist weniger heilkräftig, die Blätter
werden bei Hauterkrankungen als Auflage verwendet. Der Gemüse-Ampfer (*Rumex patientia*) ist winterhart und wird bis 70 cm hoch.
Sein Oxalsäuregehalt ist etwas geringer. Der
Schild-Sauerampfer (*Rumex scutatus*) ist winterhart und wird bis 50 cm hoch. Er überzeugt
durch ein intensives, zitroniges Aroma. Dieses
vitaminreiche Gemüse findet auch in Salaten
Verwendung.

Rumex patientia

Echter Salbei

Echter Salbei
Salvia officinalis

☀	Höhe 30–60 cm	Erntezeit April bis Oktober	pflege-leicht	🪴

Salbei ist ein mehrjähriger und winterharter Halbstrauch, der ursprünglich im gesamten Mittelmeerraum beheimatet ist. Die filzig behaarten, länglichen oder eiförmigen Blätter sind gekerbt bis ganzrandig.

Standort Sonnig. Benötigt trockene, durchlässige, kalkhaltige und nährstoffreiche Erde.

Pflege Endgültiger Rückschnitt erst im Frühjahr. Im Herbst nicht zu stark zurückschneiden, damit die Pflanze auch nach starken Frösten wieder austreiben kann. Überwinterung: In ungünstigen Lagen und strengen Wintern ist ein Winterschutz empfehlenswert.

Probleme Falscher Mehltau in feuchten Sommern, sofort zurückschneiden.

Vermehrung Stecklinge im Sommer.

Ernten Junge, aromatische Blätter vor der Blüte. Zum Trocknen Stiele mit Blüten ernten.

Gesundheit und Küche Salbei ist entzündungshemmend, magenstärkend, schweißhemmend, wundheilend und enthält ätherisches Öl, Thujon, Bitterstoffe und Eiweiß. Als Tee hilft Salbei vor allem bei Entzündungen im Mund- und Halsbereich, Nieren- und Leberleiden, lästigem Nachtschweiß und Harndrang und wirkt menstruationsfördernd. Frische Sal-

BLÜTENFARBE

BLÜTEZEIT

Jan	Feb	März	April	Mai	Juni	Juli	Aug	Sept	Okt	Nov	Dez
						Juli	Aug	Sept			

'Tricolor'

'Icterina'

Purpur-Salbei

beiblätter kauen, reinigt, stärkt und desinfiziert das Zahnfleisch. In der Küche verwendet man Salbei als Gewürz zu Schweine- und Lammfleisch, Tomatensaucen, Gemüse und Fisch.

Weitere Sorten Zwerg-Salbei (*Salvia officinalis* 'Nana') ist winterhart und wird bis 30 cm hoch. Diese Sorte mit feinem Aroma blüht stark und ist für Balkonkästen geeignet. Der Dreifarbige Salbei (*Salvia officinalis* 'Tricolor') ist winterhart, muss aber leicht abgedeckt werden, wird bis 60 cm hoch. Die Blätter mit

weißem Rand und rosafarbenen Triebspitzen geben ein sehr gutes Aroma.
Purpur-Salbei (*Salvia officinalis* 'Purpurascens') ist ebenfalls winterhart und wird bis 60 cm hoch. Seine purpurroten Blätter werden bei längerer Sonneneinstrahlung immer dunkler. Das sehr gute Aroma und blauviolette Blüten zeichnen ihn aus.
Der Gelbgrüne Salbei (*Salvia officinalis* 'Icterina') ist winterhart und wird bis 60 cm hoch. Die gelbgrünen Blätter haben ein sehr gutes Aroma.

Muskateller-Salbei

Muskateller-Salbei
Salvia sclarea

☀	Höhe bis 120 cm	Erntezeit Juni bis August	pflege-leicht	🪴

Dieser Mittelmeer-Salbei ist zweijährig und benötigt Winterschutz. Man kann die Pflanze im Keller überwintern und im zweiten Jahr an einem Platz mit Rittersporn und Rosen pflanzen. Die rosafarbenen, hellblauen oder weißen Blüten duften intensiv.

Standort Sonnig, wirkt mit anderen Pflanzen sehr attraktiv. Gedeiht in jedem humosen Gartenboden.

Pflege Regelmäßig gießen. Überwinterung: helles und frostfreies Winterquartier.

Vermehrung Aussaat im Herbst, blüht im darauffolgenden Jahr.

Ernten Blüten von Juli bis August, Blätter im ganzen Sommer. Zum Trocknen kurz vor der Blüte ernten.

Gesundheit und Küche Muskateller-Salbei ist aromatisch, balsamisch und enthält ätherische Öle. Das enthaltene Sclareol ist ein Phytohormon, das östrogenartig wirkt. In diversen Likören, Schnäpsen und anderen Getränken hat der Muskateller-Salbei eine verdauungsfördernde Wirkung. Salbeiöl kann zu Massageölen und Cremes gegeben werden. In der Küche wird dieser Salbei auch zur Aromatisierung von Speisen verwendet.

BLÜTENFARBE

BLÜTEZEIT

Jan	Feb	März	April	Mai	Juni	Juli	Aug	Sept	Okt	Nov	Dez

Blüten des Peruanischen Salbeis

Honigmelonen-Salbei

Weitere Salbei-Arten

Guaven-Salbei (*Salvia darcyi*)
Guaven-Salbei verträgt keinen Frost und wird bis 80 cm hoch. Die schönen roten Blütenstände sowie alle anderen Pflanzenteile haben ein wunderbares, fruchtiges Guavenaroma. Als Teepflanze zu verwenden.

Peruanischer Salbei (*Salvia discolor*)
Diese Art ist frostempfindlich und wird bis 80 cm hoch. Sie bildet weißfilzige Blätter und schwarzviolette Blüten an überhängenden Zweigen aus. Ihr schwacher Duft erinnert an Eukalyptus. Peruanischer Salbei ist eine herrliche Kübelpflanze und ein beliebtes Teekraut.

Frucht-Salbei (*Salvia dorisiana*)
Frucht-Salbei wird bis 150 cm hoch und verträgt keinen Frost. Die großen, hellgrünen, samtig behaarten Blätter duften sehr fruchtig nach Guaven und Mango. Die wunderbar ma-

Salvia discolor

genta- bis rosafarbenen Blüten zeigen sich erst im Winter. Die Sorte ist als Teepflanze auch bei Kindern sehr beliebt.

Honigmelonen-Salbei (*Salvia elegans*)
Diese Art mit leuchtend roten Blüten ist ebenfalls frostempfindlich und wächst buschig bis 50 cm hoch. Sie blüht erst im Herbst. Die Blüten duften nach Honigmelone. Der Honigmelonen-Salbei ist ein beliebtes Teekraut.

Gelber Salbei (*Salvia glutinosa*)
Diese winterharte Art ist auch für schattige Plätze geeignet und wird bis 80 cm hoch. Die großen, gelben Blüten und auch die Blätter sind klebrig.

Wiesen-Salbei

Mandarinen-Salbei

Ananas-Salbei

getrocknete Salbeiblätter

Pfirsich-Salbei (*Salvia greeggii*)
Pfirsich-Salbei ist frostempfindlich und wird
bis 70 cm hoch. Seine Heimat ist Mexiko bis
Texas. Der herrliche Duft nach Pfirsich und
Aprikose und lang anhaltende, rosarote Blüten
machen den Pfirsich-Salbei so beliebt. Sehr
schöne Kübel- und Teepflanze.

Schwarzer Johannisbeer-Salbei (*Salvia microphylla* var. *neurepia*)
Diese nicht ganz frostharte Art (bis −10 °C) wird
bis 80 cm hoch und trägt hübsche, magenta-
rote Blüten, die bis in den November erscheinen und nach Schwarzer Johannisbeere zu riechen. Das Kraut kann zu einem schmackhaften
Tee aufgebrüht werden.

Wiesen-Salbei (*Salvia pratensis*)
Diese einheimische Art ist winterhart und kann
bis 50 cm hoch werden. Sie blüht lavendelblau
und duftet schwach. Sie darf in keinem Natur-
garten fehlen.

Ananas-Salbei (*Salvia rutilans*)
Diese Art kann bis 150 cm hoch wachsen und
verträgt leichte Fröste. Ursprünglich ist der
Ananas-Salbei in Mexiko heimisch. Die roten
Blüten entwickeln sich erst spät. Das Aroma
erinnert an Ananas. Blätter und Blüten können
für Tees und zum Würzen von salzigen und
süßen Speisen verwendet werden.

Dreilappiger Salbei (*Salvia triloba*)
Diese Salbei-Art ist nur bedingt frosthart
(bis −10 °C an günstigen Standorten) und wird
bis 70 cm hoch. Sie blüht tiefblau und enthält
viele ätherische Öle sowie Campher und
Cineol.

Sanguisorba officinalis

Großer Wiesenknopf, Garten-Bibernelle
Sanguisorba officinalis

		Höhe 30–60 cm	Erntezeit Juli bis Oktober	pflege- leicht	

Dieses mehrjährige und winterharte Rosenge-wächs findet man in der Natur auf feuchten Wiesen. Bei uns ist der Große Wiesenknopf wegen der schönen Blätter und der medizi-nisch wirksamen Wurzel beliebt. Wichtiges Unterscheidungsmerkmal zur Pimpinelle sind die paarig gefiederten Blätter.

Standort Sonnig bis halbschattig. Der Wie-senknopf braucht nährstoffreiche, saure und humushaltige Lehmböden.

Pflege Regelmäßig gießen und düngen. Nicht austrocknen lassen.

Schädlinge Raupen, Käfer.

Vermehrung Aussaat im Frühjahr, Wurzel-teilung im Herbst.

Ernten Blätter im ganzen Sommer, Wurzeln im Herbst.

Gesundheit und Küche Der Große Wiesen-knopf kann den Appetit und die Verdauung an-regen. Die Wurzeln enthalten viel Gerbsäure und sind hilfreich bei Hämorrhoiden (Wurzeln als Brei auf die betreffenden Stellen auflegen). Der Brei wird auch zur Herstellung von Krampfwein verwendet. In der Küche verwen-det man die Pflanze zu Salaten, Suppen und zur Geschmacksverbesserung von Saucen.

BLÜTENFARBE

BLÜTEZEIT

Jan	Feb	März	April	Mai	Juni	Juli	Aug	Sept	Okt	Nov	Dez

Sommer-Bohnenkraut

Sommer-Bohnenkraut
Satureja hortensis

	Höhe bis 40 cm	Erntezeit Juli bis September	pflege- leicht	

Dieses pflegeleichte Küchenkraut ist einjährig und ursprünglich in den östlichen Mittelmeerländern und am Schwarzen Meer heimisch. Das Sommer-Bohnenkraut hat im Vergleich zum Berg-Bohnenkraut eine stärkere Würzkraft.

Standort Sonnig und warm. Am besten in einen lockeren, nährstoffreichen Boden pflanzen.

Pflege Wenig düngen und regelmäßig gießen. Die Pflanze sollte nicht austrocknen.

Krankheiten Falscher Mehltau, Rost

Vermehrung Aussaat ab April (Lichtkeimer).

Ernte Junge Blätter bei Blühbeginn. Auch zum Trocknen.

Gesundheit und Küche Bohnenkraut kann die Verdauung stärken und enthält viele ätherische Öle, Thymol und Carvacrol. Tees helfen bei Verdauungsstörungen mit Blähungen. In der Küche wird es vor allem an Bohnengerichte gegeben. Es kann auch zu Fleisch, Fisch, Eintöpfen, Käse und grünen Salaten und als Salzersatz verwendet werden.

Weitere Sorte 'Aromata' ist ebenfalls einjährig und blüht rosarot. Sehr pfeffriges Aroma.

Weitere Namen Pfefferkraut, Weinkraut

BLÜTENFARBE

BLÜTEZEIT

Jan	Feb	März	April	Mai	Juni	Juli	Aug	Sept	Okt	Nov	Dez

Berg-Bohnenkraut

Berg-Bohnenkraut
Satureja montana

 | Höhe 20–40 cm | Erntezeit Juni bis Oktober | pflege-leicht |

Dieses Küchen-, Tee- und Heilkraut ist mehrjährig und winterhart. Die weißen, rosafarbenen oder violetten Blüten duften intensiv. Der Wuchs ist buschig und die Triebe verholzen an der Basis.
Standort Sonnig. Der Boden sollte nährstoffreich, durchlässig und kalkhaltig sein.
Pflege Im Frühjahr reichlich düngen, wenig gießen. Pflanzen sollten alle fünf Jahre neu gepflanzt werden. Endgültiger Formschnitt erst im Frühjahr.
Krankheiten Rostpilze, Blätter entfernen und gut düngen.

Vermehrung Aussaat, bei mehrjährigen Sorten besser Stecklinge im Sommer.
Ernten Junge Triebe ganzjährig. Haupterntezeit ist vor und während der Blüte.
Gesundheit und Küche Ein Tee aus frischen oder getrockneten Blättern hilft bei Magenkrämpfen, Koliken, Erbrechen, Mund- und Halserkrankungen und Erkältungen. In der Küche werden damit schwer verdauliche Speisen und vor allem Bohnengerichte gewürzt. Für den Winter können die Triebspitzen, zum Beispiel in Eiswürfelschalen, eingefroren werden.

BLÜTENFARBE

BLÜTEZEIT

Jan	Feb	März	April	Mai	Juni	Juli	Aug	Sept	Okt	Nov	Dez

Tripmadam

Tripmadam
Sedum reflexum (syn. *Sedum rupestre*)

☀	Höhe 10–20 cm	Erntezeit Januar bis Dezember	pflege-leicht	🌱

Dieses mehrjährige und winterharte Küchen- und Heilkraut kann auch in Steingärten und Trockenmauern gepflanzt werden. Das Dickblattgewächs wächst in der Natur auf felsigen Böden. Es ist kriechend und immergrün mit langen Trieben und goldgelben Blüten. Das Blatt ist blaugrau und nadelförmig.

Standort　Sonnig. Magere und durchlässige Böden werden bevorzugt.

Pflege　Völlig anspruchslos. Staunässe vermeiden.

Vermehrung　Triebstücke in die Erde setzen.

Ernten　Fleischige Triebspitzen ganzjährig.

Gesundheit und Küche　Tripmadam enthält Schleim- und Gerbstoffe. Das frische Kraut kann zu Salaten, Saucen, Rohkost und zum Einlegen in Essig verwendet werden. Die klein gehackten Triebe können in Kräuterbutter gegeben werden und frische Sträußchen sind essbare Dekoration.

Weitere Art　Die Blätter des mehrjährigen Mauerpfeffers (*Sedum acre*) werden nur äußerlich verwendet, weil sie viel Oxalsäure und Alkaloide enthalten. Ihr Saft wirkt schmerzstillend und kühlend.

Weiterer Name　Fetthenne.

BLÜTENFARBE

BLÜTEZEIT

Jan	Feb	März	April	Mai	Juni	Juli	Aug	Sept	Okt	Nov	Dez

Balsamkraut

Balsamkraut
Tanacetum balsamita

		Höhe 50–100 cm	Erntezeit Mai bis Oktober	pflege-leicht	

Das mehrjährige und winterharte Küchenkraut wurde aus dem ostasiatischen Raum einge-führt. Früher war es in jedem Bauerngarten anzutreffen. Die aromatischen, grau behaarten Blätter sind der Rahmen für zarte, unauffällige, gelbweiße Blüten, die sich an langen Stängeln entwickeln. Es duftet sehr stark nach Balsam.
Standort Sonnig bis halbschattig, gut durch-lässige Böden.
Pflege Regelmäßig düngen und gießen. Nicht austrocknen lassen.
Schädlinge Schnecken.
Vermehrung Aussaat im Frühjahr, Wurzel-teilung im Herbst, Stecklinge werden vor der Blüte geschnitten.
Ernten Blätter vor und nach der Blüte, auch Blüten zum Trocknen.
Gesundheit und Küche Das Balsamkraut enthält ätherisches Öl , Bitter- und Gerbstoffe. Ein Teeaufguss wirkt krampflösend bei Verdau-ungsproblemen. Das Balsamkraut hilft beson-ders bei Menstruationsproblemen. Im Sommer kann man mit Minzen zusammen einen her-vorragenden Eistee zubereiten. Es passt gut zu Geflügelspeisen, in Salate und Saucen.
Weitere Namen Marienblatt, Frauensalbei.

BLÜTENFARBE

BLÜTEZEIT

Jan	Feb	März	April	Mai	Juni	Jull	**Aug**	**Sept**	**Okt**	Nov	Dez

Thymus × citriodorus

Zitronen-Thymian
Thymus × citriodorus

	Höhe 15–30 cm	Erntezeit Juli bis Oktober	pflege-leicht	

Das Küchen- und Heilkraut wächst aufrecht buschig und kompakt. Durch seine niedrige Höhe kann es auch in Töpfen und Kästen sowie in kleinen Gärten gezogen werden. Sein Geschmack und Duft ist intensiv zitronig.

Standort Sonnig. Durchlässige, sandige bis kiesige Böden sind optimal.

Pflege Wenig gießen und düngen. Staunässe vermeiden. Im ersten Standjahr nur einmal zurückschneiden, später mehrmals bis August.

Vermehrung Stecklinge (vor der Blüte), Aussaat (Frühjahr), Teilung.

Ernten Kraut von Juli bis Oktober nicht zu tief (mindestens eine Handbreit über dem Boden) abschneiden.

Gesundheit und Küche Thymian wirkt schleimlösend, harntreibend, durchfallhemmend und nervenstärkend. In der Küche passt das zitronige Aroma zu vielen Gerichten.

Weitere Sorten 'Aureus' ist winterhart und trägt goldfarbene Blätter und dunkelrosafarbene Blüten. Das Zitronen-Aroma ist etwas schwächer ausgeprägt. 'Silver Queen' benötigt Winterschutz, die weißgrün marmorierten Blätter und rosafarbenen Blüten geben ein gutes Zitronenaroma.

BLÜTENFARBE

BLÜTEZEIT

Jan	Feb	März	April	Mai	Juni	Juli	Aug	Sept	Okt	Nov	Dez

Kümmel-Thymian

Kümmel-Thymian
Thymus herba-barona

☀	Höhe 15–30 cm	Erntezeit Juni bis Oktober	pflege-leicht	

Diese mehrjährige Thymian-Art braucht im Winter Schutz vor Frösten. Sie blüht nur selten und wächst flach niederliegend bis kompakt. Geschmack und Duft sind stark kümmelartig. Als Duftpflanze und attraktive Bienenweide kann Kümmel-Thymian auch in Blumen- und Bauerngärten gepflanzt werden. Kümmel-Thymian ist leicht zu pflegen und auch für Anfänger geeignet.

Standort Sonnig. Durchlässige, sandige bis kiesige Böden.

Pflege Wenig gießen und düngen. Staunässe vermeiden. Im ersten Standjahr nur einmal zurückschneiden, im zweiten Jahr zwei- bis dreimal (ab Juni bis August). Die Pflanze sollte im selben Jahr nochmals durchtreiben. Überwinterung: mit Laub abdecken.

Vermehrung Stecklinge (vor der Blüte), Teilung.

Ernten Blätter, Triebe und Triebspitzen, nicht zu tief (mindestens eine Handbreit über dem Boden) schneiden.

Gesundheit und Küche Thymian wirkt schleimlösend und harntreibend. In der Küche schmeckt das intensive Kümmelaroma zu Fleisch, Kartoffeln, Salaten und Suppen.

BLÜTENFARBE

BLÜTEZEIT

Jun	Feb	März	April	Mai	Juni	Juli	Aug	Sept	Okt	Nov	Dez

Thymus vulgaris

Echter Thymian
Thymus vulgaris

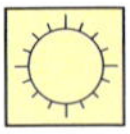

☀	Höhe 5–30 cm	Erntezeit Mai bis Oktober	pflege-leicht	🪴

Alle Thymian-Sorten sind mehrjährig und winterhart. Die aromatisch duftende Pflanze verholzt an der Basis und wächst niederliegend bis aufrecht.

Standort Sonnig, der Boden gut durchlässig, trocken und eher kalkhaltig.

Pflege Wenig gießen und düngen. Staunässe vermeiden. Im ersten Standjahr nur einmal zurückschneiden, im zweiten Jahr zwei- bis dreimal (ab Juni bis August). Die Pflanze sollte im selben Jahr nochmals durchtreiben.

Probleme Echter Mehltau, Schnecken.

Vermehrung Stecklinge (vor der Blüte schneiden). Manche Sorten können auch ausgesät werden.

Ernten Kraut, nicht zu tief schneiden (Handbreit über dem Boden).

Gesundheit und Küche Thymian wirkt schleimlösend, harntreibend, durchfallhemmend und nervenstärkend. Er enthält ätherisches Öl, Thymol, Carvacrol, Gerb- und Bitterstoffe, Harz und Eisen. Thymiantee hilft bei Husten und Bronchitis, weil die enthaltenen Enzyme das Immunsystem aktivieren. Bereits Kinder können Thymiantee trinken. Der Echte Thymian ist mit seinem sehr guten Aroma am

BLÜTENFARBE

BLÜTEZEIT

Jan	Feb	März	April	Mai	Juni	Juli	Aug	Sept	Okt	Nov	Dez

'Compactus'

Thymus pulegioides

Thymus longicaulis

besten für die Verwendung in der Küche geeignet. Die frischen oder getrockneten Blätter würzen Kalbfleisch, Wild, Geflügel, Suppen, Gemüse und Salate. Auch zu Bratkartoffeln, Eiern mit Speck und Käsegerichten schmeckt Thymian hervorragend.

Weitere Sorten und Arten Die Sorte 'Compactus' ist winterhart und wächst sehr dicht und kompakt mit grauem Laub und hellrosafarbenen Blüten. Der sehr gute Geschmack ist eher herb. Mastix-Thymian (*Thymus mastichina*) benötigt Winterschutz. Der Duft der grünen, kurzen Blätter erinnert an Majoran und frisches Obst. Die Blüten sind weiß. Oran-

gen-Thymian (*Thymus fragrantissimus*) benötigt einen leichten Winterschutz und wächst kompakt. Die grauen, nadelförmigen Blätter und rosafarbenen Blüten duften fruchtig nach Orangen. Orangen-Thymian kann sehr gut für Süßspeisen verwendet werden. Quendel (*Thymus pulegioides*) ist eine winterharte, einheimische, kriechende Sorte, die an jedem Standort wächst. Das grüne Blatt und die kräftig dunkelrosafarbenen Blüten entwickeln nur ein schwaches Aroma, helfen aber als Tee aufgebrüht gegen Halsentzündungen und Verdauungsstörungen.

Weiterer Name Garten-Thymian.

Orangerote Sorte der Kapuzinerkresse

Kapuzinerkresse
Tropaeolum majus

| ☀ | ◐ | Höhe 30–200 cm | Erntezeit Juli bis September | pflege-leicht | 🌱 |

Kapuzinerkresse wächst aufrecht oder hängend. Die großen, schildförmigen Blätter sind fleischig, die großen, im Sommer erscheinenden Blüten in Rot, Gelb oder Orange sind sehr dekorativ.

Standort Sonnig bis halbschattig, Kapuzinerkresse benötigt Windschutz.

Pflege Regelmäßig gießen, wenig düngen.

Schädlinge Blattläuse, Raupen

Vermehrung Aussaat (einjährige Sorten), Stecklinge (mehrjährige Sorten).

Ernten Blüten und Blätter frisch verwenden, Knospen.

Gesundheit und Küche Kapuzinerkresse wirkt appetitanregend, wundheilend, desinfizierend, entzündungshemmend und enthält natürliches Penicillin, ätherisches Öl und viel Vitamin C. Sie hilft bei Atemwegsinfektionen, Mandelentzündung, Bronchitis und Schnupfen. Junge Blätter und Blüten eignen sich als Beigabe zu Salat und Gemüsegerichten. Keine zu großen Mengen verzehren. In Essig eingelegte Knospen werden wie Kapern verzehrt.

Weitere Art Die Kleine Kapuzinerkresse (*Tropaeolum minus*) ist eine einjährige Miniaturausgabe mit orangefarbenen Blüten.

BLÜTENFARBE

BLÜTEZEIT

| Jan | Feb | März | April | Mai | Juni | Juli | Aug | Sept | Okt | Nov | Dez |

Verbascum densiflorum

Großblütige Königskerze
Verbascum densiflorum

	Höhe 100–180 cm	Erntezeit Juli bis August	pflege-leicht

Die winterharte Königskerze blüht erst im zweiten Jahr goldgelb in langen Ähren. Sie kann als Schnittblume in bunte Beeten und Staudenpflanzungen gepflanzt werden und lockt Bienen und Schmetterlinge an.

Standort Sonniger und warmer Platz. Der Boden sollte sandig, durchlässig und mager sein.

Pflege Nicht düngen, bei zu humusreichen Böden geht die Königskerze ein.

Schädling Raupen.

Vermehrung Aussaat im Herbst, Wurzelschnittlinge im Frühjahr.

Ernten Trockene Blüten ganz vorsichtig ernten (nur an der Unterseite anfassen), schwarz verfärbte Blüten sind nicht verwertbar.

Gesundheit und Küche Die Königskerze lindert Husten und wirkt blutreinigend und schweißtreibend. Sie enthält Saponine, ätherische Öle und Kalium. Ein Blütentee ist harntreibend und hilft bei chronischem Husten. Früher wurde die Königskerze gerne in Kräutersträuße gebunden. Zur Garnierung von Speisen verwendet man frische Blüten.

Weitere Art Die Schwarze Königskerze (*Verbascum nigrum*) hilft gegen Husten.

BLÜTENFARBE

BLÜTEZEIT

Jan	Feb	März	April	Mai	**Juni**	**Juli**	**Aug**	Sept	Okt	Nov	Dez

Verbena officinalis

getrocknetes Eisenkraut

Echtes Eisenkraut
Verbena officinalis

| ☼ | Höhe bis 100 cm | Erntezeit August bis September | pflege-leicht | 🪴 |

Das mehrjährige und winterharte Tee- und Heilkraut wächst aufrecht buschig, verzweigt sich reichlich und verholzt an der Basis. Die zunächst rosafarbenen Blüten werden später weiß. Die dunkelgrünen Blätter sind gegenständig und gezähnt.
Standort Sonnig; trockener und durchlässiger Boden ist ideal.
Pflege Wenig gießen und düngen, sehr anspruchslos. Rückschnitt im Herbst oder bei der Ernte.
Vermehrung Aussaat im Frühjahr und Herbst, Wurzelteilung im Herbst.

Ernten Blühende Sprossspitzen ab August (20 cm unterhalb der untersten Blüte schneiden), Blätter den ganzen Sommer über.
Gesundheit und Küche Das Eisenkraut wirkt harntreibend, antirheumatisch, entzündungshemmend und enthält Bitterstoffe. Äußerlich wird Eisenkraut bei Gelenkschmerzen und Blutergüssen angewendet. Als Tee aufgebrüht wirkt es innerlich verdauungsfördernd und kann für Mundspülungen verwendet werden.
Weitere Art Das winterharte Blaue Eisenkraut (*Verbena hastata*) aus Nordamerika trägt sehr schöne, blaue Blüten.

BLÜTENFARBE

BLÜTEZEIT

| Jan | Feb | März | April | Mai | Juni | Juli | Aug | Sept | Okt | Nov | Dez |

Viola odorata

Duft-Veilchen
Viola odorata

| ◐ | Höhe 15 cm | Erntezeit März bis April | pflege-leicht | |

Das mehrjährige und winterharte Duftkraut ist in Süd- und Mitteleuropa heimisch. Die Blüten duften betörend nach Veilchen.
Standort Halbschattig unter Gehölzen. Ein feuchter, humoser Gartenboden ist ideal.
Schädlinge Schnecken
Vermehrung Wurzelteilung von September bis März, Basalstecklinge im Juli.
Ernten Blüten, Blätter und junge Triebe zur Blütezeit, Wurzeln im Herbst, auch zum Trocknen geeignet.
Gesundheit und Küche Das Duft-Veilchen wirkt blutdrucksenkend und schleimlösend.

Auflagen aus den Blättern, auf die betroffenen Stellen gelegt, können bei Krampfadern und verstopften Venen helfen. Ein Tee aus frischen Duft-Veilchen ist auch für Kinder bei Frühjahrserkältungen geeignet. Die pulverisierten Wurzeln, als Tee aufgebrüht, sind ein starkes Brechmittel. In der Küche sind Veilchenblüten eine wohlschmeckende Zutat im Frühjahrssalat oder in Suppen. Zur Dekoration können die Blüten für Käseplatten, Suppen, Salate oder Gemüsegerichte verwendet werden.
Weitere Namen Märzveilchen, Marienstängel.

BLÜTENFARBE

BLÜTEZEIT

| Jan | Feb | **März** | **April** | Mai | Juni | Juli | Aug | Sept | Okt | Nov | Dez |

Gewürze

Viele Pflanzen werden wegen ihres Aromas gepflegt und in der Küche verwendet. Sie würzen Speisen und verbessern den Geschmack.

Bereits im Mittelalter spielten Gewürze eine große Rolle und der Gewürzhandel mit arabischen, indischen und asiatischen Ländern war ein einträgliches Geschäft.

Gewürze können aber auch viele Heilwirkungen haben. Bereits Hildegard von Bingen verwendete Gewürze, um Leiden zu heilen. Entdecken auch Sie die wohlschmeckende Welt der Gewürze.

Echter Kalmus

Echter Kalmus, Zitwer
Acorus calamus

		Höhe bis 100 cm	Erntezeit April/Mai oder September/Oktober	pflege-leicht	

Der Echte Kalmus ist eine mehrjährige, winterharte Wasserpflanze. Auch an feuchten Uferrändern fühlt er sich wohl. Die Samen bilden sich in rötlichen Beeren, die aus den gelben Blüten entstehen.

Standort Sonnig bis halbschattig. An feuchte Uferränder setzen.

Pflege In schlammige, nährstoffreiche Erde pflanzen. Immer ausreichend feucht halten.

Vermehrung Wurzelteilung (ein bis zwei Zentimeter große Wurzelstücke) zu Beginn des Austriebs.

Ernte Wurzelstock in der Ruhezeit.

Gesundheit und Küche Der Echte Kalmus kann appetitanregend und verdauungsfördernd wirken. Die aromatische Wurzel wird hauptsächlich in der Likörherstellung verwendet. Der Bitterstoff Asaron erfordert eine sparsame und zurückhaltende Verwendung.

Weitere Sorten Der Bunte Kalmus (*Acorus calamus* 'Variegatus') ist ebenfalls winterhart und mehrjährig. Seine Blätter sind leuchtend grün und cremeweiß längs gestreift. Der nicht winterharte Lakritz-Kalmus (*Acorus calamus* 'Licorce') verströmt einen starken Anis- oder Lakritz-Geruch.

BLÜTENFARBE

BLÜTEZEIT

Jan	Feb	März	April	Mai	**Juni**	**Juli**	**Aug**	Sept	Okt	Nov	Dez

Riesenknoblauch

Riesenknoblauch
Allium ampeloprasum

☀	Höhe 40–150 cm	Erntezeit Mai bis September	pflege-leicht	🪴

Zwiebeln des Riesenknoblauchs

Die mehrjährige und winterharte Zwiebel-Art bildet rundliche Zwiebeln mit vielen gelblichen Tochterzwiebeln. Die auffallenden Blüten sind dicht gedrängt und blühen weiß, rosafarben oder rötlich. Diese Liebhaberpflanze ist ursprünglich in Südeuropa, Nordafrika und Kleinasien heimisch.

Standort Sonnig. In trockene, sandige Böden pflanzen.

Pflege Regelmäßig gießen und düngen. Er zieht im Sommer ein, dann trocken halten.

Vermehrung Zwiebelteilung, zum Teil bilden sich auch Brutzwiebeln an den Blüten.

Ernten Die Zwiebeln werden nach dem Abwelken der Blätter ausgegraben. Das frische Laub kann auch verwendet werden.

Gesundheit und Küche Riesenknoblauch enthält ätherische, schwefelhaltige Öle, die leicht vom Verdauungstrakt in sämtliche Körpergewebe übergehen. Sie werden über die ausgeatmete Luft und Schweiß wieder ausgeschieden. Der milde, knoblauchartige Geschmack ist zu vielen Gerichten beliebt. Der Riesenknoblauch kann wie Knoblauch verwendet werden.

Weiterer Name Ackerknoblauch.

BLÜTENFARBE

BLÜTEZEIT

| Jan | Feb | März | April | Mai | **Juni** | **Juli** | **Aug** | Sept | Okt | Nov | Dez |

Schalotten

Küchenzwiebel

rote und weiße Küchenzwiebel

Zwiebel
Allium cepa

☀	Höhe 40–100 cm	Erntezeit August bis Oktober	pflege-leicht

Das beliebte, mehrjährige Küchengewürz ist in vielen verschiedenen Sorten im Handel erhältlich, die unterschiedlich zwiebelartig schmecken. Man kann sie schnell und einfach auch im eigenen Garten anziehen. Sie sind auch für Anfänger geeignet.
Pflege Ausreichend düngen und bewässern.
Schädlinge Zwiebelfliege, Maden, befallene Pflanzen sofort entfernen.
Vermehrung Steckzwiebeln (März/April und August/September), Aussaat im Frühjahr.
Ernten Zwiebeln von August bis Oktober, sobald Laub eingetrocknet ist.

Gesundheit und Küche Zwiebeln können harntreibend, blutdrucksenkend, und hustenlindernd wirken. Sie enthalten viele gesundheitsförderliche Stoffe und haben antibakterielle, blutzuckersenkende und antiasthmatische Eigenschaften. Zwiebelsaft und -sirup sind als Hausmittel gegen Husten, Atemwegsentzündungen und Blähungen bekannt. Zwiebeln werden zu fast allen Gemüsegerichten und Salaten verwendet.
Weitere Art Ein- oder zweijährige Schalotten (*Allium cepa* var. *ascalonicum*) werden im Frühjahr gesteckt. Feinerer Geschmack.

BLÜTENFARBE

BLÜTEZEIT

| Jan | Feb | März | April | Mai | Juni | Juli | Aug | Sept | Okt | Nov | Dez |

Knoblauch

getrocknete Knoblauchzwiebeln

Knoblauch
Allium sativum

Höhe	Erntezeit	pflege-
bis 80 cm	September bis Oktober	leicht

Das beliebte Küchen- und Gewürzkraut ist ursprünglich in Asien beheimatet. Der mehrjährige und winterharte Knoblauch bildet in Zehen unterteilte Zwiebeln. Im Gemüsebeet kann er einfach zwischen anderes Gemüse gepflanzt werden.

Standort Sonnig. In schwere, humus- und nährstoffreiche Böden stecken.

Pflege Regelmäßig gießen und düngen. Unkraut entfernen. Brutzwiebeln nicht zu tief in den Boden stecken.

Vermehrung Brutzwiebeln (März/April und August).

Ernten Zehen aus dem Boden nehmen, wenn Blätter gelb werden, luftig abtrocknen lassen.

Gesundheit und Küche Knoblauch wirkt antiseptisch, anregend, blutdrucksenkend und enthält ätherische Öle mit schwefelhaltigem Allicin. Er kann den Cholesterinspiegel senken und vielen Alterskrankheiten, zum Beispiel Arteriosklerose, vorbeugen. Der typische, knoblauchartige Geschmack unterstützt das Eigenaroma vieler Speisen. Zahlreiche Gerichte können mit frischem Knoblauch gewürzt werden. Knoblauch kann in Kräuterbutter oder alleine in Knoblauchbutter verwendet werden.

BLÜTENFARBE

BLÜTEZEIT

Jan	Feb	März	April	Mai	Juni	**Juli**	**Aug**	Sept	Okt	Nov	Dez

Alpinia galanga

Wurzel des Thai-Ingwers

Thai-Ingwer
Alpinia galanga

		Höhe 60–150 cm	Erntezeit Oktober bis September	anspruchs-voll	

Das mehrjährige, nicht winterharte Ingwerge-wächs aus dem asiatischen Raum wird als Ge-würz und Heilpflanze gezogen. Am besten pflanzt man den Thai-Ingwer in Töpfe und Kübel, damit er im Winter leicht ins Winter-quartier geräumt werden kann.

Standort Sonnig bis halbschattig. Ein ge-schützter Platz und humose, durchlässige und nährstoffreiche Erde werden bevorzugt.

Pflege Ausreichend gießen und düngen. Rückschnitt nach Bedarf. Überwinterung: im hellen, warmen und frostfreien Winterquartier.

Schädlinge Spinnmilben.

Vermehrung Teilung des Rhizoms im Herbst oder im zeitigen Frühjahr.

Ernten Drei Jahre alte Rhizomstücke.

Gesundheit und Küche Die Wurzel des Thai-Ingwers wirkt anregend, blähungstreibend und verhindert Erbrechen. Bei Verdauungsstörun-gen, Rheuma, Erkrankungen der Atemwege wird sie genauso angewendet wie in Magen-bittern und Schwedenkräutermischungen. In der Küche wird sie, frisch oder getrocknet, zu Pulver zerrieben, zum Würzen von Marmela-den, Backwaren und Getränken verwendet und ist oft Bestandteil von Currymischungen.

BLÜTENFARBE

BLÜTEZEIT

Jan	Feb	März	April	Mai	Juni	Juli	Aug	Sept	Okt	Nov	Dez

Armoracia rusticana

Meerrettichwurzel

Meerrettich
Armoracia rusticana

		Höhe	Erntezeit	pflege-
		bis 100 cm	September bis Oktober	leicht

Das mehrjährige und winterharte Gemüse ist durch seine milde Schärfe zum Würzen geeignet. Der Kreuzblütler bildet bis zu einem Meter hohe Blätter und breitet sich über Wurzelrhizome aus.

Standort Sonnig bis halbschattig. Meerrettich braucht einen nährstoffreichen, humosen und feuchten Boden.

Pflege Die Pflanze hat einen hohen Stickstoffbedarf, regelmäßig düngen. Meerrettich neigt sehr stark zum Wuchern.

Krankheiten Blattfleckenkrankheit bei älteren Pflanzen.

Vermehrung Wurzelteilung im Frühjahr.

Ernten Wurzeln ganzjährig ausgraben, am besten aber im Herbst. Lagerung in kühlen Kellern möglich, Wurzeln in Sand einschlagen.

Gesundheit und Küche Meerrettich fördert die Verdauung, wirkt schleimlösend, harntreibend und stoffwechselanregend. Er enthält Vitamin C, Senföl und schwefelhaltiges Glykosid. Mit Honig vermischt, hilft etwas geriebener Meerrettich bei Husten und Bronchitis. In der Küche wird die Wurzel zum Würzen von Fleisch und Fisch oder als Brotaufstrich mit Joghurt verwendet.

BLÜTENFARBE

BLÜTEZEIT

Jan	Feb	März	April	Mai	Juni	Juli	Aug	Sept	Okt	Nov	Dez

Weißer Senf

Weißer Senf
Brassica alba (syn. *Sinapis alba*)

| ☀ | Höhe bis 100 cm | Erntezeit Juli bis August | pflege-leicht |

Der Weiße Senf ist in ganz Europa bis Sibirien heimisch. Die einjährige Pflanze trägt gelbe Blüten. Daraus entstehen lange Schoten mit gelben Samen. Mit den gelben Samenkörnern wird scharfer Senf hergestellt. Die zermahlenen Samen haben einen beißenden, scharfen Geruch und einen brennenden, scharfen Geschmack.

Standort Sonnige Lagen sind ideal. Senf gedeiht in kalkreichen Lehmböden oder humosen Sandböden.

Pflege Gleichmäßig gießen und düngen.

Vermehrung Aussaat ab April ins Freiland.

Ernten Zarte Blätter, Schoten mit reifen, gelben Samen ab Juli.

Gesundheit und Küche Senf enthält ätherisches Senföl. Die gemahlenen Samen können, in Speisen sparsam dosiert, innerlich bei Magen- und Darmbeschwerden angewendet werden. Umschläge mit Senfmehl helfen bei Gicht und Rheuma. Die Blätter werden in der Küche frisch zum Würzen von Quark und Salat verwendet.

Weitere Art Die Samen des Schwarzen Senfs (*Brassica nigra*) sind dunkler und im Geschmack schärfer.

BLÜTENFARBE

BLÜTEZEIT

| Jan | Feb | März | April | Mai | Juni | Juli | Aug | Sept | Okt | Nov | Dez |

Paprika

Paprikafrüchte

Paprika
Capsicum annuum

| | Höhe bis 100 cm | Erntezeit Juli bis Oktober | anspruchs-voll | |

Paprika sind in vielen unterschiedlichen Sorten im Handel erhältlich, die alle unterschiedlich schmecken und aussehen. Ihre meist mild würzigen Früchte sind botanisch gesehen Beeren, die im vollreifen Zustand grün, sonst auch gelb, orange, rot, violett oder schwarz sind.

Standort Am besten an einem sonnigen, warmen und windgeschützten Platz im Garten oder im Gewächshaus ziehen.

Pflege Triebe aufbinden, nicht entgeizen oder schneiden. Häufig gießen und düngen (Mehrnährstoffdünger mit Mineralien, Eisen und Magnesium).

Schädlinge Blattläuse, Weiße Fliege.

Vermehrung Aussaat, auf hohe Keimtemperatur achten.

Ernten Früchte von Juli bis Oktober abschneiden, damit die Pflanze nicht beschädigt wird.

Gesundheit und Küche Paprika reguliert die Verdauung, regt den Stoffwechsel an und enthält die Vitamine A, B, E, und C. Die Früchte werden, auch unreif, frisch oder getrocknet, roh, als Gemüse gekocht oder eingelegt verzehrt. Als Gewürz zu Fleisch, Suppen, Salaten und Saucen verwenden. Getrocknete Paprika enthalten keine Vitamine mehr.

BLÜTENFARBE

BLÜTEZEIT

| Jun | Feb | März | April | Mai | Juni | Juli | Aug | Sept | Okt | Nov | Dez |

Es gibt viele verschiedene Peperoni-Sorten im Handel.

Peperoni
Capsicum frutescens

	Höhe	Erntezeit	anspruchs-	
	bis 150 cm	Juni bis Dezember	voll	

Dieses nicht ganz einfach zu pflegende, ein- und mehrjährige, nicht frostharte Nachtschattengewächs bildet die bekannten spitzen Früchte in Gelb, Orange, Rot, Grün, Lila oder Schwarz. Viele unterschiedliche Sorten, die jeweils mehr oder weniger Capsaicin enthalten, sind im Handel erhältlich. Dieser Inhaltsstoff verleiht der Peperoni seine Schärfe.

Standort   Ein sonniger, windgeschützter Standort ist wichtig. Der Boden sollte durchlässig sein.

Pflege   Regelmäßig gießen und düngen, im Winter weniger Wasser geben. Keine Staunässe. Peperoni können sehr gut in Töpfen gezogen werden. Dabei auf eine ausreichende Dränageschicht (Sand, Tonscherben) im Topf achten. Überwinterung: hell und frostfrei.

Schädlinge   Blattläuse, Weiße Fliege, im Winterquartier auf Wollläuse achten.

Vermehrung   Aussaat (Keimtemperatur mindesten 24 °C). Keimung kann bis zu acht Wochen dauern.

Ernten   Unreife (grüne) und vollreife (farbige) Früchte, nur mit Handschuhen ernten.

Gesundheit und Küche   Das in Chilis enthaltene Capsaicin, ein Scharfstoff, regt den Kreis-

BLÜTENFARBE

BLÜTEZEIT

Jan	Feb	**März**	**April**	**Mai**	**Juni**	Juli	Aug	Sept	Okt	Nov	Dez

'Mirasol'

getrocknete Chilis

Peperoni 'Apache'

Peperonifrüchte

lauf an, fördert die Durchblutung, erhöht den körpereigenen Cortisolspiegel. Capsaicin regt Speichelfluss und die Magensäuresekretion an. Capsaicin verzögert auch die Blutgerinnung. Äußerlich können getrocknete und gemahlene Chilis in Salben bei Frostbeulen, Rheuma und Hexenschuss angewendet werden. Sie führen zu einer Rötung und Wärmegefühl auf der Haut. In der Küche werden Chilis frisch und getrocknet zu Fleischspeisen, Gulasch, Suppen und Salsasaucen verwendet.

Weitere Sorten und Arten 'Thai Hot' ist eine mehrjährige, kompakte Sorte mit kleinen, aber breiten, spitz zulaufenden, rot abreifenden Früchten. Sie ist sehr scharf und die bekannteste Frucht in der thailändischen Küche. 'Aji Verde' (*Capsicum baccatum*) ist mehrjährig

und mittelscharf. Die bis zu 12 cm langen Schoten passen gut zu Pizza, Saucen und sind zum Trocknen geeignet. 'Caribbean Red' (*Capsicum chinense*) ist ebenfalls mehrjährig und bildet rundliche Früchte, die rot abreifen. Die feurig scharfen Schoten sind für Saucen und Bohnengerichte geeignet. 'Habanero' ist eine mehrjährige, kompakte Sorte. Ihre sehr scharfen Früchte reifen in Orange, Rot und Schwarz ab. Sie können, frisch oder getrocknet, in Salsas und Saucen gegeben werden. Die bekannte Sorte 'Piri-Piri' (Capsicum chinense) bildet kleine rote, spitz zulaufende Früchte, die am Strauch nach oben wachsen. Sie sind mittelscharf und zum Einlegen in Olivenöl oder Essig geeignet. Sie können auch scharfe Saucen oder Fisch würzen. Diese Sorte ist besonders in Portugal bekannt und beliebt. Zum Trocknen und als Piri-Piri-Pulver geeignet. Die Sorte 'Rocoto' (*Capsicum pupescens*) ist eine mehrjährige Baumchili aus den Hochregionen der Anden. Ihre orangefarbenen und roten Früchte bilden dicke Fruchtwände und sind sehr scharf. Sie hat auffallend schwarze Samen und lilafarbene Blüten.

Kümmel

Kümmelsamen

Kümmel
Carum carvi

  | Höhe bis 80 cm | Erntezeit Juni bis Juli | pflege-leicht

Der pflegeleichte Kümmel gehört zu den ältesten Gewürzen. Die intensiv duftende Pflanze ist zweijährig. Im ersten Jahr bildet sich die Blattrosette, welche im zweiten Jahr eine auffällige, weiße Doldenblüte hervorbringt. Daraus werden die Samen geerntet. Kümmel ist auch für Anfänger geeignet.

Standort Kümmel benötigt einen sonnigen bis halbschattigen Platz im Garten. Der Boden sollte lehmig sein.

Pflege Reichlich gießen, regelmäßig bis häufig düngen.

Vermehrung Aussaat im August oder März.

Probleme Bakterielle Doldenwelke, alle zwei Jahre den Standort wechseln.

Ernten Getrocknete Samen von Juni bis Juli im zweiten Jahr.

Gesundheit und Küche Kümmel hilft bei Blähungen, ist appetitanregend, verdauungsfördernd und entkrampfend. Die Samen enthalten ätherisches Öl. Mit den Samen können Tees aufgebrüht werden. In der Küche wird Kümmel zum Backen und für viele Speisen verwendet.

Weitere Namen Echter Kümmel, Wiesen-Kümmel.

BLÜTENFARBE

BLÜTEZEIT

| Jan | Feb | März | April | Mai | **Juni** | **Juli** | Aug | Sept | Okt | Nov | Dez |

Safranblüte

Blütenstempel des Safrans

Safran
Crocus sativus

| ☀ | Höhe 10 cm | Erntezeit September bis Oktober | anspruchs-voll | 🌱 |

Der anspruchsvolle Safran ist eines der teuersten Gewürze der Welt. Das mehrjährige und winterharte Würzkraut blüht im Herbst.

Standort Sonnig. Safran gedeiht in durchlässigen Gartenböden.

Pflege Knollen nicht zu tief einpflanzen (maximal so tief, wie die Knolle dick ist). Wenig düngen und gleichmäßig gießen. In zu nassen Sommern entwickeln sich keine Blüten.

Vermehrung Brutknollen im späten Frühjahr entnehmen und im August pflanzen, schwieriger ist Direktsaat in Reihen.

Ernten Offene Blüten von September bis Oktober pflücken und die dunkelgelben bis roten Blütenstempel zum Trocknen entnehmen. Safran ist maximal ein Jahr lang haltbar.

Gesundheit und Küche Safran fördert die Verdauung, regt den Kreislauf an, wirkt schweißtreibend und blutdrucksenkend. Vorsicht: Überdosierungen können zu Vergiftungen führen. In der Küche wird er als Aroma- und Farbstoff für Kuchen, Liköre, fernöstliches Zuckergebäck und Saucen verwendet. Auch zu Reisgerichten wie Paella, Risotto und Fisch wird er gegeben. Echter Safran hat einen beißenden, aromatischen Geschmack.

BLÜTENFARBE

BLÜTEZEIT

| Jan | Feb | März | April | Mai | Juni | Juli | Aug | **Sept** | **Okt** | Nov | Dez |

Kardamom

Kardamom
Elettaria cardamomum

		Höhe bis 200 cm	Erntezeit Juli bis September	anspruchs-voll	

Der mehrjährige, nicht winterharte Blattkarda-mom bildet ein knolliges Rhizom, aus dem schilfähnliche Blätter wachsen. Die bis zu 20 cm hohen Blütenstände sind ein herrlicher Anblick (bei uns sehr selten). Es werden im Ge-gensatz zu anderen Ingwergewächsen die Samen und Blätter als Gewürz verwendet.

Standort Sonnig bis halbschattig und warm. Ein nährstoffreicher, feuchter und gut durch-wässerter Boden ist ideal.

Pflege Wenig gießen und reichlich düngen. Bei uns nur im Kübel zu ziehen. Die Temperatur sollte 10 °C nicht unterschreiten.

Schädlinge Spinnmilben.

Vermehrung Aussaat im Herbst, Wurzeltei-lung im Frühjahr.

Ernten Samen im Spätsommer, als Ganzes getrocknet und dann zu Öl, Pulver oder Tinktur verarbeitet, Blätter.

Gesundheit und Küche Kardamom wirkt in-nerlich gegen Verdauungsbeschwerden, Erbre-chen und Übelkeit. Die Blätter schmecken scharf und aromatisch. Sie wirken schleimlö-send. Die Samen werden für Backwaren, Einge-legtes und Obstkompott verwendet. In der asi-atischen Küche werden Blätter mitgekocht.

BLÜTENFARBE

BLÜTEZEIT

Jan	Feb	März	April	Mai	Juni	Juli	Aug	Sept	Okt	Nov	Dez

Juniperus communis

Zweig mit Wacholderbeeren

Europäischer Wacholder
Juniperus communis

 | Höhe bis 500 cm | Erntezeit Oktober bis März | pflegeleicht |

Das mehrjährige und winterharte Zypressengewächs trägt nadelförmige Blätter mit einem blauweißen Streifen auf der Oberseite und schwarzblaue Beerenzapfen. Wacholder wächst in der Natur auf Magerrasen, in lichten Nadelwäldern und Heiden.

Standort Sonnig. Magere, trockene oder feuchte Lehmböden und saure oder alkalische Böden sind geeignet.

Pflege Der dicht verzweigte Strauch ist anspruchslos. Jedes Jahr zurückschneiden.

Vermehrung Aussaat im Frühjahr oder Herbst, Stecklinge oder Risslinge im Herbst.

Ernten Beeren von Herbst bis Frühjahr.

Gesundheit und Küche Wacholderbeeren sind bitter und aromatisch. Sie wirken antiseptisch und harntreibend, fördern die Verdauung und hemmen Entzündungen. Sie helfen auch bei Blasen- und Harnröhrenentzündung, Nierenentzündung, Rheumatismus, Gicht und Arthritis sowie bei Blähungen. Frisch werden die Beeren zu Öl verarbeitet, getrocknet für Tees, Flüssigextrakte und Tinkturen verwendet. In der Küche werden mit den getrockneten Beeren Sauerkraut, Wild, Schinken und Schweinefleisch gewürzt.

BLÜTENFARBE

BLÜTEZEIT

| Jan | Feb | März | April | Mai | Juni | Juli | Aug | Sept | Okt | Nov | Dez |

Lorbeer

getrocknete Lorbeerblätter

Echter Lorbeer
Laurus nobilis

   | Höhe bis 500 cm | Erntezeit Januar bis Dezember | pflege-leicht |

Der mehrjährige, nicht winterharte, immergrüne Strauch aus dem Mittelmeerraum trägt glänzend dunkelgrüne Blätter mit gewelltem Rand.

Standort Der bei uns als Kübelpflanze gezogene Lorbeer braucht einen warmen, geschützten Platz und gut durchlässige, leicht lehmige Erde.

Pflege Reichlich düngen und gießen. Ganzjährig in Form schneiden. Verträgt keine Staunässe. Überwinterung: hell und frostfrei bei mindestens 3 °C.

Schädlinge Schildläuse.

Vermehrung Aussaat im Frühjahr, Stecklinge im Sommer.

Ernten Blätter nach Bedarf, frisch oder getrocknet. Die getrockneten Blätter verlieren nach einem Jahr ihr Aroma.

Gesundheit und Küche Lorbeerblätter enthalten ätherische Öle und Cineol. Das hilft bei Muskelzerrungen und Überanstrengung. Die Blätter regen den Appetit und die Verdauung an. In der Küche werden sie als Gewürz beim Einlegen von Essiggurken und zum Würzen von Braten und Sauerkraut verwendet. Man kann auch Milchspeisen damit aromatisieren.

BLÜTENFARBE

BLÜTEZEIT

Jan   Feb   März   April   **Mai   Juni**   Juli   Aug   Sept   Okt   Nov   Dez

Anis

Anis
Pimpinella anisum

Anissamen

	Höhe bis 50 cm	Erntezeit September bis Oktober	pflege- leicht

Das einjährige Gewürz und Heilkraut Anis wächst aufrecht. Die weißen Blüten erscheinen in Dolden von Juli bis August. Die dreigeteilten Spaltfrüchte haben ein starkes Anisaroma. Anis kann in Stauden- und Bauerngärten gesät werden und lockt viele Bienen und Schmetterlinge an.

Standort Sonnig und windgeschützt gedeiht Anis am besten. Der Boden sollte sandig-lehmig sein.

Pflege Wenig gießen und düngen, schwache Kalkdüngung ist zu empfehlen.

Vermehrung Aussaat im Frühjahr.

Ernten Samen zur Samenreife, etwa sechs bis acht Wochen nach der Blüte, Samen müssen braun sein.

Gesundheit und Küche Anis wirkt schleimlösend, blähungswidrig und kann bereits bei Kleinkindern angewendet werden. Anisöl, aus den Samen hergestellt, wird zum Einreiben verwendet. Anislikör ist eine weit verbreitete Spirituose. In der Küche wird Anis gerne bei griechischen und italienischen Speisen verwendet. Anisfrüchte sind zum Backen, in Suppen, Saucen, Currygerichten sehr schmackhaft.

Weiterer Name Süßer Kümmel.

BLÜTENFARBE

BLÜTEZEIT

Jan	Feb	März	April	Mai	Juni	Juli	Aug	Sept	Okt	Nov	Dez

Heilkräuter

Viele Kräuter sind nicht nur hübsch anzusehen, sondern können auch gegen manches Zipperlein helfen. Gegen jede Krankheit ist ein Kraut gewachsen, das wussten schon unsere Großeltern.

Nutzen auch Sie die Heilkraft aus der Natur. Doch bitte Vorsicht: Nur wenn Sie sich ganz sicher sind, das gewünschte Kräutlein zu haben, können Sie es verwenden. Das gilt besonders für selbst gesammelte Kräuter. Viele der beschriebenen Pflanzen können Sie auch bereits getrocknet in Apotheken kaufen.

Bei Krankheiten ist es sehr wichtig, dass Sie zunächst einen Arzt aufsuchen. Sprechen Sie verwendete Heilkräuter unbedingt mit ihm ab, oder lassen Sie sich in der Apotheke beraten. Heilkräuter können nur unterstützend helfen und sollten nur bei nicht schwerwiegenden Krankheiten angewendet werden.

Kleiner Odermennig

getrocknetes Odermennigkraut

Kleiner Odermennig
Agrimonia eupatoria

 | Höhe bis 60 cm | Erntezeit Juli bis August | pflegeleicht |

Das mehrjährige und winterharte Rosengewächs ist eine alte Heil- und Zauberpflanze. In der Natur wächst es auch an Wegrändern.

Standort Ein sonniger Standort mit lockerem, durchlässigem Boden ist ideal.

Pflege Das anspruchslose Heilkraut braucht wenig Wasser und Dünger.

Vermehrung Aussaat im Frühjahr, Wurzelteilung im Herbst

Ernten Blüten und Blätter bei Blühbeginn, Wurzeln im Herbst.

Gesundheit Odermennig regt den Stoffwechsel an und wirkt entzündungshemmend. Er enthält ätherische Öle, Gerb- und Bitterstoffe sowie Kieselsäure. Ein Tee aus den Blättern kann bei leichten Durchfallerkrankungen helfen und ist zum Spülen und Gurgeln bei Mund- und Rachenschleimhautentzündungen geeignet. Die getrockneten, zerriebenen Wurzeln können auch in Duftmischungen verwendet werden.

Weitere Art Der Wohlriechende Odermennig (*Agrimona procera*) ist auch für schattige Plätze geeignet. Er hat größere Blätter und duftet intensiv.

Weitere Namen Klettenkraut, Schafklette.

BLÜTENFARBE

BLÜTEZEIT

Jan	Feb	März	April	Mai	Juni	Juli	Aug	Sept	Okt	Nov	Dez

Alchemilla vulgaris

Gewöhnlicher Frauenmantel
Alchemilla xanthochlora (syn. *Alchemilla vulgaris*)

getrocknetes Frauenmantelkraut

		Höhe 30 cm	Erntezeit April bis Oktober	pflege- leicht	

Das mehrjährige und winterharte Rosenge-wächs verbreitet sich mit dem kriechenden Wurzelstock. In der Natur ist der Frauenmantel häufig an Bachufern, Gräben und Wegrändern zu finden. Die Blätter haben eine wasserabsto-ßende Schicht (Lotus-Effekt). In ihnen sam-meln sich in den Morgenstunden Tautropfen.
Standort Sonnig bis halbschattig, ein feuch-ter und humoser Boden ist ideal.
Pflege Reichlich gießen, nicht düngen. Nach der Blüte zurückschneiden.
Vermehrung Aussaat im Herbst, besser Wur-zelteilung im Frühjahr.

Ernten Blätter und blühendes Kraut.
Gesundheit und Küche Der Gewöhnliche Frauenmantel wirkt harntreibend, wundhei-lend, blutreinigend und menstruationsregelnd. Ein Tee aus den Blättern gebrüht, hilft bei Frau-enleiden und bei Beschwerden in den Wechsel-jahren. In der Küche werden frische, junge Blätter an Salate und Suppen gegeben.
Weitere Art Der Alpen-Frauenmantel (*Alche-milla alpina*) ist mehrjährig und winterhart. Der Gerbstoffgehalt dieser Art ist höher als bei dem Gewöhnlichen Frauenmantel. Er trägt silbrige, kleinere Blätter.

BLÜTENFARBE

BLÜTEZEIT

Jan	Feb	März	April	Mai	**Juni**	**Juli**	**Aug**	Sept	Okt	Nov	Dez

Aloe vera

Echte Aloe
Aloe vera

  | Höhe bis 50 cm | Erntezeit Januar bis Dezember | anspruchs-voll |

Die mehrjährige Echte Aloe verträgt keinen Frost. Die stammlose, fleischige Pflanze mit Tochterrosetten bildet bis zu 50 cm lange, blaugrüne und am Rand bedornte Blätter. Die gelben Blüten können bis 90 cm hoch werden.
Standort Ein sonniger bis halbschattiger Platz ist ideal. In normale Blumenerde mit Sand vermischt setzen.
Pflege Bei uns kann die Aloe nur als Zimmer- oder Kübelpflanze gezogen werden. Im Winter einen trockenen, möglichst hellen Platz wählen. Höchstens drei Mal jährlich mit einer geringen Dosis düngen. Wenig gießen.

Schädlinge Schildläuse bei zu trockener Luft.
Vermehrung Aussaat im Frühjahr, besser mit Ausläufern.
Ernten Blattstücke ganzjährig.
Gesundheit Die Echte Aloe wirkt abführend, wundheilend, pilztötend und enthält ätherische Öle, Enzyme, viele Mineralstoffe, Vitamine und Aminosäuren. Mit dem frischen Gel, das man durch Abschneiden eines Blattstückes gewinnt, kann man Hämorrhoiden, Zahnfleischentzündungen, Neurodermitis und Altershaut behandeln. Das Gel hilft auch bei leichten Brandwunden und Insektenstichen.

BLÜTENFARBE

BLÜTEZEIT

Jan	Feb	März	April	Mai	**Juni**	**Juli**	Aug	Sept	Okt	Nov	Dez

Althaea officinalis

Echter Eibisch
Althaea officinalis

	Höhe bis 150 cm	Erntezeit Juni bis November	pflege- leicht

Das mehrjährige und winterharte Malvenge-wächs wächst aufrecht und buschig. Die herz-förmigen, weich behaarten Blätter sind heil-kräftig. Die trichterförmigen, weißen bis hellvioletten Blüten zieren jeden Kräutergarten.
Standort Sonnig. Der Eibisch gedeiht in feuchten, tiefgründigen, auch salzigen Böden.
Pflege Geringe Düngergaben sind ausrei-chend. Regelmäßig gießen.
Probleme Malvenrost, frühzeitig Blätter ent-fernen.
Vermehrung Aussaat im Frühjahr, auf dem Fensterbrett oder im Gewächshaus vorziehen und bei frostfreiem Wetter auspflanzen. Wur-zelteilung im Herbst.
Ernten Blätter vor der Blüte, in der Blütezeit mit den Blüten, Wurzeln im Herbst.
Für Gesundheit Eibisch wirkt beruhigend, hustenlösend und abführend. Sein hoher Ge-halt an schleimbildenden Stoffen hilft bei Atemwegserkrankungen. Die getrocknete und zerkleinerte Wurzel hilft bei Erkältungs- und Atemwegserkrankungen und wird als Tee auf-gebrüht. Blüten und Blätter, als Tee aufge-brüht, helfen bei Harnwegserkrankungen und bei zu viel Magensäure.

BLÜTENFARBE

BLÜTEZEIT

Jan	Feb	März	April	Mai	Juni	Juli	Aug	Sept	Okt	Nov	Dez

Römischer Bertram

Römischer Bertram
Anacyclus pyrethrum

	Höhe 10–30 cm	Erntezeit Juli bis Oktober	pflege- leicht	

Der mehrjährige, winterharte Korbblütler ist im gesamten Mittelmeergebiet heimisch. Die fein geteilten Blätter und seine einzeln stehenden, margeritenähnlichen Blüten sind sehr hübsch anzusehen.
Standort Sonnig. Nährstoffreiche, durchlässige Erde verwenden. Am besten mit Sand vermischen.
Pflege Regelmäßig gießen und düngen. Im Winter abdecken, um den Römischen Bertram vor Kahlfrösten zu schützen. Er treibt im Frühjahr dann besser aus.
Schädlinge Schmetterlingsraupen.

Vermehrung Aussaat im Frühjahr oder Herbst, Stecklinge im Frühjahr.
Ernten Blüten im Sommer, Wurzeln im Herbst.
Gesundheit Der Römische Bertram ist ein beißend herbes Kraut, das die Speicheldrüsen und die Blutzirkulation anregt. Äußerlich angewendet kann ein Brei aus der Wurzel bei Zahnschmerzen, Gesichtsneuralgie und chronischem Katarrh helfen. Bertram hilft auch bei Blutarmut, Eisen- und Vitamin B 12-Mangel. Er stimuliert die Bauchspeicheldrüse und die Leber.

BLÜTENFARBE

BLÜTEZEIT

Jan	Feb	März	April	Mai	Juni	Juli	Aug	Sept	Okt	Nov	Dez

Sibirische Engelwurz

Sibirische Engelwurz
Angelica dahurica

  | Höhe bis 250 cm | Erntezeit Juni bis Juli Oktober bis März | anspruchsvoll

Blatt der Sibirischen Engelwurz

Das sehr aromatische, mehrjährige und winterharte Heilkraut ist in Russland, China und Japan heimisch. Auf den hohlen Stängeln mit großen, dreiteiligen Blättern sitzen weiße Blütendolden.
Standort Sonnig bis halbschattig. Die Pflanze bevorzugt feuchte, tiefgründige Böden.
Pflege In nährstoffreiche Erde setzen. Nur sehr wenig nachdüngen, damit die Sibirische Engelwurz ihre Aromastoffe bilden kann.
Vermehrung Aussaat mit frischem Samen.
Ernten Blätter vor und zu Beginn der Blütezeit, Wurzeln im Herbst oder Frühjahr.

Gesundheit und Küche Die Sibirische Engelwurz enthält viel ätherisches Öl und Cumarin. Die zerkleinerten Wurzeln und Blätter der Pflanze erhöhen, als Tee getrunken, die Widerstandsfähigkeit der Haut. Die scharf und bitter schmeckende Pflanze hilft, als Tee getrunken, bei Kopf- und Zahnschmerzen und schmerzenden Augen.
Weitere Art Du Huo (*Angelica pubescens*) wird in der Chinesischen Heilkunde ähnlich angewendet. Die ganze Pflanze duftet aromatisch.
Weiterer Name Bai Zhi.

BLÜTENFARBE

BLÜTEZEIT

| Jan | Feb | März | April | Mai | Juni | Juli | Aug | Sept | Okt | Nov | Dez |

Knollige Schwalbenwurz

Knollige Schwalbenwurz
Asclepias tuberosa

		Höhe bis 100 cm	Erntezeit September bis Oktober	anspruchs- voll	

Das mehrjährige Seidenpflanzengewächs ist in unseren Breiten nicht vollkommen winterhart. An sehr trockenen Standorten ist sie meist winterhart. Die Schwalbenwurz ist in Amerika heimisch. Sie wächst aufrecht mit schmalen Blättern und Blütenständen mit zahlreichen gelben oder orangefarbenen Blüten.

Standort Sonnig bis halbschattig. Trockene, sandige und neutrale bis saure Böden sind ideal.

Pflege Gleichmäßig gießen.

Krankheiten Mosaikvirus, daher nicht in die Nähe von Gurken setzen.

Vermehrung Aussaat im Frühjahr (Keimtemperatur über 15 °C), Stecklinge vor der Blüte schneiden.

Ernten Wurzeln im Herbst ausgraben.

Gesundheit und Küche Die getrockneten Wurzeln können für Salben und Tinkturen verwendet werden. In der nordamerikanischen Kräutermedizin galt die Pflanze als Allheilmittel bei Lungen- und Brustfellentzündung und schwerer chronischer Bronchitis. Die Wurzel dient aber auch als Brechmittel. Dazu stellt man einen alkoholischen Auszug her. Von einer Selbstmedikation ist abzuraten.

BLÜTENFARBE

BLÜTEZEIT

Jan	Feb	März	April	Mai	Juni	Juli	Aug	Sept	Okt	Nov	Dez

Ringelblume

Ringelblume
Calendula officinalis

getrocknete Ringelblumenblüten

 | Höhe bis 70 cm | Erntezeit Juni bis Oktober | pflege-leicht |

Dieses pflegeleichte, einjährige Heilkraut bildet im Sommer wunderschöne, gelbe oder orangefarbene Blüten. Aus diesen heilkräftigen Blüten werden vor allem Salben hergestellt. Die Blüten locken viele Bienen und Schmetterlinge in den Kräutergarten.

Standort Die Ringelblume liebt sonnige Plätze und durchlässige Gartenböden.

Pflege Regelmäßig gießen und düngen. Auch für Balkonkästen und Kübel geeignet. Ringelblumen blühen den ganzen Sommer über, wenn man die verblühten Stiele regelmäßig entfernt.

Vermehrung Aussaat mit Vorkultur oder direkt ins Freie.

Ernten Ganze, aufgeblühte Blütenköpfe oder nur die Zungenblüten auszupfen.

Gesundheit und Küche Die Blüten der Ringelblume wirken wundheilend, entzündungshemmend, blutreinigend und enthalten ätherische Öle und Bitterstoffe. Ein Blütentee regt den natürlichen Entgiftungsprozess unseres Körpers an. Frisch oder getrocknet verleihen die Blüten den Speisen eine safranähnliche, gelbe Farbe. Besonders Butter und Käse kann man gut damit färben.

BLÜTENFARBE

BLÜTEZEIT

| Jan | Feb | März | April | Mai | Juni | Juli | Aug | Sept | Okt | Nov | Dez |

Tausendgüldenkraut

Tausendgüldenkraut
Centaurium erythraea

getrocknete Blüten

		Höhe 10–40 cm	Erntezeit Juni bis August	pflege-leicht

Das ein- oder zweijährige Enziangewächs steht unter Naturschutz und darf nicht gepflückt werden. Die rosaroten Blüten erscheinen in büscheligen Doldenrispen und öffnen sich nur, wenn die Sonne scheint.

Standort Sonniger bis halbschattiger Platz im Garten. Am besten in humose und durchlässige Böden pflanzen.

Pflege Reichlich gießen und düngen.

Vermehrung Aussaat im Frühjahr im Freien, im Gewächshaus oder auf der Fensterbank vorziehen, erst nach den Spätfrösten auspflanzen.

Ernten Ganzes Kraut ohne Grundrosette während der Blüte.

Gesundheit Das Tausendgüldenkraut wirkt entzündungshemmend und kreislaufanregend. Ein Tee wirkt nervenstärkend und hilft bei Stress sowie seelischer und körperlicher Überlastung. Der Tee wird auch gerne bei Heißhungerattacken getrunken. Der bittere Teegeschmack bleibt auch bei starkem Zuckerzusatz erhalten. Das Tausendgüldenkraut fördert die Verdauung und ist daher Bestandteil vieler Kräuterliköre und Magenbitter.

Weiterer Name Fieberkraut.

BLÜTENFARBE

BLÜTEZEIT

Jan	Feb	März	April	Mai	Juni	Juli	Aug	Sept	Okt	Nov	Dez

Chamaemelum nobile 'Plenum'

Römische Kamille
Chamaemelum nobile (syn. *Anthemis nobilis*)

	Höhe bis 30 cm	Erntezeit Juli bis September	pflege-leicht	

Das mehrjährige und winterharte Tee- und Heilkraut ist ursprünglich in Nordafrika und im östlichen Europa heimisch. Die Römische Kamille wächst buschig niederliegend und bildet einen teppichartigen Rasen.

Standort Sonnig. Lockere, nährstoffreiche Böden sind ideal.

Pflege Nur wenig gießen und düngen. Nach der Blüte zurückschneiden. Die Römische Kamille wird gerne von anderen Pflanzen überwuchert.

Vermehrung Gefüllte Sorten nur durch Wurzelteilung im Frühjahr.

Ernten Blüten und Kraut, nicht zu tief schneiden (einige Zentimeter über dem Boden), sonst trocknet die Pflanze aus.

Gesundheit und Küche Die Römische Kamille wirkt entzündungshemmend, antibakteriell und krampflösend. Ein Tee aus dem frischen oder getrockneten Kraut hilft bei Nervosität. Den Tee nur drei Wochen lang trinken. Ein Umschlag mit den Blüten und Blättern kann die Wundheilung fördern.

Weitere Art Die Englische Rasenkamille (*Chamaemelum nobile* 'Treneague') ist mehrjährig und winterhart. Ideal für Duftrasen.

BLÜTENFARBE

BLÜTEZEIT

Jan	Feb	März	April	Mai	Juni	Juli	Aug	Sept	Okt	Nov	Dez

![Mutterkraut]

Mutterkraut

Mutterkraut
Chrysanthemum parthenium (syn. *Tanacetum parthenium*)

 | Höhe bis 60 cm | Erntezeit Mai bis September | pflege-leicht |

Das mehrjährige, in Kultur aber meist einjährige Tee- und Heilkraut hat ein herb aromatisches, bittersüßes Aroma.

Standort Das pflegeleichte Kraut liebt es sonnig und wächst auf jedem Gartenboden.

Pflege Nur wenig gießen und düngen. Es ist anspruchslos. Rückschnitt nach der ersten Blüte fördert die Nachblüte. Das Mutterkraut neigt zur Selbstaussaat.

Schädlinge Schwarze Blattläuse.

Vermehrung Aussaat im Frühjahr, Stecklinge vor der Blüte, Wurzelteilung im Herbst.

Ernten Frische Blätter und Blüten.

Gesundheit und Küche Das Mutterkraut wirkt schmerzstillend, krampflösend und appetitfördernd. Ein Tee kann zur Vorbeugung von Migräne getrunken werden. Umschläge mit dem Tee helfen auch bei Quetschungen und Schwellungen. Wie die meisten Bitterkräuter hilft Mutterkraut der Leber bei der Entgiftung. In der Küche können die bitter schmeckenden, frischen Blätter und Blüten auf Brot gegessen werden. Vorsicht: Das Mutterkraut sollte nicht von schwangeren Frauen angewendet werden!

Weitere Namen Mutterkamille, Goldfederich.

BLÜTENFARBE

BLÜTEZEIT

| Jan | Feb | März | April | Mai | **Juni** | **Juli** | **Aug** | Sept | Okt | Nov | Dez |

Silberkerze

Trauben-Silberkerze
Cimicifuga racemosa

	Höhe	Erntezeit	anspruchs-
	bis 150 cm	September bis November	voll

Die mehrjährige, winterharte Silberkerze ist in Kanada und Nordamerika heimisch. Die weißen Blüten der Staude riechen unangenehm. Unterirdisch bildet die Silberkerze einen kräftigen, knotigen, schwarzen Wurzelstock.
Standort Halbschattig. In feuchte, humusreiche Böden setzen.
Pflege Erde möglichst gleichmäßig feucht halten und regelmäßig düngen.
Vermehrung Aussaat im Herbst, Wurzelteilung oder Stecklinge im Sommer.
Ernten Dreijährige Rhizome im Herbst, frisch oder getrocknet.

Gesundheit Die ausgegrabenen Rhizome können frisch zu Tinkturen, getrocknet zu Absuden, Flüssigextrakten oder Tinkturen verarbeitet werden. Die Wurzel enthält östrogenähnliche Substanzen. Die Trauben-Silberkerze ist ein bitteres, wohltuendes, schmerzlinderndes und fiebersenkendes Kraut. Nordamerikanische Indianer wendeten die Pflanze gegen unregelmäßige Menstruation und zur Linderung der Geburtsschmerzen an. Vorsicht bei Selbstmedikation: Überdosierungen sind leicht möglich. Nicht bei Schwangerschaft und über längere Zeit anwenden.

BLÜTENFARBE

BLÜTEZEIT

Jan	Feb	März	April	Mai	Juni	Juli	**Aug**	**Sept**	Okt	Nov	Dez

Benediktenkraut

Benediktenkraut
Cnicus benedictus

| ☀ | Höhe 30–60 cm | Erntezeit Juni bis August | pflege-leicht |

Das distelartige Tee- und Heilkraut trägt dornige Blätter und gelbe, wollige Blüten mit stacheligen Hüllblättern. Ursprünglich ist es im Mittelmeerraum heimisch.

Standort Sonnig. Ein trockener, tiefgründiger und bindiger Boden ist ideal. Er sollte genügend Kalk enthalten.

Pflege Nicht düngen.

Vermehrung Direktaussaat ab Mai.

Ernten Blätter und krautige Zweigspitzen kurz vor der Blüte, auch zum Trocknen.

Gesundheit und Küche Das Benediktenkraut wirkt appetitfördernd, schleimlösend und fiebersenkend. Es enthält ätherische Öle, Gerb- und Bitterstoffe, Mineralsalze sowie Vitamin B 1. Mit Tee und Tinktur, aus dem Kraut hergestellt, können nervöse Magenbeschwerden und Sodbrennen gelindert werden, da das Kraut die Lebertätigkeit anregt. Ein Brei aus den Blüten und Blättern kann bei schlecht heilenden Geschwüren und Frostbeulen helfen, da er bakterienhemmend wirkt. In der Küche wird aus den Benediktenwurzeln ein sehr bitter schmeckendes Gemüse zubereitet. Die Blütenköpfe können wie Artischocken zubereitet werden.

BLÜTENFARBE

BLÜTEZEIT

| Jan | Feb | März | April | Mai | **Juni** | **Juli** | **Aug** | Sept | Okt | Nov | Dez |

Echtes Löffelkraut

Echtes Löffelkraut
Cochlearia officinalis

  | Höhe bis 20 cm | Erntezeit Januar bis Dezember | pflege-leicht |

Das zwei- oder mehrjährige, winterharte Heilkraut ist in Nordeuropa heimisch. Aus den dunkelgrünen, kresseartigen Grundblättern wird der heilwirksame Presssaft gewonnen.

Standort Das Löffelkraut gedeiht in sonnigen bis halbschattigen Lagen. In der Natur wächst es auf Salzböden in Küstennähe.

Pflege Anspruchslos, keine Düngung nötig.

Schädlinge Blattläuse an frischen Trieben.

Vermehrung Direktsaat ins Freiland, in mehreren Sätzen aussähen.

Ernten Frische Blätter nach Bedarf, auch im Winter.

Gesundheit und Küche Das Löffelkraut regt den Stoffwechsel an, wirkt blutreinigend und leberanregend. Es enthält Senfölglykoside, Gerb- und Bitterstoffe und viel Vitamin C. Löffelkraut hilft gegen Frühjahrsmüdigkeit. Der Presssaft aus den Blättern kann den Stoffwechsel anregen. In der Küche kann es zu Eiern und Käse gegeben werden. Die Blätter bleiben auch im Winter frisch und können geerntet werden, wenn man sie leicht abdeckt. Es wird nur die frische Pflanze verwendet.

Weitere Namen Löffelkresse, Skorbutkraut, Scharbocksheil.

BLÜTENFARBE

BLÜTEZEIT

| Jan | Feb | März | April | Mai | Juni | Juli | Aug | Sept | Okt | Nov | Dez |

Sonnenhut

Sonnenhut
Echinacea purpurea

	Höhe	Erntezeit	pflege-
	60–100 cm	Juli bis September	leicht

Das mehrjährige und winterharte Tee- und Heilkraut ist in Nordamerika heimisch. Die attraktiven Korbblüten dieser Staude sind rosa- bis purpurfarben. Der Sonnenhut kann auch in Bauerngärten und bunten Staudenbeeten gepflanzt werden.

Standort Der Sonnenhut liebt es sonnig und gedeiht auf jedem Gartenboden.

Pflege Wenig gießen und düngen.

Vermehrung Aussaat im Frühjahr, Wurzelteilung im Frühjahr oder Herbst.

Ernten Kraut vor der Blüte, Wurzeln im Herbst oder Frühjahr.

Gesundheit Die Blüten des Sonnenhuts wirken entzündungshemmend und regen das Immunsystem an. Ein Blütentee unterstützt die Abwehrkräfte bei Erkältungskrankheiten. Die zu Brei gequetschten Blätter und Wurzeln können bei schlecht heilenden, oberflächlichen Wunden helfen.

Weitere Arten Der Schmalblättrige Sonnenhut (*Echinacea angustifolia*) ist winterhart und mehrjährig mit schmaleren Blättern und hängenden Blütenblättern. Er blüht wunderschön in Rosa bis Purpur. Seine heilkräftige Wirkung ist am stärksten.

BLÜTENFARBE

BLÜTEZEIT

Jan	Feb	März	April	Mai	Juni	Juli	Aug	Sept	Okt	Nov	Dez

Augentrost

Augentrost
Euphrasia officinalis

		Höhe bis 10 cm	Erntezeit Juli bis September	pflege- leicht

Das mehrjährige, winterharte Braunwurzge-wächs ist in ganz Europa auf Wiesen verbrei-tet. Die Blätter sind drüsig und behaart. Die Oberlippe der Blüten ist lilaviolett, die Unter-lippe ist meist weiß mit violetter Aderung (Bild: *Euphrasia officinalis ssp. rostkoviana*).
Standort Sonnig bis halbschattig. Augentrost gedeiht in stickstoff- und kalkarmer, lehmig-to-niger Erde.
Pflege Augentrost entzieht seiner Wirts-pflanze mit kleinen Saugwurzeln Wasser und Nährstoffe. Er braucht deshalb wenig Wasser und Dünger.

Vermehrung Aussaat im Herbst in der Nähe einer Wirtspflanze oder einer Mutterpflanze
Ernten Blätter mit den Blüten in der Blütezeit. Auch zum Trocknen geeignet.
Gesundheit und Küche Augentrost verdich-tet die Augenschleimhäute und scheint Binde-haut- und Lidrandentzündungen zu lindern. Wegen der guten entzündungshemmenden Wirkung setzt man das Kraut bei Entzün-dungen des Auges, Mittelohrs, der Nasenne-benhöhlen und Nasengänge ein. Das getrock-nete Kraut wird in Tinkturen und homöo-pathischen Zubereitungen verwendet.

BLÜTENFARBE

BLÜTEZEIT

Jan	Feb	März	April	Mai	Juni	Juli	Aug	Sept	Okt	Nov	Dez

Foeniculum vulgare

Fenchel
Foeniculum vulgare

		Höhe bis 200 cm	Erntezeit August bis September	pflege-leicht	

Das zwei- oder mehrjährige Heil- und Teekraut ist winterhart und im Mittelmeerraum heimisch. Die gelbgrünen, fein gefiederten Blätter verströmen einen süßlich aromatischen Duft. Die Blüten erscheinen in gelbgrünen, ausladenden Dolden. Der braune, stark duftende Samen wird für Tees verwendet.

Standort Sonnig bis halbschattig. Fenchel braucht fruchtbare, nährstoffreiche und kalkhaltige Böden, die tiefgründig und nicht zu feucht sind.

Pflege Reichlich gießen. Wenig düngen. In rauen Lagen ist ein Winterschutz erforderlich.

Schädlinge Schwalbenschwanzschmetterlingsraupen, Mäusefraß im Winter.

Vermehrung Aussaat im Frühjahr, Wurzelteilung im Herbst.

Ernten Grüne Blätter, Dolden mit reifen Samen im Herbst abschneiden und luftig austrocknen lassen, erst dann den Samen entnehmen.

Gesundheit und Küche Fenchel wirkt appetitanregend, verdauungsfördernd und enthält große Mengen an ätherischen Ölen und Vitaminen. Fenchel hilft gegen Darmkrämpfe und Durchfall und kann schon bei Kleinkindern an-

BLÜTENFARBE

BLÜTEZEIT

Jan	Feb	März	April	Mai	Juni	Juli	Aug	Sept	Okt	Nov	Dez
						Juli	Aug	Sept			

Fenchel und Bronze-Fenchel

Fenchelsamen

Knollen-Fenchel

gewendet werden. Der Tee aus Blättern wirkt gegen Blähungen und Verdauungsbeschwerden und erleichtert, in großen Mengen getrunken, das Abnehmen. Bei entzündeten, roten Augen wird ein mit Tee getränktes Tuch auf die Augen gelegt. In der Küche werden die Blätter für Fischsaucen und zum Würzen von Kalb- und Schweinefleisch verwendet. Mit den Samen bestreut man Suppen, Gemüse, Salate, Fisch und Fleisch.

Weitere Arten Der Bronze-Fenchel (*Foeniculum vulgare* 'Purpurascens') ist winterhart und zwei- bis mehrjährig. Er bildet tiefbraunes Laub und wirkt ähnlich wie die Art. Er ist auch zum Garnieren von Speisen und als Schnittblume geeignet. Der Knollen-Fenchel (*Foeniculum vulgare* var. *azoricum*) ist eine einjährige Art für warme Standorte und trägt gefiederte Blätter. Die fleischigen Blattstiele bilden an ihrer Basis eine weiße Knolle. Knollen-Fenchel wird als Salat und Gemüse, gekocht oder gedünstet, verwendet.

Weitere Namen Langer Kümmel, Brotsamen, Brotanis.

Gelber Enzian

Gelber Enzian
Gentiana lutea

		Höhe bis 100 cm	Erntezeit August bis September	anspruchs-voll

Der mehrjährige, winterharte Enzian ist in den Alpen und im Kaukasus heimisch. Der kahle, aufrechte und hohle Stängel trägt große, bläulich grüne Blätter. Die langen, kräftigen Wurzeln werden für Heilzwecke verwendet. Wild wachsende Pflanzen stehen unter Naturschutz, deshalb nicht in der Natur sammeln.
Standort Sonnig bis halbschattig. Wächst auf Kalkböden und in tiefgründiger, lockerer Erde.
Pflege Reichlich organischen und mit Kalk angereicherten Dünger geben. Wenig gießen.
Vermehrung Aussaat im Frühjahr (Frostkeimer).

Ernten Wurzel im Herbst.
Gesundheit Der Gelbe Enzian enthält viele Bitterstoffe. Er wird für die Herstellung von Magenbittern, Schnäpsen und Heilmitteln angebaut. Er steigert die Sekretion der Bauchspeicheldrüse und beginnt bereits in der Mundschleimhaut den Magen anzuregen. Der Gelbe Enzian enthält keine Gerbstoffe. Deshalb reizt er den Magen nicht. Man kann die Enzianwurzel als Tee bei geschwächten Nerven und Muskeln sowie bei Krämpfen und Magenbeschwerden anwenden.
Weiterer Name Bitterwurz.

BLÜTENFARBE

BLÜTEZEIT

Jan	Feb	März	April	Mai	Juni	Juli	Aug	Sept	Okt	Nov	Dez

Ginkgo biloba

Ginkgo
Ginkgo biloba

☀	◑	Höhe bis 500 cm	Erntezeit Juni bis Oktober	pflege- leicht	🪴

Der Ginkgo ist eine sehr heilkräftige Pflanze aus Asien. Die ledrigen, fächerförmigen Blätter sind tief eingeschnitten. Bei uns wird der Ginkgo als Kübelpflanze gezogen
Standort Sonnig bis halbschattig. Ginkgo kommt mit jedem Boden zurecht.
Pflege Ein- bis zweijährige Pflanzen sind noch nicht winterhart, deshalb Winterschutz geben.
Vermehrung Nüsse im Herbst in feuchten Sand geben und zum Vorkeimen an einen kühlen Ort stellen, im zeitigen Frühjahr umtopfen, auch als Stecklinge zu vermehren.

Ernten Blätter im Sommer, Samen im Herbst.
Gesundheit und Küche Die Blätter des Ginkgos können bei altersbedingten Gedächtnisstörungen, zur Steigerung der Konzentrationsfähigkeit, des Lernvermögens und der Bewegungskoordination angewendet werden. Auch gegen depressive Verstimmungen, Hör- und Sehstörungen können sie helfen. Ginkgo wird am besten als Fertigpräparat aus der Apotheke verwendet. Die Ginkgosamen werden in China geröstet und werden dort als Delikatesse verspeist.
Weiterer Name Fächerblatt.

BLÜTENFARBE

BLÜTEZEIT

Jan	Feb	März	April	**Mai**	Juni	Juli	Aug	Sept	Okt	Nov	Dez

Blüten des Gundermanns

Blätter des Gundermanns

Gundermann
Glechoma hederacea

| ☀ | ◑ | ● | Höhe 10–20 cm | Erntezeit März bis Mai | pflege-leicht | 🌱 |

Der mehrjährige und winterharte Lippenblüt-ler ist in ganz Europa auf Wiesen und Feldern verbreitet. Er wächst kriechend.

Standort Fühlt sich auf sonnigen bis schat-tigen Plätzen wohl. Er bevorzugt durchlässige, magere Böden, kommt aber auch mit feuchten Standorten zurecht.

Pflege Wenig düngen.

Vermehrung Aussaat im Herbst, Kopf- und Triebstecklinge.

Ernten Kraut, auch mit Blüten.

Gesundheit und Küche Gundermann wirkt entzündungshemmend und hustenstillend.

Diese Wirkung wird auf seine Inhaltsstoffe Fla-vonoid und Triterpenoid zurückgeführt. Äußer-lich wird der Gundermanntee für Waschungen bei Hauterkrankungen und schlecht heilenden Wunden verwendet. In der Küche gibt man die jungen Blätter und Blüten gerne an Salate und Suppen. Vorsicht: Keine größeren Mengen ver-zehren. Tiere, vor allem Pferde, meiden den Gundermann.

Weitere Sorte Der Panaschierte Gunder-mann (*Glechoma hederacea* 'Variegata') trägt weiß-grün panaschierte Blätter. Die Pflege und Wirkung ist ähnlich wie bei der Art.

BLÜTENFARBE

BLÜTEZEIT

| Jan | Feb | März | April | Mai | Juni | Juli | Aug | Sept | Okt | Nov | Dez |

Zaubernuss

Zaubernuss
Hamamelis virginiana

	Höhe 200–400 cm	Erntezeit Mai bis Oktober	pflege-leicht	

Das mehrjährige, winterharte Zaubernussgewächs ist im Osten Nordamerikas heimisch. Seine Blätter verfärben sich im Herbst leuchtend gelb. Zur gleichen Zeit entfalten sich die gelben Blütenbüschel. Die Früchte enthalten schwarze, innen weiße, essbare Samen, die erst im folgenden Jahr reifen und dann herausgeschleudert werden.

Standort Sonnig. Die Zaubernuss gedeiht in allen Gartenböden.

Pflege Pflegeleicht, frosthart.

Vermehrung Aussaat im Frühjahr, Stecklinge vom unreifen Holz.

Ernten Frische Rinde von Mai bis Juni, Blätter im Sommer, Wurzeln im Herbst. Auch zum Trocknen geeignet.

Gesundheit Mit einem Absud aus den Blättern getränkte Auflagen helfen bei Muskel- und Rückenschmerzen sowie bei Quetschungen und Zerrungen. Aus Blättern und Rinde werden Tees oder Tinkturen gegen Durchfallerkrankungen, Mundschleimhautentzündungen, Halsschmerzen und Vaginalentzündungen hergestellt. In der Homöopathie verwendet man *Hamamelis* als Tee und Tinktur bei Krampfadern und Hämorrhoiden.

BLÜTENFARBE

BLÜTEZEIT

Jan	Feb	März	April	Mai	Juni	Juli	Aug	Sept	Okt	Nov	Dez

Hopfen

Hopfen
Humulus lupulus

	Höhe bis 500 cm	Erntezeit August bis September	pflege-leicht	🌱

Hopfenzapfen

Die Heilkraft des Hopfens ist seit Jahrhunderten bekannt. Er ist in Europa, Südasien und Nordamerika heimisch. Aus einem dicken, fleischigen Wurzelstock wachsen lange, windende Triebe mit großen, herzförmigen Blättern. Verwendet werden vor allem die getrockneten Hopfenzapfen, also die weiblichen Blüten.

Standort Sonnig. Ein lehmiger, feuchter und nährstoffreicher Boden wird gewünscht.

Pflege Häufig gießen, nicht austrocknen lassen. Regelmäßig düngen.

Probleme Mehltau, Rote Spinne.

Vermehrung Stecklinge im Frühjahr.

Ernten Hopfenzapfen (weibliche Blüten), Triebspitzen.

Gesundheit Hopfenzapfen verwendet man als mildes Beruhigungsmittel und zum Einschlafen. Die enthaltenen Bitterstoffe stimulieren außerdem die Magensaftsekretion, so dass die Pflanze auch bei Appetitlosigkeit und Verdauungsproblemen angewendet werden kann. Das charakteristische Hopfenaroma ist dem enthaltenen ätherischen Öl zuzuschreiben. Die getrockneten Hopfenzapfen werden als Tee aufgebrüht und bei Einschlafstörungen und innerer Unruhe getrunken.

BLÜTENFARBE

BLÜTEZEIT

Jan	Feb	März	April	Mai	Juni	Juli	**Aug**	**Sept**	Okt	Nov	Dez

Tüpfel-Johanniskraut

Tüpfel-Johanniskraut
Hypericum perforatum

| | | Höhe 50–90 cm | Erntezeit Juni bis August | pflege-leicht | |

Das mehrjährige und winterharte Hartheugewächs ist in ganz Europa heimisch. Die gelben Blüten, in aufrechten Blütenrispen erscheinend, geben einen roten Farbstoff ab, wenn man sie zerdrückt. Die länglich ovalen Blätter sind auffällig gepunktet.
Standort Gedeiht an sonnigen bis halbschattigen Plätzen und durchlässigen Böden.
Pflege Wenig gießen und düngen.
Vermehrung Aussaat, Stecklinge vor der Blüte.
Ernten Das obere Drittel der blühenden Pflanze mit Blüten.

Gesundheit und Küche Das Tüpfel-Johanniskraut wirkt entzündungshemmend, nervenstärkend und beruhigend. Tee und Tinktur aus Blüten und Blättern wirken gegen viele Krankheiten, zum Beispiel nervöse Erkrankungen, Depressionen, Überanstrengung, Gliederzittern, Blähungen, Leberleiden und Gelbsucht. Im Winter, wenn der Körper wegen der geringen Sonneneinstrahlung weniger Serotin bildet, kann der regelmäßige Teegenuss die Stimmung aufhellen. In der Küche werden die Blüten auch für Kräuteröle und -liköre verwendet. Tee nicht über längere Zeit anwenden.

BLÜTENFARBE

BLÜTEZEIT

| Jan | Feb | März | April | Mai | Juni | Juli | Aug | Sept | Okt | Nov | Dez |

Ysop

Ysop
Hyssopus officinalis

	Höhe 30–60 cm	Erntezeit Juni bis September	pflege- leicht	

Der mehrjährige und winterharte Lippenblütler verholzt an der Basis. Ysop wächst aufrecht buschig, blüht wunderschön blau. Die Blätter schmecken leicht bitter. Ysop lockt Bienen und Schmetterlinge in den Garten.

Standort Ein sonniger Platz mit gut durchlässiger, humoser und leicht kalkhaltiger Erde wird bevorzugt.

Pflege Wenig gießen und düngen. Im Frühjahr bis zum alten Holz zurückschneiden.

Krankheiten Falscher Mehltau bei zu viel Feuchtigkeit.

Vermehrung Aussaat, Stecklinge im Sommer.

Ernten Junge Triebe und Blätter.

Gesundheit und Küche Ysop wirkt schleimlösend, blutdrucksteigernd und schweißhemmend. Er enthält ätherische Öle, Gerb- und Bitterstoffe. Ysop wird in der Küche wegen seines sehr kräftigen Aromas nur sparsam dosiert. Zum Würzen von Fleischgerichten, Suppen, Salaten und Bohnengemüse geeignet.

Weitere Sorte Der Weiße Ysop (*Hyssopus officinalis* 'Alba') trägt reinweiße Blüten und besitzt die gleichen Eigenschaften wie die Art. Er kann genauso verwendet werden.

Weitere Namen Ispenkraut, Josefskraut.

BLÜTENFARBE

BLÜTEZEIT

Jan	Feb	März	April	Mai	Juni	Juli	Aug	Sept	Okt	Nov	Dez

Inula helenium

Echter Alant
Inula helenium

	Höhe bis 200 cm	Erntezeit März bis Oktober	pflege- leicht

Der mehrjährige und winterharte Korbblütler wächst aufrecht buschig und bildet Horste. Die knollig verdickten Rhizome werden im Herbst des zweiten Jahres ausgegraben und verwendet.

Standort Sonnig. Gedeiht auf nährstoffreichen, tiefgründigen Böden.

Pflege Reichlich düngen. Alant braucht viel Platz.

Vermehrung Aussaat im Frühjahr, Wurzelteilung im Frühjahr oder Herbst.

Ernten Blätter im Frühsommer, Blüten im Sommer, die Wurzeln kräftiger Pflanzen von Frühjahr bis Herbst, kleine Wurzelstücke wieder eingraben.

Gesundheit und Küche Echter Alant wirkt verdauungsfördernd, nierenanregend, antiseptisch und schleimlösend. Er enthält ätherisches Öl und Bitterstoffe. Die Blätter können die Haut reizen. Ein Tee, aus den Wurzeln gebrüht, wird bei Bronchialleiden und Reizhusten getrunken. Der Wurzelstock ist sehr aromatisch und enthält Inulin, ein natürliches Süßungsmittel, das für Diabetiker geeignet ist. Warme Auflagen mit kurz in Wein aufgekochten Alantblättern lindern Ischias- und Hüftgelenksschmerzen.

BLÜTENFARBE

BLÜTEZEIT

Jan	Feb	März	April	Mai	Juni	Juli	Aug	Sept	Okt	Nov	Dez

Marrubium vulgare

Gewöhnlicher Andorn
Marrubium vulgare

	Höhe 30–60 cm	Erntezeit Juli bis September	pflege- leicht	

Der mehrjährige und winterharte Andorn braucht in rauen Lagen einen Winterschutz. Sein Geschmack ist aromatisch, etwas scharf, balsamisch und bitterherb.

Standort Sonnig. Andorn bevorzugt magere, trockene und durchlässige Böden.

Pflege Nur sehr wenig düngen. Wenig gießen. Nach der zweiten Blüte zur Hälfte einkürzen.

Probleme Falscher Mehltau, Raupen

Vermehrung Aussaat im Frühjahr, Stecklinge im Sommer.

Ernten Zweige während der Blüte schneiden, auch zum Trocknen.

Gesundheit und Küche Das bittere, aromatische Kraut wirkt antiseptisch, schleimlösend, entzündungshemmend und krampflösend. Es enthält ätherische Öle, fördert den Gallenfluss und wirkt, als Tee aufgebrüht, beruhigend auf das Herz. Die Blätter und Triebspitzen helfen als Auflage bei kleinen Hautverletzungen. Die Blätter können auch für Kräuterliköre und als Salatwürze verwendet werden.

Weitere Art Der Wollige Andorn (*Marrubium incanum*) ist mehrjährig und wird bis 40 cm hoch. Die weißen, filzigen Blätter unterscheiden ihn vom Gewöhnlichen Andorn.

BLÜTENFARBE

BLÜTEZEIT

Jan	Feb	März	April	Mai	Juni	Juli	Aug	Sept	Okt	Nov	Dez
						Juli	Aug	Sept			

Kamille

Echte Kamille
Matricaria recutita

| | Höhe 20–50 cm | Erntezeit Mai bis August | pflege-leicht |

Die aufrecht wachsende, einjährige Kamille ist im Mittelmeerraum heimisch. Die heilkräftige Kamille erkennt man leicht am hohlen Blütenköpfchen mit den gelben Röhrenblüten. Die Blüten duften sehr intensiv. Bei Regenwetter und nachts zeigen die weißen Zungenblüten nach unten. Die Kamille ist leicht zu pflegen und auch für kleine Gärten und Staudenbeete geeignet.
Standort Die Kamille liebt einen vollsonnigen Platz mit humusreicher, leicht lehmiger Erde.
Pflege Regelmäßig gießen und düngen.
Vermehrung Aussaat.

Ernten Blütenköpfchen zur Blütezeit. Auch zum Trocknen geeignet.
Gesundheit Die Kamille wirkt frisch oder getrocknet entzündungshemmend, wundheilend, antiseptisch, schmerzlindernd und beruhigend. Sie enthält viele ätherische Öle, Schleim- und Bitterstoffe sowie Magnesium. Die Kamille ist eine bekannte Heilpflanze, die nervenberuhigend wirkt. Der Tee und die Tinktur helfen, in einem Lappen getränkt, auch bei Augen- und Ohrenerkrankungen, werden zum Inhalieren sowie für Dampfbäder und Saunaaufgüsse verwendet.

BLÜTENFARBE

BLÜTEZEIT

| Jan | Feb | März | April | **Mai** | **Juni** | **Juli** | **Aug** | Sept | Okt | Nov | Dez |

Nachtkerze

Nachtkerze
Oenothera biennis

		Höhe bis 100 cm	Erntezeit Juni bis Oktober	pflege- leicht

Die zweijährige, aufrecht wachsende und winterharte Nachtkerze bildet rot gefleckte Stängel. Die großen, vierzähligen, gelben Blüten öffnen sich abends. Daraus entwickeln sich später längliche Kapselfrüchte. Sie ist in der ganzen Welt verbreitet.

Standort Ein sonniger bis halbschattiger Platz ist ideal. Die anspruchslose Nachtkerze wächst auf jedem Boden, sogar in den Dünen.

Pflege Wenig bis regelmäßig gießen und düngen.

Vermehrung Aussaat an Ort und Stelle im Freien.

Ernten Blüten, Blätter, Stängelrinde, Wurzeln im ersten Jahr, Samen im zweiten Jahr.

Gesundheit und Küche Die Nachtkerze wirkt beruhigend, stoffwechselanregend und enthält Eiweiß und ungesättigte Fettsäuren. Aus den Samen wird das medizinisch wirksame Nachtkerzenöl gewonnen. Es hilft bei vielen Hauterkrankungen. Ein Tee aus den Samen lindert Erkältungen und Husten. Blüten, Blätter und Stängelrinde wirken zusammenziehend und beruhigend. In der Küche werden die frischen Wurzeln als Gemüse gekocht. Die jungen Blätter sind ein delikates Wildgemüse.

BLÜTENFARBE

BLÜTEZEIT

Jan	Feb	März	April	Mai	Juni	Juli	Aug	Sept	Okt	Nov	Dez

Ononis spinosa

Hauhechel
Ononis spinosa

 | Höhe bis 30 cm | Erntezeit Juli bis September | pflege-leicht |

Hauhechelwurzel

Der mehrjährige und winterharte Schmetterlingsblütler ist im östlichen Europa zu Hause. Man erkennt ihn an seinen stacheligen, gefiederten Blättern und rosafarbenen Blüten. Später entwickeln sich daraus kleine, behaarte Samenhülsen. Hauhechel wurzelt sehr tief und lässt sich nur noch schwer aus dem Garten entfernen.

Standort Das pflegeleichte Heilkraut gedeiht an sonnigen Plätzen. Der Hauhechel wächst auf trockenen Wiesen und an Wegrändern in durchlässiger, sandiger Erde.

Pflege Wenig gießen und düngen.

Schädlinge Raupen.

Vermehrung Aussaat im Frühjahr, Wurzelteilung im Herbst.

Ernten Wurzel, zerteilen und trocknen.

Gesundheit und Küche Die Hauhechelwurzel wirkt harntreibend, blutreinigend und enthält viele ätherische Öle. Die frische oder getrocknete Wurzel wird als Tee aufgebrüht und hilft bei Harn- und Nierengrieß, chronischem Gelenkrheumatismus, Gicht, Harnsteinen und schwacher Blase. Die zerriebene Hauhechelwurzel hilft, als Tee aufgebrüht oder zu Salbe verarbeitet, bei Rheuma und Hautleiden.

BLÜTENFARBE

BLÜTEZEIT

| Jan | Feb | März | April | Mai | Juni | Juli | Aug | Sept | Okt | Nov | Dez |

Peucedanum ostruthium

Meisterwurz
Peucedanum ostruthium

		Höhe bis 60 cm	Erntezeit Januar bis Dezember	pflege- leicht

Der mehrjährige und winterharte Doldenblütler blüht weiß bis rötlich in großen, fünfstrahligen Dolden. Das Aroma der Meisterwurz ist dem der Engelwurz ähnlich, schmeckt aber beißend. Vorsicht: Nicht in der Natur sammeln, die Meisterwurz kann leicht mit dem giftigen Schierling verwechselt werden.

Standort Die Meisterwurz gedeiht an sonnigen bis halbschattigen Plätzen. Der Boden sollte feucht, humos und etwas kalkreich sein.

Pflege Die Meisterwurz gedeiht am besten unter einem Holunderstrauch. Wurzelballen nicht austrocknen lassen. Neigt zum Wuchern.

Vermehrung Aussaat im Frühjahr, Wurzelteilung im Herbst.

Ernten Blätter vor der Blüte, Wurzeln ganzjährig.

Gesundheit und Küche Die Wurzel der Meisterwurz wirkt beruhigend, harn- und schweißtreibend. Sie reinigt die Haut und enthält viele ätherische Öle sowie Harze und Gerbstoffe. Ein Tee fördert die Verdauung und hilft gegen Magenkrämpfe. Die Wurzeln werden zur Schnapsherstellung und zum Räuchern von Fisch und Fleisch verwendet. Die Blätter können in den Salat gegeben werden.

BLÜTENFARBE

BLÜTEZEIT

Jan	Feb	März	April	Mai	Juni	Juli	Aug	Sept	Okt	Nov	Dez

Pelargonium sidoides

Kap-Pelargonie
Pelargonium sidoides

	Höhe bis 30 cm	Erntezeit Januar bis Dezember	pflege-leicht	

Blüte der Kap-Pelargonie

Diese heilkräftige Geranien-Art ist im östlichen Südafrika heimisch. Dort wächst sie auf Grasland. Die frostempfindliche Staude bildet knollenförmige Wurzeln, die gegen Erkältungskrankheiten helfen können.

Standort Sonnig. Gedeiht in durchlässiger, sandiger Erde. Nicht in zu große Töpfe pflanzen.

Pflege Nur gießen, wenn die Sonne scheint. Sehr empfindlich gegenüber Staunässe. Überwinterung: hell bei 5 bis 10 °C.

Vermehrung Stecklinge vor der Blüte.

Ernten Wurzel nach Bedarf.

Gesundheit und Küche Die Pelargonien-Art enthält Cumarine, vor allem das Umckalin. In Südafrika wird die Wurzel der Kap-Pelargonie traditionell bei Durchfall, Magen- und Darmbeschwerden sowie gegen Husten und Tuberkulose verwendet. Als Tee aufgebrüht, kann die Kap-Pelargonie wie ein Antibiotikum bei vielen Infekten eingesetzt werden. Außerdem bringt sie das Immunsystem auf Trab, löst Schleim aus den Bronchien und wirkt, als Tinktur aus den Wurzeln hergestellt, auch bei chronischen Infektionen der Atemwege und im Hals-Nasen-Ohren-Bereich.

BLÜTENFARBE

BLÜTEZEIT

Jan	Feb	März	April	Mai	Juni	Juli	Aug	Sept	Okt	Nov	Dez

Kermesbeere

Kermesbeere
Phytolacca americana

☀	Höhe bis 200 cm	Erntezeit August bis September	pflege-leicht	🌱

Die mehrjährige Kermesbeere aus Nordamerika benötigt in unseren Breiten einen Winterschutz. Die rübenartige Wurzel ist giftig. Die saftigen, weinroten Beeren färben sich mit der Zeit schwarz.

Standort Sonnig. Ein nährstoffreicher, feuchter Boden wird gewünscht.

Pflege Regelmäßig gießen und düngen. Die Pflanze kann sich durch Selbstaussaat stark vermehren.

Vermehrung Aussaat im Frühjahr, nach einigen Wochen mit großem Abstand vereinzeln, Wurzelteilung.

Ernten Junge Sprosse und Blätter.

Gesundheit und Küche Bei den Indianern ist die Kermesbeere als Volksheilmittel bekannt. Die Blätter, als Tee aufgebrüht, helfen bei Hautentzündungen und Rheuma. Sprosse und Blätter können gekocht als Gemüse verzehrt werden. Bitte Vorsicht: Das oberirdische Kraut sollte nicht roh verzehrt werden, es ist leicht giftig.

Weitere Art Die Asiatische Kermesbeere *(Phytolacca acinosa)* blüht rot. Ihre schwarzen Beeren sind kleiner. Sie hilft auch bei verschiedenen Infektionen.

BLÜTENFARBE

BLÜTEZEIT

Jan	Feb	März	April	Mai	Juni	Juli	Aug	Sept	Okt	Nov	Dez

Große Bibernelle

Große Bibernelle
Pimpinella major

		Höhe 40–80 cm	Erntezeit Mai bis September	pflege- leicht

Das ein- oder mehrjährige und winterharte Heilkraut wird am besten jedes Jahr neu ausgesät. Ältere Pflanzen verlieren leicht an Aroma. Die Große Bibernelle duftet nach Waldmeister und Gurken.
Standort Sonnig bis halbschattig. Das Kraut braucht nährstoffreiche, nicht zu trockene Böden.
Pflege In der Wachstumszeit immer feucht halten und regelmäßig düngen.
Schädlinge Raupen.
Vermehrung Aussaat im Frühjahr.
Ernten Frische Blätter.

Gesundheit und Küche Die Große Bibernelle ist ein gut schmeckendes und harntreibend wirkendes Kraut mit schleimlösenden Eigenschaften. Sie wirkt krampflösend und verdauungsfördernd. Die frischen Blätter werden gegen Blasenentzündungen, Harnsteine und Sodbrennen gegessen. Als Tee aufgebrüht, hilft sie gegen Rachen- und Hustenkrankheiten. In der Küche werden junge Blätter an Salate gegeben und für die Grüne Sauce verwendet.
Weitere Art Die Kleine Bibernelle (*Pimpinella saxifraga*) ist mehrjährig und winterhart. Der Boden sollte kalkhaltig und stickstoffarm sein.

BLÜTENFARBE

BLÜTEZEIT

Jan	Feb	März	April	Mai	Juni	Juli	Aug	Sept	Okt	Nov	Dez

Ruta graevolens

Weinraute
Ruta graveolens

 | Höhe bis 60 cm | Erntezeit Mai bis August | pflegeleicht |

Die mehrjährige und winterharte Raute benötigt in rauen Lagen Winterschutz. Sie wächst aufrecht buschig und ist in ihrer Heimat, dem Mittelmeergbiet, an trockenen Hängen zu finden. Die gelben Trugdolden duften intensiv.
Standort Sonnig. Nahrhafte, sandige Kalkböden sind ideal.
Pflege Nicht zu feucht halten. Regelmäßiger Rückschnitt nach der Blüte fördert dichten Wuchs.
Krankheiten Gelegentlich Mehltau.
Vermehrung Stecklinge im Frühsommer, Aussaat (eher selten).

Ernten Blätter vor und während der Blütezeit.
Gesundheit und Küche Die Weinraute wirkt harntreibend und blutdrucksenkend. Weinraute reinigt Leber, Nieren und Blase, und hilft, als Tee aufgebrüht, bei nervösen Störungen. Den Tee in Maßen und nicht über längere Zeit trinken. Vorsicht: Nicht in der Schwangerschaft anwenden. Auflagen mit den Blättern der Weinraute können bei Venenentzündungen und Verstauchungen helfen. In der Küche wird die Weinraute frisch oder getrocknet an Salate gegeben und zum Würzen von Fleisch und Fisch verwendet.

BLÜTENFARBE

BLÜTEZEIT

| Jan | Feb | März | April | Mai | **Juni** | **Juli** | **Aug** | Sept | Okt | Nov | Dez |

Holunder

Holunder
Sambucus nigra

		Höhe bis 400 cm	Erntezeit Mai bis September	pflege-leicht	

Der mehrjährige, winterharte Holunder ist auf der ganzen Welt anzutreffen. Er wächst wild in feuchten Wäldern. Die Rinde des reich verzweigte Strauchs ist rissig. Die hellbraunen Zweige haben ein weißes Mark und tragen große, deutlich geäderte Einzelblätter. Die cremeweißen duftenden Blüten wachsen in großen endständigen Dolden und entwickeln sich nach der Blüte zu purpurschwarzen, im September reifenden Beeren.
Standort Sonnig bis halbschattig. Frische, nährstoffreiche, humose, tonige oder lehmige Böden werden bevorzugt.

Pflege Holunder ist sehr anspruchslos.
Probleme Schwarze Blattläuse. Der Holunder dient verschiedenen Pilzen als Zwischenwirt.
Vermehrung Hartholzstecklinge von Herbst bis Frühjahr.
Ernten Blätter vor und nach der Blüte, nicht ganz aufgeblühte Blütendolden, schwarze, reife Beeren, Rinde im Frühjahr, Wurzeln im Frühjahr und Herbst.
Gesundheit und Küche Der Hollerbusch ist nieren- und blasenwirksam, schweißtreibend, blutreinigend, hustenlindernd und verdauungsfördernd. Holunderwein hilft auch bei

BLÜTENFARBE

BLÜTEZEIT

Jan	Feb	März	April	Mai	Juni	Juli	Aug	Sept	Okt	Nov	Dez

Der heilkräftige Holunder kann zu Säften, Tees und Marmeladen verarbeitet werden.

rheumatischen Beschwerden, Asthma und Gicht. Holunder enthält Rutin, ätherische Öle, Gerbstoff, Schleim und Glykoside sowie sehr viele Vitamine und Mineralien. Die Rinde und Wurzeln enthalten einen schwarzen Farbstoff. Die purpurvioletten Beeren können für Haarspülungen und zum Färben und Aromatisieren von Wein und Likören verwendet werden. In der Küche werden die vitamin- und mineralstoffreichen Beeren zu köstlichen Marmeladen, Gelees, Säften, Süßigkeiten und Kuchen verarbeitet. Holundersaft kann bei Erkältungskrankheiten, Rheuma und Nervenschmerzen helfen. Die Blütendolden können auch in Backteig getränkt und ausgebacken werden. Auch schmackhafte Erfrischungsgetränke und Bowlen können aus den Blütendolden hergestellt werden. Achtung: Die Beeren dürfen nicht roh verzehrt werden, sie sind giftig und verursachen Übelkeit und Erbrechen.

Die unreifen oder rohen Holunderbeeren sind giftig!

Seifenkraut

Seifenkraut
Saponaria officinalis

 | Höhe 40–70 cm | Erntezeit Mai bis Oktober | pflege-leicht |

Das mehrjährige und winterharte Nelkenge-wächs wächst in ganz Europa. Dieses Haus-haltskraut kann auch zum Reinigen verwendet werden. Auch als Zierpflanze ist das Seifen-kraut sehr schön. Nicht an den Teichrand pflan-zen, weil durch die Inhaltsstoffe des Seifen-krauts die Fische sterben. Die Blätter sind eiförmig, spitz zulaufend. Die Blüten erschei-nen in dichten, büscheligen, rosaroten Rispen.
Standort Sonnig und warm. Seifenkraut ge-deiht in jedem durchlässigen Gartenboden.
Pflege Wenig gießen und düngen.
Vermehrung Aussaat im Frühjahr oder Herbst, Wurzelteilung nach der Blüte, Steck-linge im Sommer.
Ernten Blättrige Stiele im Sommer, Rhizome im Herbst.
Gesundheit und Küche Seifenkraut ist ein harntreibendes, abführendes und schleimlö-sendes Kraut. Es enthält viele Saponine. Das Seifenkraut regt die Leber an. Für die innerliche Anwendung werden die Blatttriebe, als Tee aufgekocht, bei Gicht und Hautkrankheiten an-gewendet. Vorsicht: Nicht zu hoch dosieren! Schwere Schädigung der roten Blutkörperchen ist möglich.

BLÜTENFARBE

BLÜTEZEIT

| Jan | Feb | März | April | Mai | Juni | **Juli** | **Aug** | **Sept** | Okt | Nov | Dez |

Sempervivum tectorum

Hauswurz
Sempervivum tectorum

| ☀ | Höhe 10–15 cm | Erntezeit Mai bis Oktober | pflege-leicht | 🌱 |

Die Hauswurz ist eines der ältesten Heilkräuter. Das mehrjährige und winterharte Dickblattgewächs bildet fleischige Blätter in einer Rosette und glockenförmige, rote Blüten.
Standort Sonniger Platz mit gut entwässertem, kieseligem oder steinigem Boden. Auch für Steinmauern, Spalten, Risse und Fußwege.
Pflege Weniger Dünger und Wasser lässt die Hauswurz gedeihen.
Vermehrung Aussaat im Frühjahr, Ableger von Frühjahr bis Herbst.
Ernten Blätter bei Bedarf sammeln und frisch für Tees, Umschläge und Tinkturen verwenden.

Gesundheit und Küche Enthält Gerb-, Bitter- und Schleimstoffe, Apfel- und Ameisensäure, Vitamin C und Tannine. Die Hauswurz wirkt zusammenziehend und ist ein säuerliches, salziges Kraut, das harntreibend, kühlend, beruhigend und heilend wirken kann. Äußerlich wird der frische Pflanzensaft bei Hautbeschwerden, Gürtelrose und Hämorrhoiden aufgetragen. Auch bei Insektenstichen, Bissen, Warzen, Verbrennungen, Sonnenbrand, entzündeter Haut und Hühneraugen kann der Pflanzensaft helfen. In der Küche können wenige Blättchen Salaten beigemischt werden.

BLÜTENFARBE

BLÜTEZEIT

| Jan | Feb | März | April | Mai | Juni | Juli | Aug | Sept | Okt | Nov | Dez |

Echte Goldrute

Echte Goldrute
Solidago virgaurea

	Höhe 40–70 cm	Erntezeit August bis Oktober	pflege-leicht	

Die aufrecht buschige, mehrjährige und winterharte Goldrute ist in ganz Europa heimisch. Das Heil- und Teekraut ist pflegeleicht und auch für kleine Gärten und Anfänger geeignet.
Standort Sonnig. Die Echte Goldrute wächst in Wäldern und auf Magerböden.
Pflege Wenig bis regelmäßig wässern, keine Düngung notwendig.
Vermehrung Aussaat im Herbst, Teilung des Wurzelstocks nach der Blüte.
Ernten Blühende Sprossspitzen zerkleinern, trocknen und in Stoffsäckchen aufbewahren. Innerhalb eines Jahres aufbrauchen.

Gesundheit und Küche Die Echte Goldrute wirkt wundheilend und entzündungshemmend durch die enthaltenen Saponine. Das antioxidative, zusammenziehende und harntreibende Kraut der Echten Goldrute hilft, als Tee aufgebrüht, bei Harnwegserkrankungen. Wegen ihrer sanften Wirkung verwendet man die Pflanze bei Magen- und Darminfekten.
Weitere Art Die Kanadische Goldrute (*Solidago canadensis*) ist mehrjährig und winterhart. Sie wird höher und trägt kleinere Blüten, ihre Wirkstoffe sind denen der Echten Goldrute ähnlich.

BLÜTENFARBE

BLÜTEZEIT

Jan	Feb	März	April	Mai	Juni	Juli	Aug	Sept	Okt	Nov	Dez

Heil-Ziest

Heil-Ziest
Stachys officinalis (syn. *Betonica officinalis*)

| | | Höhe 30–50 cm | Erntezeit Juli bis September | pflege-leicht | |

Das mehrjährige und winterharte Heilkraut ist in ganz Europa heimisch. Heil-Ziest wächst in lichten Wäldern, auf Wiesen und Weiden.
Standort Sonnig bis halbschattig. Bevorzugt sind sehr magere, lehmige, leicht saure Böden.
Pflege Wenig gießen und düngen.
Vermehrung Aussaat, Wurzelteilung nach der Blüte im Herbst.
Ernten Blühende Sprossspitzen und Blätter im Sommer.
Gesundheit und Küche Der Heil-Ziest stärkt das zentrale Nervensystem und hilft bei Kopfschmerzen, hervorgerufen durch Nervosität und zu viel Stress, und bei schlechtem Gedächtnis. Ein Tee fördert die Durchblutung des Gehirns und lindert Migräne. Die ganze frische Pflanze liefert gelben Farbstoff, eine Haarspülung mit dem Pflanzenbrei lässt auch graues Haar golden strahlen. In manchen europäischen Ländern werden die Blätter heute noch als Tabakersatz verwendet. Bei zu hoher Dosierung wirkt der Heil-Ziest abführend.
Weitere Art Der Sumpf-Ziest (*Stachys palustris*) ist mehrjährig und winterhart. Er kann auch in niedrigen Gewässern gepflanzt werden. Seine Blüten sind blasslila und kleiner.

BLÜTENFARBE

BLÜTEZEIT

Jan	Feb	März	April	Mai	Juni	Juli	Aug	Sept	Okt	Nov	Dez

Gemeiner Beinwell

'Alba'

Gemeiner Beinwell
Symphytum officinale

Höhe bis 100 cm	Erntezeit April bis Oktober	pflege-leicht	

Der mehrjährige und winterharte Beinwell ist in ganz Europa heimisch. Die große, verzweigte und fleischige Wurzel schimmert schwärzlich und ist innen weiß. Beinwell lässt sich nur noch schlecht aus dem Garten entfernen und wuchert leicht.

Standort Sonnig bis lichter Schatten. In feuchten, nährstoffreichen und tiefgründigen Boden pflanzen.

Pflege Reichlich gießen und düngen.

Krankheiten Rostpilze.

Vermehrung Aussaat im Herbst oder Frühjahr, bei gezüchteten Arten Wurzelteilung.

Ernten Wurzeln während der Ruhezeit von April bis Oktober ausgraben, Blätter von April bis Juli ernten.

Gesundheit und Küche Beinwell ist ein süßlich schmeckendes, schleimiges und kühlendes Kraut. Er wirkt zusammenziehend und wundheilend. Die Blätter, als Tee aufgebrüht, helfen bei Bronchitis, Darmentzündungen und Rheuma. Äußerlich können sie, als Brei oder Salbe verarbeitet, bei Schuppenflechte, Krampfadern und Hämorrhoiden helfen. Die Wurzel wird roh, geraspelt oder gedünstet als Gemüse verzehrt.

BLÜTENFARBE

BLÜTEZEIT

Jan	Feb	März	April	Mai	Juni	Juli	Aug	Sept	Okt	Nov	Dez

Blüten des Edel-Gamanders

Edel-Gamander
Teucrium chamaedrys

		Höhe 15–30 cm	Erntezeit Juli bis September	pflege-leicht	

Der mehrjährige und winterharte Gamander ist in Europa und Westasien heimisch. Mit dem kriechenden Wuchs breitet er sich schnell bodendeckend aus.

Standort Sonnig bis halbschattig. Ein leichter, gut entwässerter bis trockener, steiniger Boden ist ideal.

Pflege Wenig gießen und düngen.

Krankheiten Rostpilze.

Vermehrung Ausläufer, Stecklinge im Sommer, Wurzelteilung im Herbst.

Ernten Blätter und Blüten werden während der Blüte geerntet.

Gesundheit und Küche Gamander enthält ätherisches Öl und viele Gerb- und Bitterstoffe. Er ist schleimlösend, verdauungsfördernd, hustenstillend und geburtsfördernd. Das bittere, antirheumatisch wirkende Kraut kann, als Tee aufgebrüht, bei Appetitlosigkeit, Nasenkatarrh und Bronchitis helfen. Mit einer Tinktur aus den Blättern und Blüten können Zahnfleischentzündungen und Hautausschläge eingerieben werden. Gamander ist wegen des aromatisch-bitteren Geschmacks Bestandteil vieler Liköre und Getränke. Vorsicht: Gamander nicht in der Schwangerschaft anwenden.

BLÜTENFARBE

BLÜTEZEIT

Jan	Feb	März	April	Mai	Juni	Juli	Aug	Sept	Okt	Nov	Dez

Valeriana officinalis

Baldrian
Valeriana officinalis

	Höhe bis 150 cm	Erntezeit August bis Oktober	pflege- leicht

Baldrianwurzel

Der mehrjährige und winterharte Baldrian ist in ganz Europa heimisch. Das bittere Kraut mit Moschusduft treibt aus dem Wurzelstock nach allen Seiten lange, gelbbraune Wurzeln und Ausläufer. Baldrian lockt Katzen in den Garten.
Standort Sonnig bis halbschattig. Baldrian wächst auf jedem Boden.
Pflege Das anspruchslose Kraut braucht wenig Wasser und Dünger. Blütendolden vor der Samenbildung abschneiden, um Selbstaussaat zu verhindern.
Vermehrung Aussaat im Frühjahr, Wurzelteilung im Herbst.

Ernten Wurzelstock im zweiten Jahr, sobald Blätter absterben. Frisch oder getrocknet verwenden.
Gesundheit und Küche Baldrian wirkt beruhigend, krampflösend, verdauungsfördernd, schmerzstillend und blutdrucksenkend. Ein Tee wird bei Erregungszuständen, Migräne und Problemen in den Wechseljahren empfohlen. Das Baldrianöl regt, gering dosiert, Nervensystem und Kreislauf an. Vorsicht: Nur kurzzeitig anwenden. Wurzelextrakte können Eiscreme, Spirituosen und Tabak aromatisieren.
Weiterer Name Katzenkraut.

BLÜTENFARBE

BLÜTEZEIT

Jan	Feb	März	April	Mai	Juni	Juli	Aug	Sept	Okt	Nov	Dez

Asiatische Kräuter

Kräuter aus Fernost werden auch bei uns seit einigen Jahren immer beliebter. Ob als exotische Würze für noch exotischere Gerichte, als Heilkraut der Traditionellen Chinesischen Medizin (TCM) oder auch einfach nur wegen der wundervollen Blüten und geheimnisvollen Düfte. Nicht ohne Grund werden Kräuter im asiatischen Raum bereits seit Jahrtausenden angewendet.

Auch bei uns lassen sich Kräuter aus Fernost meist problemlos kultivieren. Viele können wie gewöhnliche einjährige Pflanzen gezogen werden, andere sind frostempfindlich und brauchen Winterschutz oder sollten wie Kübelpflanzen vor den ersten Frösten ins Winterquartier geräumt werden.

Asiatische Kräuter bereichern jede Kräuterküche und machen fettreiche Speisen leichter verdaulich. Sie helfen außerdem Ihre Gesundheit zu schützen und die Heilung unterschiedlicher Krankheiten zu unterstützen. Lassen Sie sich von den vielfältigen Kräutern inspirieren und probieren Sie das eine oder andere einfach mal aus.

Agrimonia pilosa

Chinesischer Odermennig
Agrimonia pilosa

		Höhe bis 50 cm	Erntezeit Juni bis August	pflege-leicht	

Der Chinesische Odermennig ist in Ostasien heimisch. Das mehrfach gefiederte, breite Blatt und der gelbe, kürzere Blütenstiel unterscheiden es von der europäischen Art.

Standort Sonnig bis halbschattig. Der Chinesische Odermennig bevorzugt lockere, sandige und durchlässige Böden.

Pflege Benötigt wenig Wasser und keinen Dünger.

Schädlinge Raupen, Käfer.

Vermehrung Aussaat im Frühjahr, Wurzelteilung im Herbst.

Ernten Kraut vor oder während der Blütezeit.

Gesundheit und Küche Der Chinesische Odermennig ist eine wirksame, chinesische Heilpflanze mit antibakterieller und antiparasitärer Wirkung. Sein Hauptwirkstoff ist Agrimophol. Der Tee aus dem Kraut wird gegen Malaria, Bandwürmer und Ruhr verwendet. Bei inneren Blutungen kann es blutstillend wirken. Um Erkältungen vorzubeugen, kann der Odermennigtee getrunken werden. In der chinesischen Volksheilkunde wird ein Tee aus dem Kraut auch zum Gurgeln verwendet. Es schützt die Stimmbänder bei Sängern. Die Blätter helfen als Kompresse gegen Furunkeln.

BLÜTENFARBE

BLÜTEZEIT

Jan	Feb	März	April	Mai	Juni	Juli	Aug	Sept	Okt	Nov	Dez
						Juli	Aug				

Allium tuberosum

Großblättriger Schnittknoblauch

Chinesischer Lauch
Allium tuberosum

  | Höhe bis 40 cm | Erntezeit Mai bis September | pflege-leicht |

Diese mehrjährige und winterharte Lauch-Art ist in China und Indien heimisch. Die flachkantigen, halmähnlichen Stiele sind innen nicht hohl. Im Sommer erscheinen die weißen Blüten in Büscheln.

Standort Sonnig bis halbschattig. Ein sandiger, lehmiger Boden wird gewünscht.

Pflege Zwei bis dreimal jährlich düngen, wenig gießen. Nach drei bis vier Jahren Standortwechsel nötig.

Schädlinge Zwiebelfliegen.

Vermehrung Wurzelstockteilung im Frühjahr oder Herbst, Direktsaat im Herbst.

Ernten Stiele ab Mai zwei- bis dreimal im Jahr schneiden.

Küche Der knoblauchartige Geschmack ist sehr mild. Durch das enthaltene Chlorophyll ist der Knoblauch-Geruch nur kurzfristig andauernd. In der Küche werden Blätter und Blüten zum Würzen von Suppen, Fleisch und Fisch und Salaten verwendet. In China werden die Blütenstängel gedünstet und als Gemüse gegessen.

Weitere Art Der Großblättrige Schnittknoblauch (*Allium ramosum*, syn. *Allium odorum*) ist mehrjährig und winterhart, blüht aber früher.

BLÜTENFARBE

BLÜTEZEIT

| Jan | Feb | März | April | Mai | Juni | Juli | Aug | Sept | Okt | Nov | Dez |

Indischer Dill

Indischer Dill
Anethum graveolens ssp. *sowa*

		Höhe bis 120 cm	Erntezeit Juni bis September	pflege- leicht	

Der einjährige, hochwachsende Indische Dill ist in Indien und Japan heimisch und bildet große, gelbe Doldenblüten und fein gefiedertes Laub.

Standort Ein sonniger bis halbschattiger Platz mit einem leichten, sich schnell erwärmenden Boden ist ideal.

Pflege Auf gute Nährstoff- und Wasserversorgung achten. Auf Bodenverdichtung und Staunässe reagiert Dill mit rot bis gelb verfärbten Blättern und Kümmerwuchs. Er ist sehr frostempfindlich und sollte jedes Jahr neu ausgesät werden. Alle drei Jahre Standortwechsel.

Probleme Blattspitzendürre, Blattläuse

Vermehrung Aussaat bei Bodentemperaturen von mindestens 7 °C.

Ernten Blattgrün im Sommer, Samen im Herbst.

Gesundheit und Küche Die Samen und Sprossspitzen werden mit Wasser aufgekocht und innerlich bei Erkältungen, Magen- und Darmbeschwerden angewendet. In der Küche werden frische Blätter für Suppen- und Reisgerichte verwendet, die Samen sind Bestandteil vieler Currywürzmischungen. Dillöl wird meistens aus dieser Art hergestellt.

BLÜTENFARBE

BLÜTEZEIT

Jan	Feb	März	April	Mai	Juni	Juli	Aug	Sept	Okt	Nov	Dez

Chinesische Engelwurz

Chinesische Engelwurz
Angelica sinensis (syn. *Angelica polymorpha*)

  | Höhe 40–100 cm | Erntezeit September bis Oktober | anspruchsvoll

Die Chinesische Engelwurz ist ein mehrjähriges und winterhartes Heilkraut aus China und Japan. Die großen, hellgrünen Blätter wachsen an hohlen Stängeln, im Hochsommer erscheinen weiße Doldenblüten.

Standort Sonniger bis halbschattiger Platz wird bevorzugt. Die Chinesische Engelwurz liebt feuchte, tiefgründige Böden, die humos und nährstoffreich sind.

Pflege Nur leichte Düngergaben nötig, reichlich gießen.

Vermehrung Aussaat im Frühjahr.

Ernten Wurzelstock im Herbst ausgraben.

Gesundheit und Küche Die Chinesische Engelwurz enthält ätherische Öle, Cumarin und wirkt beruhigend, krampflösend, antibiotisch und menstruationsfördernd. In China werden die als Tee aufgebrühten Wurzeln bei unregelmäßiger Menstruation und Schmerzen bei der Menstruation eingesetzt. Der Tee wirkt blutverdünnend und hat leberschützende Wirkung. Die Wurzel hat einen unverwechselbaren, süßlichen, stechenden Geruch und wird in China oft zum Kochen verwendet, zum Beispiel gehackt für Suppen.

Weiterer Name Dang Gui.

BLÜTENFARBE

BLÜTEZEIT

Jan	Feb	März	April	Mai	Juni	Juli	Aug	Sept	Okt	Nov	Dez

Große Klette

Große Klette
Arctium lappa

| Höhe 90–200 cm | Erntezeit Juni bis Oktober | pflege-leicht |

Die zweijährige, winterharte Pflanze ist in Asien und Europa heimisch. Die runden Blütenköpfchen mit den purpurfarbenen Einzelblüten öffnen sich von Juli bis September. Die kräftigen Haken an den Blüten bleiben an fast allem, was sie berührt, hängen.

Standort Sonnig. Sandiger, kalkiger Boden ist ideal. In der Natur wächst die Große Klette an nährstoffarmen Böschungen.

Pflege Die anspruchslose Große Klette benötigt keinen Dünger. Sie kommt erst im zweiten Jahr zur Blüte.

Vermehrung Aussaat im Frühling.

Ernten Frische Blätter, Wurzeln im Herbst des zweiten Jahres zum Trocknen.

Gesundheit und Küche Die Große Klette ist für Blut- und Hautreinigungen bewährt. Sie regt die Nieren an und hilft bei verschleppten und chronischen Hauterkrankungen. Die Große Klette wirkt harntreibend und entzündungshemmend. Bei Masern und Röteln kann ein Tee oder die Tinktur die Heilung verbessern. Junge, frische Triebe können roh in Salat gegeben oder gedünstet werden. Dann können sie mit zerlassener Butter als köstliche Gemüsebeilage serviert werden.

BLÜTENFARBE

BLÜTEZEIT

| Jan | Feb | März | April | Mai | Juni | Juli | Aug | Sept | Okt | Nov | Dez |

Artemisia annua

Artemisia annua

Einjähriger Beifuß
Artemisia annua

 | Höhe bis 100 cm | Erntezeit Juli bis September | pflege-leicht |

Die einjährige Pflanze bildet einen grünen Stängel mit beidseitig behaarten, doppelt gefiederten Blättern und grünen Scheinblüten. Seit Kurzem ist bekannt, dass dieses chinesische Arzneikraut bei der Behandlung von Malaria äußerst wirksam ist und relativ wenig Nebenwirkungen hat. Qing Hao wächst auf Wiesen und Ruderalflächen in Vietnam, China und Korea. Die Pflanze neigt zur Selbstaussaat.
Standort Sonnig. Die Beifuß-Art kommt mit allen Böden zurecht.
Pflege Wenig gießen und düngen.
Vermehrung Aussaat im Frühjahr.

Ernten Blätter im Sommer vor der Blüte.
Gesundheit und Küche Der Einjährige Beifuß wirkt fiebersenkend und antibiotisch. Er ist als Bittermittel bekannt und enthält ätherische Öle und Vitamin A. Sein Wirkstoff Arteannuin reduziert die Risiken einer Malariainfektion und sorgt bei einer Erkrankung für schnelle Genesung. Der Einjährige Beifuss kann ebenfalls Grippesymptome und Durchfall lindern. Die ganze Pflanze kann in einer Tinktur verwendet werden. Der sehr bittere Tee hilft auch bei Kopfschmerzen und Fieber.
Weiterer Name Qing Hao.

BLÜTENFARBE

BLÜTEZEIT

| Jan | Feb | März | April | Mai | Juni | Juli | **Aug** | **Sept** | Okt | Nov | Dez |

Blüte des Chinesischen Tragants

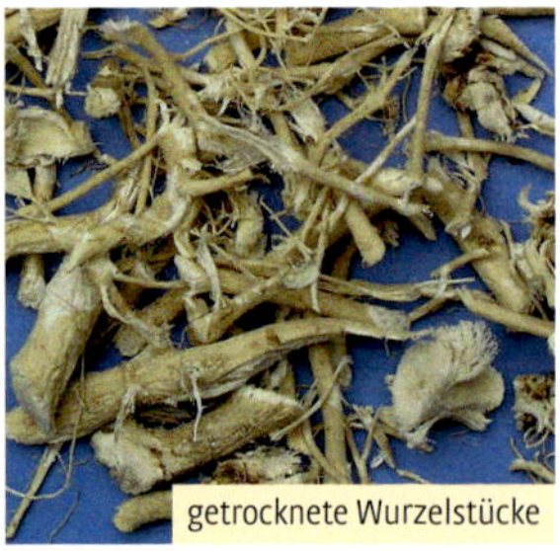

Astragalus membranaceus

getrocknete Wurzelstücke

Chinesischer Tragant, Huang Qi
Astragalus membranaceus

◐	Höhe bis 60 cm	Erntezeit August bis September	pflege-leicht	🌱

Der mehrjährige und winterharte Schmetter-lingsblütler wächst in ganz China und in der Mongolei. Die kleinen, gelblichen Blüten haben einen süßlichen Geschmack und gelten als ausgezeichnetes, wärmendes Tonikum für junge, körperlich aktive Leute. Es steigert Ausdauer und Widerstandsfähigkeit und hilft bei Erkältung.

Standort Halbschattig. Der Chinesische Tragant benötigt einen sandigen, gut durchlässigen, leicht sauren Boden.

Pflege Wenig gießen und düngen.

Schädlinge Raupen.

Vermehrung Aussaat im Frühjahr, Wurzelteilung im Herbst.

Ernten Wurzel, ab dem vierten Standjahr. Im Sommer vor der Blüte ernten.

Gesundheit Der Chinesische Tragant wirkt harntreibend, gefäßerweiternd und blutdrucksenkend. Er steigert außerdem die Ausdauer. Der Chinesische Tragant ist dem Ginseng in der Wirkung fast gleichwertig. Die zerkleinerten und getrockneten Wurzeln ergeben, mit Honig vermischt, ein wirksames Tonikum. Ein Tee aus den Wurzeln ist sehr bitter und kann mit viel Honig nachgesüßt werden.

BLÜTENFARBE

BLÜTEZEIT

Jan	Feb	März	April	Mai	Juni	Juli	Aug	Sept	Okt	Nov	Dez

Senfspinat

Senfspinat
Brassica rapa (syn. *Brassica campestris*)

| | Höhe 30–40 cm | Erntezeit Juni bis August | pflege-leicht |

Der einjährige Senfspinat bildet eine glatte, runde, längliche und oben abgeflachte Wurzel. Die gelben Blüten sind in spitzen Dolden angeordnet und bilden Kapseln, die mit zahlreichen, pikanten, braunen Samen gefüllt sind. Die leicht bitter schmeckenden Blätter werden als Gemüse oder Salat verzehrt.

Standort Sonnig bis halbschattig. Senfspinat wächst auf jedem nährstoffreichen Gartenboden und blüht erst im zweiten Standjahr.

Pflege Reichlich gießen und düngen.

Schädlinge Raupen.

Vermehrung Aussaat von März bis September.

Ernten Die Blätter des Senfspinats werden nach Bedarf geerntet.

Gesundheit und Küche Der Senfspinat wirkt beruhigend, harntreibend und ist sehr kalorienarm. Er enthält viel Wasser, Ballaststoffe, essenzielle Öle, Zucker und Mineralsalze. Daher eignet er sich gut zum Abnehmen. In der Küche verwendet man die fleischigen Blätter des Senfspinats als Salat. Die Blätter können als Würze für Eintöpfe und grünes Gemüse genutzt werden. Außerdem verleihen sie Schmorgerichten und Gemüsesuppen eine besondere Note.

BLÜTENFARBE

BLÜTEZEIT

| Jan | Feb | März | April | Mai | Juni | **Juli** | **Aug** | Sept | Okt | Nov | Dez |

Chrysanthemum coronarium

Salat-Chrysantheme, Shungiku
Chrysanthemum coronarium (syn. *Xanthophthalmum coronarium*)

		Höhe bis 100 cm	Erntezeit Juli bis August	pflege-leicht	

Diese Einjährige ist ursprünglich im Mittelmeergebiet heimisch, wird aber überwiegend in Japan angebaut und als Salat roh oder gedünstet verzehrt. Die Blätter sind blaugrau bis dunkelgrün, die Blüte einfach oder gefüllt mit einer dunkelgelben Mitte und cremeweißen Zungenblüten.

Standort Sonnig bis halbschattig, gedeiht auf allen humosen Gartenböden.

Pflege Reichlich gießen und düngen.

Schädlinge Blattläuse an frischen Trieben.

Vermehrung Aussaat im Frühjahr.

Ernten Junge Blätter und Triebe, auch Blüten.

Gesundheit und Küche Diese sehr aromatische Chrysanthemen-Art wird hauptsächlich wegen ihrer schmackhaften Blätter gezogen. Die als Tee aufgebrühten Blüten verwendet man auch bei Entzündungen, Kopfschmerzen und ermüdeten Augen. Man kann mit dem Tee ein Tuch tränken und es auf die Augen legen. Ihre Blätter werden bei Hautleiden, Pickeln und Geschwüren auf die betreffenden Stellen gelegt. Die Blätter werden in der asiatischen Küche roh als Salat verzehrt oder als Gemüse gedünstet.

Weiterer Name Kronen-Wucherblume.

BLÜTENFARBE

BLÜTEZEIT

Jan	Feb	März	April	Mai	Juni	Juli	Aug	Sept	Okt	Nov	Dez

Glockenwinde

Glockenwinde, Tang Shen
Codonopsis pilosula (syn. *Codonopsis tangshen*)

  Höhe 20–120 cm | Erntezeit September bis Dezember | anspruchsvoll

Die Glockenwinde ist eine mehrjährige, nicht winterharte Kletterpflanze aus dem nordöstlichen China. Die hübschen, glockenförmigen Blüten sind rosa mit weiß-grüner Zeichnung.
Standort Halbschatten oder Schatten. In leichte, durchlässige Erde setzen.
Pflege Gießstopp im Herbst. Im Frühjahr wieder in neue Erde setzen.
Schädlinge Schnecken.
Vermehrung Aussaat im Frühjahr, Stecklinge von grundständigen Trieben im Frühjahr.
Ernten Dreijährige Wurzeln im Herbst, frisch oder getrocknet.

Gesundheit und Küche Die süß schmeckende Pflanze wirkt wärmend und beruhigend. Sie wird zur Stärkung angewendet und hilft Milz, Lunge sowie Magen, wirkt entgiftend und senkt den Blutzuckerspiegel. Die Glockenwinde kann den Blutdruck senken und stärkt das Immunsystem. In der Chinesischen Medizin wird die Glockenwinde genauso wie Ginseng verwendet. In der Küche wird die zu Pulver zerstoßene Wurzel mit Reis zu einer sämigen Speise eingekocht. Diese Speise gibt kranken und überanstrengten Menschen wieder Energie.

BLÜTENFARBE

BLÜTEZEIT

| Jan | Feb | März | April | Mai | Juni | Juli | **Aug** | **Sept** | Okt | Nov | Dez |

Coriandrum sativum

Koriander
Coriandrum sativum

 | Höhe 30–70 cm | Erntezeit Juni bis September | pflege-leicht |

Koriandersamen

Der einjährige Koriander ist im Mittleren Osten und Mittelmeerraum heimisch. Sowohl die kräftig aromatisch duftenden Blätter als auch die zahlreich erscheinenden, kugeligen Samen werden verwendet.

Standort Sonnig bis halbschattig. Koriander gedeiht auf humosen, lockeren, kalkhaltigen und sandigen Böden.

Pflege Reichlich gießen und düngen.

Schädlinge Blattwanzen.

Vermehrung Aussaat im Frühjahr.

Ernten Blätter im Sommer, Samenstände vor der Vollreife abschneiden und trocknen.

Gesundheit und Küche Alle Pflanzenteile besitzen keimtötende Eigenschaften. Mit dem gemahlenen Samen gewürzte Eier und Hühnerfleisch sind vor Salmonellenbefall geschützt. Koriander wirkt außerdem magenschonend, verdauungsfördernd, blähungstreibend und enthält ätherische Öle und Gerbstoffe. Zerstoßene und mit Honig vermischte Samen helfen bei Husten. Das stark aromatische, frische Kraut ist in der indischen und asiatischen Küche fast unentbehrlich. Der Samen wird auch als Lebkuchen- und Likörgewürz und zum Würzen von Roten Rüben verwendet.

BLÜTENFARBE

BLÜTEZEIT

| Jan | Feb | März | April | Mai | Juni | Juli | Aug | Sept | Okt | Nov | Dez |

Mitsuba

'Purpurascens'

Japanische Petersilie, Mitsuba
Cryptotaenia japonica

 | Höhe 30–60 cm | Erntezeit März bis Oktober | pflegeleicht |

Die Mitsuba ist mehrjährig und braucht in unseren Breiten einen Winterschutz. Sie ist ein Doldenblütler aus dem asiatischen Raum, der aufrecht buschig wächst und hellgrüne, dreiteilig gezähnte Blätter trägt. Die Blüten sind unscheinbar weiß.

Standort Halbschattig. Mitsuba wünscht humusreiche, feuchte Böden.

Pflege Reichlich düngen und ausreichend gießen, Wurzelballen nicht trocken werden lassen. Keine Staunässe, die Blätter färben sich dann unansehnlich braun.

Schädlinge Blattläuse, Weiße Fliege.

Vermehrung Aussaat im Frühjahr.

Ernten Frische Blätter nach Bedarf, Wurzeln im Herbst.

Küche Die Blätter und Stängel werden frisch und gedünstet zu Suppen, Saucen oder in Salate gegeben. Die Wurzeln werden gegart als Gemüse verzehrt oder in Salate gemischt. Das Aroma der Mitsuba ist dem der Engelwurz oder Sellerie ähnlich und nicht petersilienähnlich.

Weitere Sorte 'Purpurascens' trägt wunderschöne, rote Blätter. Sie wird wie die Art gepflegt und bildet die gleichen Wirkstoffe. Sie wurde für Japan gezüchtet.

BLÜTENFARBE

BLÜTEZEIT

Jan	Feb	März	April	Mai	Juni	Juli	Aug	Sept	Okt	Nov	Dez

Cuminum cyminum

Kreuzkümmel
Cuminum cyminum

 | Höhe 20–40 cm | Erntezeit Juli bis August | anspruchs-voll |

Samen des Kreuzkümmels

Kreuzkümmel ist eine niedrige, zierliche Pflanze mit verzweigtem Stängel. Ursprünglich aus Arabien stammend, ist er heute in allen asiatischen Ländern heimisch. Die Früchte sind länglich, gelbbraun, kurz behaart und zerfallen bei der Reife in Teilfrüchte. Kreuzkümmel riecht etwas unangenehm und würzig. Der Geschmack der Samen ist etwas bitter. In nassen Sommern bilden sich meist keine Samen.

Standort Sonnige, warme Plätze. In nährstoffreiche, lehmige Böden setzen.

Pflege Wichtig ist ein warmer, geschützter Platz. Gleichmäßig wässern und düngen.

Vermehrung Aussaat im Frühjahr.

Ernten Die Samen können geerntet werden, sobald sie reif sind.

Gesundheit und Küche Kreuzkümmel hat, als Tee aufgebrüht, eine verdauungsfördernde und blähungsverhindernde Wirkung. In der asiatischen Küche werden die Samen als Brotgewürz verwendet. Er ist wichtiger Bestandteil von Currywürzmischungen. Er wird auch zur Geschmacksverbesserung von Käse, Fleisch, Chutneys, Keksen und Kuchen eingesetzt. Das ätherische Öl der Samen wird auch in der Parfümindustrie genutzt.

BLÜTENFARBE

BLÜTEZEIT

| Jan | Feb | März | April | Mai | Juni | Juli | Aug | Sept | Okt | Nov | Dez |

Curcuma longa

Kurkuma, Gelbwurzel
Curcuma longa (syn. *Curcuma domestica*)

getrocknete Kurkumawurzel

	Höhe bis 100 cm	Erntezeit September bis Dezember	anspruchs- voll	

Das mehrjährige, aber nicht winterharte Ingwergewächs ist in Indien und China heimisch. Kurkuma hat einen kurzen Stamm, lanzettliche Blätter und ein knorriges Rhizom.

Standort Halbschattig. Gut durchlässige Böden und ein feuchtes Klima sind ideal. Kann bei uns nur in Kübeln gezogen werden.

Pflege Verträgt keine nassen und kühlen Füße. Die Pflanze sollte ganzjährig bei 10 bis 20 °C gehalten werden.

Schädlinge Schildläuse im Winter.

Vermehrung Wurzelteilung.

Ernten Rhizom ab dem Herbst ernten.

Gesundheit und Küche Kurkuma wirkt entzündungshemmend, leberschonend, antibakteriell, stoffwechselanregend und enthält ätherische Öle sowie den Farbstoff Curcuminoid. In Indien wird Kurkuma zum Senken der Blutfettwerte und als Antibiotikum eingesetzt. Kurkuma ist ein wichtiges Gewürz, das für Currypulver und ostasiatische Speisen verwendet wird. Der enthaltene Farbstoff färbt bei Kontakt schnell gelb. Die Wurzel sollte nur frisch genutzt werden. Gekauftes Pulver sollte dunkel aufbewahrt werden, damit das Aroma nicht verloren geht.

BLÜTENFARBE

BLÜTEZEIT

Jan	Feb	März	April	Mai	Juni	Juli	Aug	Sept	Okt	Nov	Dez
					Juni	Juli	Aug		Okt		

Cymbopogon citratus

Westindisches Zitronengras
Cymbopogon citratus

| | | Höhe
bis 120 cm | Erntezeit
Januar bis Dezember | pflege-
leicht | |

Das mehrjährige, bei uns nicht winterharte Süßgrasgewächs ist im ostasiatischen Raum heimisch. Die graugrünen, linealischen, rauen Blätter duften bei Berührung nach Zitrone. In Kultur kommt die Pflanze nicht zur Blüte.

Standort Sonnig bis halbschattig, an einen warmen Standort mit humoser und durchlässiger Erde setzen.

Pflege Im Sommer sollten Sie reichlich düngen. Dieses Süßgras ist empfindlich gegenüber Staunässe. Zironengras sollte auf keinen Fall Regen ausgesetzt sein. Überwinterung: hell, bei 10 °C.

Vermehrung Aussaat, besser Wurzelteilung des Wurzelstockes, Stecklinge vom Haupttrieb.

Ernten Halme ganzjährig. Mitteltrieb, wenn sich genügend Seitentriebe entwickelt haben. Auch zum Trocknen geeignet.

Gesundheit und Küche Zitronengras wirkt verdauungsfördernd, krampflösend, antibakteriell, schweiß- und harntreibend. Es enthält ätherisches Öl mit Citral, Limonen und Vitamine. Zitronengras kann dem Badewasser zugegeben werden. In der thailändischen Küche wird es vielen Speisen zugefügt und ist Bestandteil von Curry. Der Zitronengrastee er-

BLÜTENFARBE

BLÜTEZEIT

| Jan | Feb | März | April | Mai | Juni | Juli | **Aug** | **Sept** | Okt | Nov | Dez |

Zitronengras

Zitronengras kann gut in Töpfen gezogen werden.

getrocknetes Zitronengras

frisch und entspannt Magen und Darm. Man kann frische oder getrocknete Halme zu Geflügel, Fisch, Meeresfrüchten, Saucen und Marinaden geben.

Weitere Arten Das Zitronellagras (*Cymbopogon nardus*) hat ein süßliches Aroma. Es wird ähnlich gepflegt und verfügt über die gleichen Eigenschaften. Es wird überwiegend zur Ölgewinnung für die Kosmetikindustrie angebaut. Das Ostindische Zitronengras (*Cymbopogon flexuosus*) bildet feinere Grashalme. Seine Eigenschaften sind ebenfalls ähnlich. Es ist Hauptbestandteil von vielen Salben und Bade-

zusätzen. Das Öl wird im Handel unter dem Namen Indisches Melissenöl angeboten. Es soll, wenn man es dem Badewasser zusetzt, gegen rheumatische Beschwerden helfen. In vielen Badezusätzen ist es bereits enthalten. Das Palmarosagras oder Roshagras (*Cymbopogon martinii*) wächst an sonnigen oder halbschattigen Plätzen und wird bis 80 cm hoch. Es ist sehr wärmebedürftig. Es darf nicht unter 15 °C überwintert werden. Seine Blätter duften nach Rosen und enthalten das bekannte ätherische Öl Geraniol. Häufig wird es Seifen, Parfüms und Kosmetika zugefügt.

Blüten des Chinesischen Gewürzstrauchs

Chinesischer Gewürzstrauch
Elsholtzia stauntonii

☀	Höhe 90–120 cm	Erntezeit Juni bis September	pflege-leicht	🪴

Der mehrjährige Chinesische Gewürzstrauch benötigt in unseren Gefilden Winterschutz. Der Halbstrauch aus China wirft im Herbst sein Laub ab. Im Spätsommer erscheinen kräftig dunkelrosafarbene Blütenrispen, die aromatisch minzeartig duften. Er wird auch als Zierstrauch auf Balkon und Terrasse gezogen.
Standort   Sonnig, wächst auf allen durchlässigen, nährstoffreichen Böden.
Pflege   Wenig gießen und reichlich düngen.
Schädlinge   Weiße Fliege.
Vermehrung   Aussaat im Frühjahr, Stecklinge im Sommer.

Ernten   Blätter nach Bedarf.
Gesundheit und Küche   Der Chinesische Gewürzstrauch enthält ätherische Öle. Als Tee aufgebrühte Blätter fördern die Verdauung. In der Küche werden frische Blätter zum Würzen von Gurkensalaten und gekochtem Gemüse verwendet.
Weitere Art   Die Echte Kammminze (*Elsholtzia cilata*) ist eine mehrjährige, nicht winterharte Kübelpflanze. Die weichen, aromatischen Blätter schmecken nach Zitrone. Sie werden für asiatische Speisen, Suppen, Saucen, Fleisch- und Fischgerichte verwendet.

BLÜTENFARBE

BLÜTEZEIT

Jan	Feb	März	April	Mai	Juni	Juli	**Aug**	**Sept**	**Okt**	Nov	Dez

Fallopia multiflora

Vielblütiger Knöterich
Fallopia multiflora (syn. *Polygonum multiflorum*)

Höhe bis 500 cm	Erntezeit Juni bis Oktober	pflege-leicht	

Der mehrjährige und nicht vollkommen winterharte, kletternde Knöterich ist in Südwest-China heimisch. Das Rhizom trägt Knollen und an den schlanken Rispen bilden sich im Herbst weiße oder rosafarbene Blüten, denen dreigeteilte Früchte folgen.

Standort Sonnig bis schattig. Eine nährstoffreiche, feuchte Erde wird gewünscht. Zusätzlich mit Torf und Sand anreichern.

Pflege Reichlich gießen und düngen. Im Frühjahr bis auf 30 cm zurückschneiden, um das Wurzelwachstum anzuregen. Auf Windschutz achten.

Schädlinge Blattläuse an Jungpflanzen.

Vermehrung Wurzelteilung im Frühjahr, Stecklinge im Sommer.

Ernten Kraut ab Juni, Rhizome entwickeln erst nach drei bis vier Jahren genügend Wirkstoffe, im Herbst ausgraben.

Gesundheit Das bittersüße, zusammenziehend wirkende und leicht wärmende Kraut und die Wurzel haben, als Tee aufgebrüht, eine kräftigende Wirkung auf Leber und Kreislauf. Der Vielblütige Knöterich senkt Blutzucker- und Cholesterinspiegel, entgiftet und kann bei bakteriellen Infektionen helfen.

BLÜTENFARBE

BLÜTEZEIT

| Jan | Feb | März | April | Mai | Juni | Juli | Aug | Sept | Okt | Nov | Dez |

Gardenie

Gardenie
Gardenia jasminoides (syn. *Gardenia augusta*, *Gardenia florida*)

☼	◐	Höhe bis 200 cm	Erntezeit September bis Oktober	anspruchs-voll	🪴

Die Gardenie ist ein mehrjähriges, aber nicht winterhartes Gewächs und ist in den Südostprovinzen Chinas heimisch. Der immergrüne Strauch trägt im Frühsommer weiße, duftende Blüten, die sich später zu orangeroten Früchten entwickeln. Die Gardenie ist eine wichtige Pflanze in der chinesischen Kräutermedizin.

Standort Sonnig bis halbschattig. Benötigt feuchtwarmes Klima und einen durchlässigen Boden.

Pflege Gleichmäßig feucht halten, nur mit abgestandenem, weichem Wasser gießen. Reichlich düngen. Plötzliche Temperaturänderungen und Kaltluft sowie Staunässe vermeiden. Nach der Ernte zurückschneiden, damit die Gardenie buschig wächst. Für die Blüte mit wenig Kalk düngen.

Schädlinge Blattläuse, Weiße Fliege und Schildläuse im Winterquartier.

Vermehrung Stecklinge mit grünem Holz im Frühjahr, verholzte Stecklinge im Sommer.

Ernten Reife Früchte, für Absude trocknen.

Gesundheit Die Früchte enthalten ein wichtiges ätherisches Öl. Es hilft bei Reizbarkeit, Schlaflosigkeit, schmerzhaftem Harnlassen, Gelbsucht und Nasenbluten.

BLÜTENFARBE

BLÜTEZEIT

Jan	Feb	März	April	Mai	Juni	Juli	Aug	Sept	Okt	Nov	Dez

Gynostemma pentaphyllum

Jiaogulan, Unsterblichkeitskraut
Gynostemma pentaphyllum

		Höhe bis 500 cm	Erntezeit Mai bis Oktober	pflege- leicht

Das mehrjährige, nur bis −5 °C winterharte Kürbisgewächs wird in Japan als ein- oder mehrjährige Kletterpflanze gezogen. Sie wächst rankend und trägt im Sommer kleine, gelbgrüne, sternförmige Blüten. Daraus entstehen später glatte, dunkelgrüne Früchte, die mit weißen Linien gezeichnet sind.
Standort Sonnig bis halbschattig. Einen feuchten, gut durchlässigen Boden wählen. Bei uns im Kübel ziehen. Überwinterung: hell, bei 0 °C.
Pflege Reichlich gießen und düngen.
Schädlinge Blattläuse, Weiße Fliege im Winterquartier.

Vermehrung Samen (24 Stunden in warmem Wasser vorquellen lassen), Wurzelteilung im Herbst, Stecklinge im Sommer.
Ernten Blätter ab Mai, Wurzeln im Herbst.
Gesundheit Die Blätter und Wurzeln können frisch oder für Absude, Extrakte und Tee getrocknet verwendet werden. Die Pflanze wirkt kreislauf- und blutdruckregulierend, regt die Leberfunktion an und kräftigt Immun- und Nervensystem. Sie senkt den Blutzucker- sowie Cholesterinspiegel. Innerlich angewendet, hilft sie bei Erschöpfung, Magengeschwüren, Bronchitis und Diabetes. Nicht für Schwangere!

BLÜTENFARBE

BLÜTEZEIT

Jan	Feb	März	April	Mai	Juni	Juli	Aug	Sept	Okt	Nov	Dez

Leonurus japonicus

getrocknetes Kraut

Herzgespann

Leonurus japonicus (syn. *Leonurus heterophyllus,*
Leonurus sibiricus)

	Höhe 40–100 cm	Erntezeit Juli bis August	pflege-leicht	

Das mehrjährige und winterharte Herzge-spann wird in der Traditionellen Chinesischen Medizin verwendet. Die roten bis rosafar-benen, scheinquirligen Blüten erscheinen reichlich und dicht im Sommer.

Standort Sonnig bis halbschattig, in einen gut entwässerten Boden setzen.

Pflege Gleichmäßig feucht halten und spar-sam düngen. Staunässe unbedingt vermeiden.

Vermehrung Aussaat im Frühjahr, Teilung von Sommer bis Herbst.

Ernten Blüten, bevor sich Samen entwickeln, reife Samen im Herbst.

Gesundheit Das Herzgespann ist ein bitteres, harntreibendes Kraut, das den Kreislauf an-regt, Blutdruck senkt und die Menstruation re-guliert. Auch bei Frauenleiden wird es ange-wendet. Vorsicht: Das Herzgespann sollte nicht von schwangeren Frauen verwendet werden. In der chinesischen Medizin wird es traditionell als Herzmittel, bei starkem Pulsschlag und gegen Krämpfe empfohlen. Samen und Blüten des Herzgespanns können als Tee aufgebrüht werden.

Weitere Namen Bärenschweif, Herzgold, Herzheil, Löwenschwanz, Yi Mu Cao.

BLÜTENFARBE

BLÜTEZEIT

Jan	Feb	März	April	Mai	Juni	Juli	Aug	Sept	Okt	Nov	Dez

Japanische Minze

Japanische Minze
Mentha arvensis var. *piperascens*

		Höhe 30–50 cm	Erntezeit Juli bis September	pflege-leicht	

Diese mehrjährige und winterharte Minze ist im gesamten asiatischen Raum heimisch. Die eiförmigen, behaarten Blätter riechen beim Berühren stark nach Pfefferminze.

Standort Sonnig bis halbschattig. Minzen gedeihen in feuchten, nährstoffreichen Böden.

Pflege Reichlich düngen und gießen. Wie alle Minzen wuchert sie leicht. Deshalb mit einem großen Topf in die Erde pflanzen. Triebe regelmäßig einkürzen.

Probleme Falscher Mehltau, Minzekäfer

Vermehrung Stecklinge während der Wachstumszeit, Wurzelableger.

Ernten Blätter mit den Stielen, frisch und getrocknet verwenden.

Gesundheit und Küche Diese scharf aromatische und anregende Minze wirkt antibakteriell, verdauungsfördernd und krampflösend. Sie hemmt Entzündungen und fördert die Schweißbildung. Außerdem lindert sie Schmerzen und Juckreiz. In der Chinesischen Medizin ist bekannt, dass sie die inneren Organe fördert. Die Japanische Minze hilft außerdem bei Erkältungen, Halsentzündungen und Kopfschmerzen. Aus den Blättern wird ein starkes Minzöl hergestellt.

BLÜTENFARBE

BLÜTEZEIT

Jan	Feb	März	April	Mai	**Juni**	**Juli**	**Aug**	Sepl	Okt	Nov	Dez

Blüte des Schwarzkümmels

Blüte des Damaszenerkümmels

Schwarzkümmel
Nigella sativa

| Höhe bis 30 cm | Erntezeit Juli bis September | anspruchs-voll |

Das einjährige Hahnenfußgewächs ist in ganz Westasien verbreitet. Es wächst aufrecht mit verzweigten Stängeln und blaugrauen Blüten. Später entwickeln sich daraus gezähnte Balg-früchte.

Standort Sonnig. Der Schwarzkümmel gedeiht in durchlässigen, humosen Gartenböden.

Pflege Gleichmäßig gießen und düngen.

Vermehrung Aussaat im Frühjahr.

Ernten Samen, sobald sie schwarzbraun werden.

Gesundheit und Küche Schwarzkümmel enthält sehr viel ätherisches und fettes Öl. Die Samen wirken günstig auf das Verdauungssystem, sie lindern Magenschmerzen, Krämpfe, Blähungen und Koliken. Die Samen sind antiseptisch und werden insbesondere zum Entwurmen genutzt. In Indien werden die Samen häufig zur Förderung der Milchbildung eingesetzt. In der Küche wird der Samen ganz oder gemahlen für Brot, Saucen, Curry, Fleisch und Fisch verwendet.

Weitere Art Der einjährige Damaszenerkümmel (*Nigella damascena*) ist eine Zierpflanze für Bauerngärten. Diese Art ist weder Heil- noch Würzpflanze.

BLÜTENFARBE

BLÜTEZEIT

| Jan | Feb | März | April | Mai | Juni | Juli | Aug | Sept | Okt | Nov | Dez |

Tulsi-Basilikum

Tulsi-Basilikum
Ocimum tenuiflorum (syn. *Ocimum sanctum*)

 | Höhe bis 50 cm | Erntezeit Mai bis November | pflege-leicht |

Der einjährige oder mehrjährige Tulsi („unvergleichlich") ist eine Basilikum-Art aus Indien. Blätter duften aromatisch. Die Pflanze trägt weiße, später purpurfarbene Blüten.
Standort Sonnig. Dieser pflegeleichte Basilikum gedeiht in nährstoffreicher, humoser Erde.
Pflege Tulsi wird am besten im Topf oder Kübel gepflegt. Er sollte immer gleichmäßig Wasser und Dünger bekommen. Die oberen Spitzen das ganze Jahr über zurückschneiden.
Schädlinge Weiße Fliege, Blattläuse, Raupen
Vermehrung Aussaat im Frühjahr (Lichtkeimer), Stecklinge im Sommer.

Ernten Kraut ab Mai, auch zum Trocknen.
Gesundheit und Küche In der indischen Kräutermedizin wird Tulsi bei Fieber, Bronchitis, Asthma, Überanstrengung und Mundgeschwüren angewendet. Diese Basilikum-Art ist als Tonikum bekannt. Der aus den Blättern gepresste Pflanzensaft wird auf Insektenstiche, Flechten und Hautkrankheiten gestrichen oder als Tropfen bei Ohrinfektionen eingetröpfelt. In der Küche werden die Blätter zu Salaten und kalten Speisen gegeben, jedoch nicht mitgekocht.
Weiterer Name Heiliges Basilienkraut

BLÜTENFARBE

BLÜTEZEIT

Jan	Feb	März	April	Mai	Juni	Juli	Aug	Sept	Okt	Nov	Dez
						Juli	Aug	Sept			

Schwarznessel

Schwarznessel, Shiso
Perilla frutescens

  Höhe bis 100 cm | Erntezeit Juli bis Oktober | pflege-leicht

Die Schwarznessel, auch Shiso genannt, wird heutzutage nur noch in Japan und China kultiviert. Im Handel sind grüne und rote Shiso-Arten erhältlich. Der Geschmack der roten Art ist intensiver.

Standort Sonnig bis halbschattig. Ein gut entwässerter, humoser und nährstoffreicher Boden ist wichtig.

Pflege Reichlich gießen und düngen.

Schädlinge Blattläuse, Weiße Fliege

Vermehrung Aussaat im Frühjahr (Lichtkeimer), hohe Keimtemperatur erforderlich.

Ernten Blätter im Sommer, Samen.

Gesundheit und Küche Das ätherische Öl in den Blättern enthält Perillaldehyd und ist sehr viel süßer als Zucker und Süßstoff. Das Öl in den Samen enthält sehr viel Linolensäure. Shiso ist ein scharfes, aromatisches, wärmendes Kraut, das Krämpfe löst, die Schweißbildung anregt und bei bakteriellen Infektionen hilft. Es wirkt auch abführend, schleim- und hustenlösend. Frische oder sauer eingelegte Blätter und Samen werden zum Würzen von Sushi (roher Fisch-Snack), Bohnengerichten, Tempura (im Teigmantel frittiert) und Mixed Pickles verwendet.

BLÜTENFARBE

BLÜTEZEIT

| Jan | Feb | März | April | Mai | Juni | Juli | **Aug** | **Sept** | Okt | Nov | Dez |

Polygonum odorata

Vietnamesischer Koriander
Persicaria odorata (syn. *Polygonum odoratum*)

	Höhe 20–40 cm	Erntezeit Mai bis Oktober	pflege-leicht	

Das ein- bis mehrjährige, nicht winterharte Knöterichgewächs ist in Vietnam und im gesamten ostasiatischen Raum heimisch. Man erhält es dort unter dem Namen Rau Ram. Das Aroma ist mild und intensiv korianderartig.

Standort Sonnig bis halbschattig, gedeiht in durchlässiger, humoser Erde.

Pflege Reichlich gießen und düngen. Der Vietnamesische Koriander kann bei uns nur im Topf oder Kübel gepflegt werden. Im Sommer an einen halbschattigen Platz auf der Terrasse stellen, den Winter über im Wintergarten oder in der Küche pflegen. Sehr schnittverträglich.

Vermehrung Nur Stecklinge ganzjährig, am besten jedes Jahr im Sommer neu vermehren. Jungen Trieb in ein Wasserglas stellen, nach einiger Zeit wachsen die ersten Wurzeln.

Ernten Frisches Kraut ab Mai nach Bedarf.

Gesundheit und Küche Der Vietnamesische Koriander enthält ätherische Öle, lindert Magen- und Darmbeschwerden und ist verdauungsfördernd. In der asiatischen Küche ist das Kraut zum Würzen von Suppen, Fleisch- und Nudelgerichten unentbehrlich. Die schmackhaften Blätter des Vietnamesischen Korianders können auch roh verzehrt werden.

BLÜTENFARBE

BLÜTEZEIT

Jan	Feb	März	April	Mai	Juni	Juli	Aug	Sept	Okt	Nov	Dez

Chinesischer Rhabarber

Chinesischer Rhabarber, Kron-Rhabarber
Rheum palmatum (syn. *Rheum tanguticum*)

☀	◑	Höhe bis 200 cm	Erntezeit August bis Oktober	pflege-leicht	🪴

Das mehrjährige und winterharte Knöterichge-wächs ist in China heimisch. Der Chinesische Rhabarber wird im Gegensatz zum Gemüse-Rhabarber wegen seiner Rhizome gezogen, die über medizinische Wirkung verfügen. Die Blät-ter und Stiele dieser Pflanze sind nicht zum Verzehr geeignet. Wegen der imposanten Wuchsform ist er auch im Ziergarten hübsch.
Standort Sonnig bis halbschattig. Ein sehr humusreicher, feuchter und tiefgründiger Boden ist wichtig.
Pflege Benötigt sehr viel Wasser und reichlich Dünger.

Schädlinge Dickmaulrüsslerlarven, bei wel-ken Blättern sofort kontrollieren.
Vermehrung Wurzelschnittlinge.
Ernten Rhizome von mindestens dreijährigen Pflanzen im Herbst.
Gesundheit Der Chinesische Rhabarber ent-hält viele Gerb- und Bitterstoffe und wirkt zu-sammenziehend und kühlend. Er verbessert die Verdauung und wirkt abführend. Die Rhi-zome können dazu als Tee aufgebrüht werden. Vorsicht: Dosieren Sie den Chinesischen Rha-barber nicht zu hoch, sonst ist akuter Durchfall möglich!

BLÜTENFARBE

BLÜTEZEIT

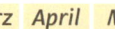

Jan	Feb	März	April	Mai	Juni	Juli	**Aug**	**Sept**	Okt	Nov	Dez

Salvia miltiorrhiza

getrocknete Wurzel des Rotwurzel-Salbeis

Rotwurzel-Salbei, Dan Shen
Salvia miltiorrhiza

 Höhe
30–80 cm

Erntezeit
Oktober bis März

anspruchs-
voll

Diese mehrjährige Salbei-Art benötigt Winterschutz. Sie ist ursprünglich in Zentralchina und in der Mongolei heimisch. Die verwendeten Wurzeln sind verdickt und rötlich. In China wird diese Salbei-Art Dan Shen genannt.

Standort Sonnig. Am besten in feuchte, sandige und tiefgründige Böden pflanzen.

Pflege Viel gießen und wenig düngen. Im Winter nicht zu häufig gießen, weil die dicken Wurzeln leicht faulen können. Die Wurzeln aus der Erde nehmen und im Winter einlagern.

Vermehrung Aussaat im Frühjahr, besser Wurzelteilung im Frühjahr.

Ernten Wurzel von Herbst bis Frühjahr .

Gesundheit und Küche Rotwurzel-Salbei ist ein bitteres, beruhigendes und kühlendes Kraut, das Blutungen stillt sowie Kreislauf und Immunsystem anregt. Außerdem senkt es den Cholesterinspiegel, fördert allgemein die Heilung und hemmt viele krankheitserregende Organismen. Die Wurzel wird als Tee aufgekocht. Sie beseitigt übermäßige Hitze und wirkt blutverdünnend. Ein Absud hat vorbeugende Wirkung bei nervös veranlagten Menschen und Menschen mit Schlafproblemen, Herz-, Milz- und Lebererkrankungen.

BLÜTENFARBE

BLÜTEZEIT

| Jan | Feb | März | April | Mai | Juni | Juli | Aug | Sept | Okt | Nov | Dez |

Saposhnikovia divaricata 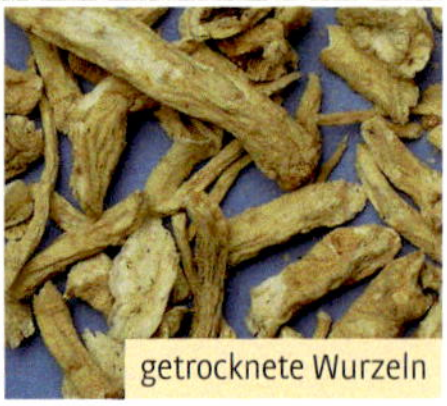   getrocknete Wurzeln

Windschutzwurzel, Fang Feng
Saposhnikovia divaricata
(syn. *Ledebouriella seseloides*)

  | Höhe 30–40 cm | Erntezeit Juli bis September | anspruchs-voll |

Die mehrjährige Windschutzwurzel aus China benötigt in unseren Breiten einen Winterschutz. Sie bildet einen aufrechten Stamm und trägt viele, kleine Zweige. Das Kraut sieht dem Fenchel ähnlich und wird zum Kochen verwendet. Die in der Naturheilkunde verwendeten, unregelmäßig verzweigten Wurzeln sind gelblich braun.

Standort Sonnig bis halbschattig. Gedeiht in humoser, durchlässiger Erde.

Pflege Bei uns wird die Windschutzwurzel auch in Topf oder Kübel gezogen. Am besten jedes Jahr umsetzen. Gleichmäßig gießen und düngen. Überwinterung: dunkler oder heller Raum bei 5 °C, nicht gießen.

Krankheiten Rostpilze bei zu nasser Kultur.

Vermehrung Aussaat im Frühjahr, Wurzelteilung im Herbst.

Ernten Wurzeln im Herbst, können auch getrocknet werden. Kraut im Sommer.

Gesundheit und Küche Die Wurzel enthält ätherische Öle und Saponine. Als Tee aufgebrüht, hilft sie bei Erkältungen, fiebrigen Infekten und Kopfschmerzen. Mit dem Kraut können Eintöpfe aus Fleisch und Gemüse gewürzt werden.

BLÜTENFARBE

BLÜTEZEIT

| Jan | Feb | März | April | Mai | Juni | Juli | Aug | Sept | Okt | Nov | Dez |

![Schisandra chinensis]

Schisandra chinensis

getrocknete Früchte der Schisandra

Chinesisches Spaltkölbchen, Wu Wei Zi
Schisandra chinensis

		Höhe bis 300 cm	Erntezeit Juli bis Oktober	pflege- leicht	

Diese mehrjährige und winterharte Kletter-pflanze stammt aus China. Ihr chinesischer Name Wu Wei Zi bedeutet „Kraut der fünf Ge-schmacksrichtungen". Die Pflanze hat einen sauren, salzigen und leicht herben Geschmack.
Standort Sonnig bis halbschattig. Ein nähr-stoffreicher, feuchter Boden wird bevorzugt. Kann an Zäunen oder Mauern gezogen werden.
Pflege Reichlich gießen und düngen. Staunässe wird nicht vertragen. Zur Befruch-tung sind männliche und weibliche Pflanzen notwendig. Unerwünschte Triebe im Spätwin-ter ausschneiden.

Schädlinge Raupen.
Vermehrung Aussaat im Herbst (Samen über Nacht quellen lassen), Stecklinge im Sommer, Wurzelableger im Frühjahr.
Ernten Blätter im Sommer (frisch verwenden oder trocknen lassen), Rinde und Zweige im Herbst, Früchte.
Gesundheit und Küche Das Spaltkölbchen stärkt Nerven und Herz. In der Chinesischen Medizin ist es als Stimulans bei Depressionen bekannt. Getrocknete Blätter können als Tee aufgebrüht werden. Rinde und Zweige enthal-ten ein ätherisches Öl, das nach Zitrone riecht.

BLÜTENFARBE

BLÜTEZEIT

Jan	Feb	März	April	Mai	Juni	Juli	Aug	Sept	Okt	Nov	Dez

Scutellaria baicalensis

Chinesisches Helmkraut
Scutellaria baicalensis
(syn. *Scutellaria macrantha*)

 | Höhe
30–70 cm | Erntezeit
Sept./Okt. und März/April |

getrocknete Wurzeln

Das Chinesische Helmkraut ist mehrjährig und winterhart. Es ist ursprünglich in China, Japan, Korea und in der Mongolei heimisch. Dort wächst es auf sonnigen Grashängen. Die spitzen, schmalen Blätter werden von schönen, blauen Blüten begleitet. In China wird die Wurzel Huang-Quin genannt.

Standort   Sonnig. Durchlässige, aber auch trockene Standorte werden vertragen.

Pflege   Sparsam gießen, nicht düngen.

Vermehrung   Aussaat im Herbst oder Frühjahr, Wurzelteilung im Frühjahr, Stecklinge im Sommer.

Ernten   Wurzeln von drei- bis vierjährigen Pflanzen im Herbst oder Frühjahr, auch zum Trocknen.

Gesundheit und Küche   Die Wurzeln des bitteren und beruhigend wirkenden, kühlenden Helmkrauts senken, als Tee aufgebrüht, Fieber, Blutdruck und den Cholesterinspiegel. Innerlich wird sie bei verschiedenen Darmkrankheiten und Heuschnupfen angewendet. Die Wurzeln haben außerdem eine krampflösende, leberanregende und verdauungsverbessernde Wirkung. Blutungen werden gestillt und der ganze Körper entgiftet.

BLÜTENFARBE

BLÜTEZEIT

| Jan | Feb | März | April | Mai | Juni | Juli | Aug | Sept | Okt | Nov | Dez |

Sigesbeckia pubescens

Blatt der Sigesbeckie

getrocknetes Kraut

Sigesbeckie
Sigesbeckia pubescens

| | | Höhe 60–120 cm | Erntezeit August bis September | pflege-leicht | |

Der einjährige Korbblütler aus dem ostasiatischen Raum bildet große Blätter und dicke Stiele. Die Blüten sind gefüllt und erscheinen von Juli bis September in Gelb.

Standort Sonnig bis halbschattig. In humose, durchlässige Erde setzen.

Pflege Die Sigesbeckie benötigt im Sommer viel Dünger und reichlich Wasser.

Schädlinge Weiße Fliege, Blattläuse.

Vermehrung Aussaat im Frühjahr, Nachtfröste abwarten.

Ernten Das ganze Kraut vor oder während der Blüte frisch oder getrocknet verwenden.

Gesundheit Die Sigesbeckie enthält biogene Alkaloide, Aminosäuren, Bitterstoffe und Saponine. Sie wird bei rheumatischen Erkrankungen, Hepatitis und Bluthochdruck angewendet. Die Sigesbeckie kann Fieber senken und entgiftet die Leber. Die ganze Pflanze wird als Tee aufgebrüht oder zu einer Tinktur verarbeitet. In der chinesischen Volksheilkunde wird die ganze Pflanze abgekocht und der Sud in der Behandlung von Malaria und anderen epidemischen Krankheiten eingesetzt.

Weiterer Name Xi Xian Cao.

BLÜTENFARBE

BLÜTEZEIT

| Jan | Feb | März | April | Mai | Juni | Juli | Aug | Sept | Okt | Nov | Dez |

Ajowan   Samen des Ajowan

Ajowan
Trachyspermum ammi (syn. *Carum copticum*)

	Höhe 30–60 cm	Erntezeit August bis September	anspruchs-voll	

Das einjährige, aromatische Heilkraut aus China, Indien und dem nördlichen Afrika trägt fiederteilige Blätter. Die weißen Blüten mit behaarter Außenseite erscheinen im Sommer an dichten Dolden, gefolgt von kleinen, scharf-aromatischen, eiförmigen, zirka zwei Zentimeter langen Früchten.

Standort Sonnig. Der Ajowan gedeiht in feuchten und nährstoffreichen Böden.

Pflege Gleichmäßig gießen und düngen. Wurzelballen nicht austrocknen lassen. Ajowan verträgt keine Staunässe.

Vermehrung Aussaat im Frühjahr.

Ernten Ausgereifte Samen.

Gesundheit und Küche Das bittere, aromatische und wärmende Kraut mit Thymian-Aroma wirkt stärkend, harntreibend und schleimlösend. Außerdem ist es krampflösend, verdauungsfördernd, schweißtreibend und antiseptisch. In der ayurvedischen Medizin als anregendes Kraut bekannt. Die ausgereiften Samen werden zur Ölgewinnung destilliert oder für Tees und Pulver getrocknet. In der indischen Küche werden die Samen zum Würzen pikanter Speisen, zum Beispiel von Curry, Hülsengerichten und Teiggerichten verwendet.

BLÜTENFARBE

BLÜTEZEIT

Jan	Feb	März	April	Mai	Juni	Juli	Aug	Sept	Okt	Nov	Dez

Wasabi

Japanischer Meerrettich
Wasabia japonica (syn. *Eutrema wasabi*)

| | Höhe 20–40 cm | Erntezeit August bis Oktober | anspruchs-voll | |

Das mehrjährige Kraut benötigt in unseren Breiten einen Winterschutz. Im Sommer bilden sich Trauben mit kleinen, weißen Blüten, auf denen gedrehte Schoten mit einigen größeren Samen folgen.

Standort Halbschattig bis schattig. Ein feuchter bis nasser Boden ist ideal, am besten in klarem, fließendem Wasser.

Pflege In der Wachstumszeit sollte die Temperatur zwischen 10 und 15 °C Grad liegen. Die Wurzelstücke werden mit Steinen im fließenden Wasser gehalten.

Schädlinge Schnecken.

Vermehrung Aussaat im Frühjahr (Samen ständig feucht halten), Wurzelteilung im Frühjahr oder Herbst.

Ernten Wurzeln im Herbst des zweiten Jahres.

Gesundheit und Küche Wasabi ist ein scharfes, wärmendes und verdauungsförderndes Kraut. Die frischen, geraspelten Wurzeln werden zu Sashimi (roher Fisch) gegessen. Die zu Pulver zermahlenen Wurzeln werden zu einer blassgrünen Paste verarbeitet, mit der man Fleisch- und Fischgerichte würzt.

Weiterer Name Wasabi.

BLÜTENFARBE

BLÜTEZEIT

| Jan | Feb | März | April | Mai | Juni | Juli | Aug | Sept | Okt | Nov | Dez |

Ingwerpflanze

Ingwer
Zingiber officinale

| | Höhe bis 120 cm | Erntezeit Januar bis Dezember | anspruchs- voll | |

Der mehrjährige Ingwer wächst in südasiatischen, tropischen Gebieten. Seine heilenden Wirkungen sind bereits seit mehr als 3000 Jahren in Südostasien bekannt. Die Ingwerwurzel ruft im Mund und Magen ein Brennen und Wärmegefühl hervor. Getrocknete Wurzeln sind doppelt so scharf wie frische. Die attraktiven Blüten erscheinen in unseren Breiten nur selten.

Standort Sonnig bis schattig bei hoher Luftfeuchtigkeit und nährstoffreicher Erde.

Pflege Wichtig ist wenig gießen und reichlich düngen. Bei uns als Kübelpflanze ziehen. Der Wurzelballen darf nicht austrocknen. Keine Staunässe. Ältere Triebe können, sobald Ingwer neu austreibt, entfernt werden. Auch im Winter muss der Ingwer hell und warm stehen.

Vermehrung Rhizomteilung zu Beginn der Wachstumsperiode im späten Frühjahr.

Ernten Frische Rhizome während der Wachstumsperiode, zum Trocknen während der Ruhezeit ernten. Blüten, Sprosse.

Gesundheit und Küche Das süße, aromatische und wärmende Kraut enthält Scharfstoffe und ätherische Öle. Ingwer wirkt schleimlösend, schweißtreibend und verdau-

BLÜTENFARBE

BLÜTEZEIT

Jan	Feb	März	April	Mai	Juni	Juli	Aug	Sept	Okt	Nov	Dez

getrocknete Ingwerknolle

Ingwerknollen treiben im späten Frühjahr wieder aus.

ungsfördernd. Es regt die Leberfunktion an, wirkt gegen Übelkeit und Erbrechen und gegen Husten. Die getrocknete und pulverisierte Wurzel wirkt schmerzstillend, krampflösend und kreislaufanregend. Ingwertee hilft gegen Blähungen und Verdauungsstörungen. Ingwer ist auch eines der besten Mittel gegen Übelkeit und die Symtome der See- und Reisekrankheit. Vorsicht: Ingwer sollte nicht in der Schwangerschaft einnommen werden! In der japanischen Küche werden die frischen, jungen Rhizome roh verzehrt. Die Ingwerwurzel hat einen charakteristischen, aromatisch-würzigen Geruch. Der Geschmack ist würzig-scharf und ruft im Mund und Magen ein Brennen und Wärmegefühl hervor. Man kann sie auch zum Kandieren in Sirup einlegen. Curry, Gemüse, Fleisch und Fisch, Suppen und Marinaden werden mit Ingwer gewürzt. Getrockneter und gemahlener Ingwer gibt Kuchen ein besonderes Aroma. Ingwer ist Bestandteil vieler Würzmischungen. Mit Ingwer kann man auch Kaffee, Tee und Liköre aromatisieren. Auch die Blüten und Sprosse können genutzt werden. Sie werden roh oder gekocht verzehrt.

Geriebene Ingwerwurzel hilft gegen Übelkeit und Erbrechen.

Kräuter-Raritäten

Lange waren Kräuterexoten nur bei Kräuterliebhabern bekannt, nun werden sie auch bei uns immer beliebter. In vielen Gärtnereien finden sich im Sortiment einige spezielle Arten, einige Gärtnereien haben sich sogar auf den Verkauf dieser Raritäten spezialisiert. Bezugsquellen finden Sie im Service-Teil (siehe Seite 310).

Viele dieser Raritäten sind noch wenig erforscht, daher sind oftmals widersprüchliche Angaben oder falsche Informationen über die Pflanzen im Umlauf. Seien Sie beim Kauf immer etwas kritisch und vorsichtig. Wenn Sie sich unsicher sind, das gewünschte Kraut tatsächlich bekommen zu haben, verwenden Sie es lieber nicht in der Küche, sondern erfreuen sich an seinen Blüten und den ungewöhnlichen Aromen.

Kräuter aus dem anderen Teil der Welt haben ganz andere Ansprüche an ihren Standort als bei uns heimische. Die wenigsten Pflanzen sind winterhart und werden deshalb als Kübelpflanzen kultiviert. Düngen Sie die Exoten im Topf regelmäßig in einer geringeren Dosis als andere Kübelpflanzen. Sonst können sich die Aroma- und Wirkstoffe nicht richtig bilden. Nach einem Rückschnitt im Herbst werden die Exoten in ein frostfreies, helles Winterquartier gebracht.

Achillea ptarmica

Muskatkraut
Achillea ageratum (syn. *Achillea decolorans*)

	Höhe 30–50 cm	Erntezeit Juli bis September	pflege-leicht	

Der mehrjährige und winterharte Wurzelstock des Muskatkrauts treibt im späten Frühjahr breite, gezackte Blätter ohne Stiel. Die Pflanze verströmt, wenn sie zerrieben wird, einen muskatartigen Geruch.

Standort Sonnig bis halbschattig. Das Muskatkraut verlangt sandige, lockere, durchlässige und nährstoffreiche Böden.

Pflege Reichlich gießen und düngen.

Krankheiten Falscher Mehltau

Vermehrung Wurzelteilung im Frühjahr, Stecklinge.

Ernten Blätter und Blütenköpfe im Sommer.

Gesundheit und Küche Das Muskatkraut kann als Tee gegen Magenbeschwerden, bei ausbleibender Menstruation und Unterleibsproblemen aufgebrüht werden. In der Küche werden die aromatischen Blätter und Blüten fein gehackt auf Kartoffelsalat gestreut und zum Aromatisieren von Suppen und Eintöpfen verwendet.

Weitere Art Die Sumpf-Schafgarbe (*Achillea ptarmica*), auch Bertramsgarbe genannt, ist mehrjährig und winterhart. Die Blätter dieser Art werden als Tee gegen Mattigkeit und Blähungen angewendet.

BLÜTENFARBE

BLÜTEZEIT

Jan	Feb	März	April	Mai	Juni	**Juli**	**Aug**	**Sept**	Okt	Nov	Dez

Blüte des Alpen-Steinquendels

Alpen-Steinquendel
Acinos alpinus (syn. *Calamintha alpina, Satureja acinos*)

☀	Höhe 10–30 cm	Erntezeit Juli bis August	anspruchs- voll	🌱

Das mehrjährige, winterharte Lippenblütengewächs wächst im gesamten Alpenraum bis zu
einer Höhe von 2500 Metern. Die gegenständi-
gen Blätter sind sehr kurz gestielt und schmal
eiförmig. Die Blüten sind meist violett, kurz ab-
stehend und behaart.
Standort Gedeiht am besten in sonnigen
Lagen. Kalkhaltiger, schwach saurer, humus-
und stickstoffarmer, auch lockerer oder steinig-
sandiger Boden ist geeignet.
Pflege Dieser Bodendecker ist anspruchslos.
Vermehrung Aussaat im Sommer in sandigen
Kompost.

Ernten Frisches Kraut mit Blüten.
Gesundheit und Küche Die streng aromatische Pflanze duftet in allen Teilen nach Pfefferminze und Thymian. Der Alpen-Steinquen-
del hat ähnliche Inhaltsstoffe wie das mit ihm
verwandte Bohnenkraut, aber nur wenig
Aroma. Das stimulierende, harntreibende
Kraut fördert die Verdauung. Besonders nach
fettreichem Essen kann ein Tee die Verdauung
anregen. In der Alpenregion wurde der Alpen-
Steinquendel traditionell zum Würzen von
Käse und als ein nervenberuhigendes Mittel
verwendet.

BLÜTENFARBE

BLÜTEZEIT

Jan	Feb	März	April	Mai	Juni	Juli	Aug	Sept	Okt	Nov	Dez

Parakresse

Parakresse
Acmella oleracea (syn. Spilanthes oleracea)

	Höhe 20–30 cm	Erntezeit Juli bis Oktober	pflege-leicht	

Der ein- bis mehrjährige, nicht winterharte Korbblütler ist ursprünglich in Madagaskar heimisch. Bei uns wird er meist nur einjährig gezogen. Er breitet sich bodendeckend aus. Die spitz- bis eiförmigen Blätter haben ein kräftiges, kresseartiges Aroma. Die gelben Blüten sind knopfförmig.

Standort Sonniger und windgeschützter Platz mit feuchter, nährstoffreicher Erde.

Pflege Reichlich gießen und wenig düngen.

Schädlinge Schnecken, Raupen.

Vermehrung Aussaat im Frühjahr, Samen vorziehen und ab Mitte Mai ins Freie setzen.

Ernten Blätter und Blüten nach Bedarf den ganzen Sommer, auch zum Trocknen.

Gesundheit und Küche Diese Kresseart enthält ätherisches Öl, Gerbstoffe und Cerotinsäure. Frische Blätter werden gegen Zahnfleischerkrankungen gekaut. Das betroffene Gewebe wird dann etwas taub, aber die Schmerzen vergehen. Die Blätter helfen als Auflage auch bei Gicht und Rheuma. In der Küche werden die Blüten als Salatwürze und zur Dekoration verwendet. Das madagassische Nationalgericht Romazava (Fleisch und Reis) wird mit Parakresse gewürzt.

BLÜTENFARBE

BLÜTEZEIT

Jan	Feb	März	April	Mai	Juni	**Juli**	**Aug**	**Sept**	Okt	Nov	Dez

Moskitopflanze

Moskitopflanze
Agastache cana

| ☼ | ◑ | Höhe 50–80 cm | Erntezeit Juni bis September | pflege-leicht | 🌱 |

Die ein- oder mehrjährige Moskitopflanze ist in Nordamerika (New Mexico, Texas) heimisch. Im Winter ist in unseren Breiten ein Winterschutz erforderlich. Sie wächst aufrecht buschig und duftet angenehm mild. Die Moskitopflanze ist eine sehr schöne Staude, deren Blüten auch für den Vasenschnitt geeignet sind. Sie lockt Bienen und Schmetterlinge in den Garten.

Standort Sonnig bis halbschattig. Benötigt leichte, feuchte und durchlässige Böden.

Pflege Diese pflegeleichte Pflanze darf nicht austrocknen. Gießen und düngen Sie die Moskitopflanze gleichmäßig. Sie wird bei uns fast nur einjährig gezogen. Überwinterung: Mit Laub oder Reisig abdecken.

Probleme Falscher Mehltau, Raupen

Vermehrung Aussaat, Wurzelteilung nach der Blüte, Stecklinge.

Ernten Blätter und Blüten werden nach Bedarf geerntet.

Küche Die Blätter der Moskitopflanze werden frisch zum Würzen von Salaten, Süßspeisen und Tees verwendet. Der Duft der herzförmigen Blätter erinnert an Orangen-Thymian.

Weiterer Name Duftnessel.

BLÜTENFARBE

BLÜTEZEIT

| Jan | Feb | März | April | Mai | Juni | **Juli** | **Aug** | **Sept** | Okt | Nov | Dez |

Anisysop

Anisysop

Agastache foeniculum (syn. Agastache anisata, Agastache anethiodora)

	Höhe	Erntezeit	pflege-	
	50–80 cm	Juli bis September	leicht	

Der ein-, meist aber mehrjährige Lippenblütler bildet gepunktete, ovale Blätter, die stark nach Anis duften. Violettblaue Blüten mit auffälligen Deckblättern an kräftigen Ähren erscheinen im Sommer.

Standort Sonnig. Ein trockener und nährstoffreicher Boden ist ideal.

Pflege Gleichmäßig gießen und düngen. Anisysop breitet sich gerne bei günstigen Bodenbedingungen aus. Mehrjährige Pflanzen brauchen Winterschutz.

Schädlinge Schnecken, mit Sägespänen und Eierschalen vorbeugen.

Vermehrung Aussaat im Frühjahr, Wurzelteilung im Herbst, Stecklinge im Sommer.

Ernten Blätter und Blüten im Sommer frisch für Tees, Stängel und Blätter zum Trocknen vor der Blüte ernten.

Gesundheit und Küche Ein Tee aus Anisysop wirkt appetitanregend, gemütserhellend, gegen Übelkeit und Erbrechen. Frische und getrocknete Blätter verleihen den Speisen einen Anisgeschmack. Die Blätter können auch zu einem erfrischenden Tee aufgebrüht werden. Gehackte Anisysopblätter schmecken hervorragend zu Fischgerichten.

BLÜTENFARBE

BLÜTEZEIT

| Jan | Feb | März | April | Mai | Juni | **Juli** | **Aug** | **Sept** | Okt | Nov | Dez |

Agastache mexicana

Lemonysop
Agastache mexicana

| ☀ | Höhe 80–100 cm | Erntezeit Juni bis September | pflege-leicht | 🌱 |

Lemonysop ist eine ein- oder mehrjährige Agastachen-Art aus Mexiko. In unseren Breiten benötigt er im Winter einen Schutz. Die Pflanze wächst aufrecht buschig. Die ovalen bis lanzettlichen, mattgrünen Blätter sind am Rand gesägt. Diese Ysop-Art ist auch eine schöne Zier- und Schmuckstaude und Bienenfutterpflanze.

Standort Der pflegeleichte Lemonysop braucht einen sonnigen Platz mit humoser, durchlässiger und leicht feuchter Erde.

Pflege Halten Sie den Lemonysop gleichmäßig feucht. Wichtig ist auch eine gleichmäßige Nährstoffversorgung. Bei uns wird er fast nur einjährig gepflegt.

Schädlinge Schnecken lieben diese Pflanze.

Vermehrung Aussaat, Wurzelteilung nach der Blüte.

Ernten Blätter und Blüten nach Bedarf.

Gesundheit und Küche Ein Tee aus Lemonysop wirkt appetitanregend. Er hat einen weichen, milden und aromatischen Zitronengeschmack. In der Küche wird er frisch als Würze für Salate, Saucen, Fisch, Geflügel und Süßspeisen verwendet.

Weiterer Name Purpurmelisse.

BLÜTENFARBE

BLÜTEZEIT

| Jan | Feb | März | April | Mai | Juni | **Juli** | **Aug** | **Sept** | Okt | Nov | Dez |

Koreanische Minze 'Liquorice Blue'

Koreanische Minze
Agastache rugosa

	Höhe	Erntezeit	pflege-	
	bis 120 cm	Mai bis Juni	leicht	

Die mehrjährige Koreanische Minze ist in Ostasien und Korea heimisch. Sie ist schnellwüchsig und bildet verzweigte Stängel. Die dunkelrosafarbenen Blüten wachsen in langen, großen Ähren und sind leicht klebrig. Ihr Aroma ist stark minzig.

Standort Sonnig. Durchlässige, auch nährstoffreiche, trockene Böden sind geeignet.

Pflege Häufig gießen und düngen. Im Frühjahr wird die Koreanische Minze knapp über dem Boden zurückgeschnitten.

Vermehrung Aussaat im Frühjahr, Wurzelteilung im Herbst.

Ernten Frische Blätter und Blüten vor Blühbeginn, auch zum Trocknen geeignet.

Gesundheit und Küche Die Koreanische Minze ist ein verdauungsförderndes, aromatisches, antibakteriell wirkendes Kraut. Es trägt zur Förderung der Schweißbildung und zur Fiebersenkung bei. Frische oder getrocknete Blätter verleihen Fleischgerichten oder Salaten einen minzeartigen Geschmack und ergeben einen angenehmen Tee.

Weitere Sorte 'Alba' blüht reinweiß. Sie wird ähnlich wie die Art gepflegt. Ihre Eigenschaften sind der Koreanischen Minze ebenfalls ähnlich.

BLÜTENFARBE

BLÜTEZEIT

| Jan | Feb | März | April | Mai | Juni | **Juli** | **Aug** | **Sept** | Okt | Nov | Dez |

Aliaria petiolata

Knoblauchsrauke
Alliaria petiolata

Blüte der Knoblauchsrauke

	Höhe bis 40 cm	Erntezeit März bis Mai	pflege-leicht

Die zweijährige Knoblauchsrauke wächst aufrecht buschig und kann als Küchenkraut verwendet werden. Die weißen Blüten duften intensiv und locken Bienen und Schmetterlinge in den Garten.

Standort Einen halbschattigen Platz wählen. Am besten in durchlässige, sandige bis lehmige Böden setzen.

Pflege Die Knoblauchsrauke kann in jedem Garten angesiedelt werden. Reichlich gießen und düngen ist wichtig. Die Knoblauchsrauke wuchert nicht, sät sich aber leicht selbst aus.

Vermehrung Aussaat.

Ernten Blätter und Stängel werden vor der Blüte frisch geschnitten; Wurzeln im Herbst.

Gesundheit und Küche Die Knoblauchsrauke ist ein scharfes und anregendes Kraut, das Infektionen beseitigt, die Heilung fördert und schleimlösende sowie entzündungshemmende Wirkungen hat. Die getrockneten Stängel und Blätter werden für Tees und Umschläge verwendet. In der Küche werden junge Blätter im Frühjahr zu Salaten und Saucen gegeben, sie verleihen den Speisen einen milden Knoblauchgeschmack. Die Wurzel kann wie Meerrettich verwendet werden.

BLÜTENFARBE

BLÜTEZEIT

Jan	Feb	März	**April**	**Mai**	**Juni**	Juli	Aug	Sept	Okt	Nov	Dez

Indianerknoblauch

Caption (bottom right of photo): Indianerknoblauch

Indianerknoblauch
Allium canadense

| ☼ | ◑ | Höhe
bis 30 cm | Erntezeit
Juli bis September | pflege-
leicht | 🌱 |

Das mehrjährige und winterharte Lauchge-wächs stammt aus nordamerikanischen Regi-onen. Dort wächst die Pflanze in lichten Wäl-dern und Prärien. Bereits die Indianer haben damit Suppen gewürzt. Im Sommer erscheinen weiße oder rosafarbene Blüten. Der Blüten-schaft kann über 30 cm lang werden, die Blät-ter bleiben kleiner.

Standort   Ein sonniger Platz mit lockerem, nährstoffreichem Boden ist ideal.

Pflege   Reichlich gießen, der Indianerknob-lauch braucht keine zusätzlichen Düngerga-ben. Verjüngen Sie die Pflanze alle zwei bis drei Jahre durch eine Teilung des Wurzelstocks. Der Indianerknoblauch neigt zur Selbstvermeh-rung mit Luftzwiebeln.

Schädlinge   Zwiebelfliegen.

Vermehrung   Brutzwiebeln.

Ernten   Zwiebeln, bilden sich am Blütenstiel und unter der Erde.

Küche   Die Zwiebeln haben ein ausgezeichne-tes Aroma. Sie können eingelegt verzehrt wer-den. Auch als Suppenwürze und zu Salaten schmecken sie hervorragend. Die Luftzwiebeln eignen sich auch gut zum Garnieren vieler Speisen.

BLÜTENFARBE

BLÜTEZEIT

| Jan | Feb | März | April | *Mai* | *Juni* | Juli | Aug | Sept | Okt | Nov | Dez |

Schlangenlauch

Knoblauchartiger Lauch
Allium scorodoprasum

 | Höhe 30–90 cm | Erntezeit April bis Oktober | pflege-leicht |

Das mehrjährige und winterharte Zwiebelgewächs ist in ganz Europa bis in den Kaukasus heimisch. Die gelbbraunen, krümeligen Außenhäute der Zwiebeln lösen sich von den eiförmigen Zwiebeln und geben nicht nur die dunkelvioletten unteren Häute, sondern häufig auch violettschwarze Nebenzwiebeln frei. Das untere Drittel des langen Blütenstiels ist von zwei bis fünf kurzen Blättern umhüllt. In der Blütendolde sitzen dichtgedrängt viele Brutzwiebeln.

Standort Sonnig. Lockerer, humoser, mäßig feuchter Boden wird verlangt.

Pflege Der Knoblauchartige Lauch benötigt in der Wachstumsphase reichlich Wasser und Dünger. Die Pflanze neigt zur Selbstvermehrung durch Brutzwiebeln. Dagegen die Blüten vor der Zwiebelbildung abschneiden.

Vermehrung Brutzwiebeln.

Ernten Blätter ab April, Brutzwiebeln im Herbst.

Küche Dieser Graslauch kann als Gemüse zubereitet werden. Auch zu Salaten passt er gut. Die frischen Blätter werden wie Schnittlauch verwendet. Sie können zu Quark- und Eierspeisen gegeben werden.

BLÜTENFARBE

BLÜTEZEIT

| Jan | Feb | März | April | Mai | **Juni** | **Juli** | Aug | Sept | Okt | Nov | Dez |

Ammi majus

Bischofskraut
Ammi majus

		Höhe bis 100 cm	Erntezeit Juni bis Oktober	pflege- leicht	

Der einjährige Doldenblütler ist im Mittelmeer-gebiet heimisch. Das würzige Bischofskraut wächst straff aufrecht und blüht weiß. Später entwickeln sich aus den Blüten braune, ge-furchte Früchte.

Standort Sonnig bis halbschattig. In gute, nährstoffhaltige Gartenböden setzen.

Pflege Gießen und düngen Sie das Bischofs-kraut regelmäßig. Das Bischofskraut braucht im Sommer eine Stütze.

Vermehrung Aussaat im Frühjahr.

Ernten Junge Blätter nach Bedarf, Samen bei Samenreife.

Gesundheit Das Bischofskraut ist ein stär-kendes, harntreibendes und krampflösendes Kraut, seine Blätter werden als Tee aufgebrüht. Sein Wirkstoff Psoralen kann die Haut regene-rieren, man reibt die betroffenen Stellen dazu mit der Tinktur ein. Äußerlich angewendet hilft es auch gegen Schuppenflechte. Die gesam-melten und getrockneten Samenfrüchte wer-den zu Pulver, Tinkturen und Flüssigextrakten verarbeitet. Vorsicht: Verwenden Sie das Bi-schofskraut nicht in der Schwangerschaft.

Weitere Namen Große Knorpelmöhre, Khella, Zahnstocherkraut.

BLÜTENFARBE

BLÜTEZEIT

Jan	Feb	März	April	Mai	Juni	Juli	Aug	Sept	Okt	Nov	Dez

Coca-Cola-Strauch

Coca-Cola-Strauch
Artemisia abrotanum var. maritima

 | Höhe bis 100 cm | Erntezeit Mai bis Oktober | pflege-leicht |

Diese mehrjährige und winterharte *Artemisia*-Art trägt filigrane, graugrüne und aromatische Blätter, die beim Berühren einen Lakritzeduft verströmen. Die kleinen, blassgelben, kugeligen Blüten erscheinen im Sommer.
Standort Sonnig. Durchlässige, humose, auch sandige und leicht alkalische Böden sind geeignet.
Pflege Die Pflanze verträgt keine Staunässe. Viel düngen. Im Frühjahr zurückschneiden. In Mischkultur gepflanzt kann der Coca-Cola-Strauch Schädlinge abwehren, vor allem Weiße Fliege und Blattläuse.

Schädlinge Schmier- oder Wollläuse
Vermehrung Wurzelteilung im Herbst/Frühjahr, Kopfstecklinge im Sommer.
Ernten Blätter und Triebe ab Mai bis zum ersten Frost, auch zum Trocknen geeignet.
Gesundheit Der Coca-Cola-Strauch ist ein stark aromatisches, bitteres Kraut, das, als Tee aufgebrüht, die Verdauung und die Leberfunktion verbessert. Die getrockneten Blätter können für Absude verwendet werden. Auch für Potpourris und Duftsäckchen. In Kleiderschränken helfen sie gegen Motten.
Weiterer Name Strand-Beifuß.

BLÜTENFARBE

BLÜTEZEIT

| Jan | Feb | März | April | Mai | Juni | *Juli* | *Aug* | *Sept* | Okt | Nov | Dez |

Schokoladenblume

Schokoladenblume
Berlandiera lyrata

| | Höhe 30–60 cm | Erntezeit Juni bis September | pflege-leicht | ☘ |

Die mehrjährige, aber nicht winterharte Schokoladenblume stammt aus Kalifornien. Die langen, braunen Staubgefäße geben ab den Vormittagsstunden einen ausgeprägten Schokoladenduft ab, der nach sechs Stunden wieder verfliegt.

Standort Sonnig an einem geschützten Platz. Die Schokoladenblume wird am besten im Kübel im Wintergarten gezogen. In eine durchlässige, am besten mit Sand vermischte Erde pflanzen.

Pflege Wenig gießen und reichlich düngen. Die Schokoladenblume reagiert empfindlich auf Staunässe. Topfboden mit Tonscherben, Sand oder Steinen zur Dränage auffüllen. Überwinterung: hell, bei 5 bis 10 °C. Die Pflanze zieht ein und treibt im Frühjahr wieder aus.

Schädlinge Weiße Fliege.

Vermehrung Aussaat im Frühjahr, Samen im Gewächshaus oder auf der Fensterbank vorziehen, Stecklinge vor der Blüte.

Ernten Essbare Blüten im Sommer.

Gesundheit und Küche Die Schokoladenblume enthält ätherische Öle. Sie ist eine interessante Duftpflanze mit intensivem Schokoladenaroma.

BLÜTENFARBE

BLÜTEZEIT

| Jan | Feb | März | April | Mai | **Juni** | **Juli** | **Aug** | **Sept** | Okt | Nov | Dez |

Weihrauch

Weihrauch
Boswellia serrata

 | Höhe 30–70 cm | Erntezeit Oktober bis April | anspruchs-voll |

Der Weihrauch trägt am Rand gesägte Blätter, die gefiedert stehen. Die graugrüne Rinde schält sich papierartig und in Streifen von den Zweigen ab. In der ayurvedischen Medizin Indiens wird Weihrauch seit mehr als 3000 Jahren bei Entzündungen und bei Nervenleiden angewendet.

Standort Sonnig. Setzen Sie den Weihrauch in durchlässige und sandige Erde.

Pflege Wenig gießen und düngen.

Vermehrung Stecklinge im Sommer (schwer).

Ernte Gewinnung des Harzes von Ende Oktober bis Ende April durch Anritzen der Rinde. Der austretende Pflanzensaft trocknet an der Luft zu rot-gelblichen bis bräunlichen Kügelchen.

Gesundheit Das Harz enthält neben ätherischen Ölen und Gerbstoffen vor allem die medizinisch wirksamen Boswellia-Säuren. Das stark entzündungshemmende Weihrauchharz kann, als Kügelchen eingenommen, gegen Entzündungen der Atemwege, bei Gicht und Rheuma und bei Beschwerden im Verdauungs- und Harntrakt verwendet werden. Äußerlich kann es bei Furunkeln, auf die Haut gelegt, helfen.

Weitere Namen Indischer Weihrauch, Salaibaum, Saphalbaum.

BLÜTENFARBE

BLÜTEZEIT

| Jan | Feb | März | April | Mai | Juni | **Juli** | **Aug** | Sept | Okt | Nov | Dez |

Wunderschöne Blüten der Bergminze

Bergminze
Calamintha nepeta ssp. *glandulosa*

| ☀ | Höhe bis 40 cm | Erntezeit Juni bis September | pflege-leicht | 🌱 |

Die mehrjährige, winterharte und zierlich wachsende Bergminze treibt keine Ausläufer. Die graugrünen Blätter sind mit weichen Haaren besetzt.

Standort Sonnig, trockene, durchlässige Erde.

Pflege Die Bergminze braucht wenig Wasser und Dünger.

Krankheiten Falscher Mehltau.

Vermehrung Aussaat im Frühjahr, Kopfstecklinge im Sommer, Wurzelteilung im Herbst.

Ernten Blätter und Triebspitzen vor der Blüte, auch zum Trocknen. Die getrockneten Pflanzenteile verlieren ihr Aroma nicht.

Gesundheit und Küche Enthält ätherische Öle, hauptsächlich Pulegon. Sie wirkt schweißtreibend, lindert Blähungen und Magenverstimmungen, ist schleimlösend und bei Husten und Erkältungen zu empfehlen. Kann als Tee aufgebrüht werden. In einigen Mittelmeerländern wird die Bergminze zum Einlegen von Oliven verwendet.

Weitere Art Die Großblütige Bergminze (*Calamintha grandiflora*), auch Großblütiger Steinquendel genannt, ist mehrjährig und winterhart. Sie wächst buschig mit größeren Blättern, die milder nach Minze schmecken.

BLÜTENFARBE

BLÜTEZEIT

| Jan | Feb | März | April | Mai | Juni | **Juli** | **Aug** | **Sept** | Okt | Nov | Dez |

Kapernstrauch

Kapernstrauch
Capparis spinosa var. *inermis*

	Höhe 30–90 cm	Erntezeit Mai bis Oktober	pflege- leicht	

Blüte des Kapernstrauchs

Der mehrjährige, nicht winterharte Kapernstrauch ist im gesamten Mittelmeerraum heimisch. Er wächst hängend oder kriechend mit fleischigen, ovalen Blättern.

Standort Sonnig, sandige und kalkreiche Böden werden bevorzugt.

Pflege Der sehr genügsame Kapernstrauch braucht wenig Wasser und Dünger. Im Herbst zurückschneiden. Überwinterung: 10 bis 15 °C.

Schädlinge Schnecken, Wollläuse im Winter.

Vermehrung Stecklinge.

Ernten Blütenknospen am frühen Morgen, Früchte, Blätter, Wurzeln im Herbst.

Gesundheit und Küche Der Kapernstrauch ist eine zusammenziehende, harntreibende und schleimlösende Pflanze, die als anregendes Tonikum geschätzt wird. Die Wurzelrinde wird abgekocht und als Tinktur gegen Rheuma und vaginale Pilzinfektionen verwendet. Die getrockneten Blütenknospen werden in gesalzenen, weißen Essig eingelegt und können nach einer Woche zum Würzen verwendet werden. Auch Früchte und Blätter können eingelegt werden. Sie schmecken zu Lamm, Tartar, Kräuterdips und Fisch und werden als Vorspeise gereicht.

BLÜTENFARBE

BLÜTEZEIT

Jan	Feb	März	April	Mai	Juni	Juli	Aug	Sept	Okt	Nov	Dez

Cedronella canariensis

Balsamstrauch
Cedronella canariensis (syn. _Cedronella tryphylla_)

	Höhe bis 100 cm	Erntezeit April bis Juli	anspruchs- voll	

Der mehrjährige, aber frostempfindliche Lippenblütler wächst wild nur auf Madeira, den Kanaren und Azoren. Sein Wuchs ist locker buschig. Er verholzt an der Basis. Die dreilappigen, gezähnten Blätter sind unterseits behaart.

Standort Sonnig und geschützt, in durchlässige Erde pflanzen.

Pflege Gleichmäßig düngen und wässern. Staunässe vermeiden. Sollte die Pflanze zu groß werden, kann das grüne Holz jederzeit zurückgeschnitten werden. Überwinterung: hell, bei 5 bis 20 °C.

Schädlinge Weiße Fliege im Winter.

Vermehrung Kopfstecklinge ganzjährig, möglichst vor der Blüte.

Ernten Blätter und Blüten frisch oder zum Trocknen.

Gesundheit und Küche Der Balsamstrauch wirkt erfrischend und kreislaufanregend. Als Tee aufgebrüht wirken die Blätter gegen Schlafprobleme und sind nervenberuhigend. Die getrockneten Blätter und Blüten können in in Potpourris, Duftsäckchen und Duftsträußen gemischt werden. In der Küche werden die essbaren Blätter für Salat verwendet.

BLÜTENFARBE

BLÜTEZEIT

Jan	Feb	März	April	**Mai**	**Juni**	**Juli**	Aug	Sept	Okt	Nov	Dez

Kornblume

Kornblume
Centaurea cyanus

		Höhe bis 60 cm	Erntezeit Juli bis Oktober	pflege- leicht

Die Kornblume ist in Europa und Asien heimisch. Sie wächst aufrecht auf dünnen, behaarten Stängeln, ist wenig verzweigt und bildet graugrüne, lanzettenförmige Blätter mit endständigen, blauen Körbchenblüten. Früher war die Kornblume in allen Getreidefeldern und auf Ödland anzutreffen.

Standort Die pflegeleichte Kornblume kommt mit sonnigen bis halbschattigen Plätzen zurecht. In durchlässige, nährstoffreiche Böden setzen.

Pflege Regelmäßig gießen und wenig düngen. Die Kornblume blüht sehr lange, wenn die abgeblühten Blüten regelmäßig entfernt werden.

Krankheiten Rost.

Vermehrung Aussaat im Frühjahr.

Ernten Blüten, sobald sie ganz aufgeblüht sind, auch zum Trocknen.

Gesundheit und Küche Die Kornblume ist ein zusammenziehendes, entzündungshemmendes Kraut. Die Blüten können als Tee aufgebrüht werden. In der Küche können die Blüten an Salate gegeben werden. Auch für Duftsäckchen und Potpourris sind die Blüten geeignet.

BLÜTENFARBE

BLÜTEZEIT

Jan	Feb	März	April	Mui	**Juni**	**Juli**	**Aug**	**Sept**	**Okt**	Nov	Dez

Chenopodium ambrosoides

Blüten des Traubenkrauts

Traubenkraut, Mexikanischer Tee

Chenopodium ambrosoides var. ambrosoides

 | Höhe bis 150 cm | Erntezeit Juli bis September | pflege-leicht |

Das Traubenkraut, auch als Mexikanischer Tee bekannt, ist ein einjähriges, manchmal auch ausdauerndes, aromatisches Kraut. Die kleinen Blüten erscheinen in den Blattachseln und duften feinherb nach Zitrone.

Standort Ein sonniger und geschützter Standort ist ideal für dieses nicht winterharte Tee- und Küchenkraut. Pflanzen Sie das Traubenkraut in humose Erde.

Pflege Mäßig feucht halten.

Schädlinge Spinnmilben.

Vermehrung Aussaat im Frühjahr im Gewächshaus oder ab Mai direkt ins Beet.

Ernten Blätter, Blüten im Sommer.

Für Gesundheit und Küche Traubenkraut wirkt appetitanregend und verdauungsfördernd. Ein Tee aus den Blättern und Blüten hilft gegen verschiedene Beschwerden im Magen- und Darmbereich. In der mexikanischen Küche wird es vor allem als Würzkraut bei Bohnengerichten verwendet.

Weitere Art Das Wurmkraut (*Chenopodium ambrosoides var. anthelminticum*) hat ganz kleine Blätter und traubenförmigen Samen. Vorsicht: Die Samen enthalten Ascaridol und sie sind unerhitzt giftig.

BLÜTENFARBE

BLÜTEZEIT

| Jan | Feb | März | April | Mai | Juni | **Juli** | **Aug** | Sept | Okt | Nov | Dez |

Coleus amboinicus

Blüte des Jamaikathymians

Jamaikathymian
Coleus amboinicus (syn. *Plectranthus amboinicus*)

  | Höhe bis 40 cm | Erntezeit Juni bis Oktober | pflege-leicht |

Das mehrjährige, nicht winterharte, sukkulente Kraut wächst von Indien bis nach Malaysia und in der Karibik. Die glänzend grünen Blätter sind sukkulent.

Standort Sonnig bis halbschattig und warm. In lockere, durchlässige und humose Erde setzen.

Pflege Sparsam gießen und wenig düngen. Keine Staunässe. Wie alle Dickblattgewächse pflegen und in einen nicht zu großen Topf setzen. Überwinterung: hell, 10 bis 20 °C.

Vermehrung Kopfstecklinge, hohe Temperaturen zum Anwachsen (20 °C) nötig.

Ernten Blätter und Blattspitzen nach Bedarf.

Küche Der milde Geschmack des Jamaikathymians erinnert an Thymian. Daher der deutsche Name. In der spanischen und westindischen Küche werden die Blätter als Salat zubereitet. In Malaysia und Indonesien werden die Blätter oft in Teig ausgebacken.

Weitere Sorte Der Weißbunte Jamaikathymian (*Coleus amboinicus* 'Variegata', syn. *Plectranthus amboinicus* 'Variegata') wächst etwas kleiner als die Art. Die weißrandigen Blätter bleiben ebenfalls kleiner. Die Sorte bildet Ranken, blüht meist aber nicht.

BLÜTENFARBE

BLÜTEZEIT

| Jan | Feb | März | April | Mai | Juni | Juli | **Aug** | **Sept** | Okt | Nov | Dez |

Artischockenblüte

Artischocke
Cynara cardunculus Scolymus-Gruppe

	Höhe bis 200 cm	Erntezeit Juli bis September	pflege- leicht	

Die zweijährige Artischocke ist, neben der bekannten Verwendung als Gemüse, auch ein wichtiges Heilkraut. Mit den hübschen, silbergrünen Blättern und großen, tiefblauen Blüten ist sie eine Zierde in jedem Garten.

Standort Sonnig. Verlangt nähstoffreiche, tiefgründige Böden.

Pflege Im Frühjahr reichlich düngen, im Sommer feucht halten. Im Winter trocken halten und mit einer dicken Strohschicht als Winterschutz abdecken. Die Artischocke wird erst im zweiten Jahr geerntet.

Schädlinge Wurzelläuse an jungen Pflanzen.

Vermehrung Aussaat im Frühjahr, Wurzel- oder Stecklingsvermehrung.

Ernten Blattrosettenblätter von Juli bis September des zweiten Jahres. Für die Küche noch nicht aufgeblühte Blütenköpfe.

Gesundheit und Küche Die Artischocke wirkt leberschützend und -stärkend. Sie entgiftet, fördert die Verdauung und senkt den Blutzuckerspiegel. Medizinisch wirksam sind die Blätter der Blattrosette. Diese können zusammen mit der Blüte gekocht werden. Der Absud kann, über den Tag verteilt getrunken, Nieren, Galle und Leber reinigen.

BLÜTENFARBE

BLÜTEZEIT

Jan	Feb	März	April	Mai	Juni	Juli	Aug	Sept	Okt	Nov	Dez

Türkischer Drachenkopf

Türkischer Drachenkopf
Dracocephalum moldavicum

 | Höhe 40–60 cm | Erntezeit Juni bis September | pflege-leicht |

Der Türkische Drachenkopf wächst einjährig und aufrecht hoch mit weichen Blättern. Seine Heimat ist in Südsibirien bis im Himalaja. Die blauen bis violetten Blüten wachsen quirlig in dichten, entständigen Ähren. Der Drachenkopf ist auch eine sehr schöne Zierpflanze, deren Blüten für den Vasenschnitt geeignet sind. Außerdem lockt sie Bienen und Insekten in den Garten.

Standort Sonnig. Als Pionierkraut kann es auch nährstoffarme Böden besiedeln. Im Garten sollte der Boden humos und durchlässig sein.

Pflege Viel gießen. Nicht düngen, sonst werden weniger Blüten gebildet.

Schädlinge Schnecken, Raupen.

Vermehrung Aussaat im Frühjahr.

Ernten Blätter und Blüten. Auch zum Trocknen geeignet.

Gesundheit und Küche Der Türkische Drachenkopf wirkt leicht krampflösend und beruhigend. Als Bestandteil in Beruhigungs-, Leber- und Gallen- sowie Magentees hilft er bei vielen Problemen mit inneren Organen. In der Türkei ist der Drachenkopf ein wichtiges Gewürz. Er schmeckt sehr angenehm zitronig und frisch.

BLÜTENFARBE

BLÜTEZEIT

| Jan | Feb | März | April | Mai | **Juni** | **Juli** | **Aug** | **Sept** | Okt | Nov | Dez |

Afrikanischer Rosmarin

Afrikanischer Rosmarin, Kapokstrauch
Eriocephalus africanus

	Höhe bis 100 cm	Erntezeit Januar bis September	pflege-leicht	

Der mehrjährige, nicht winterharte, immergrüne Strauch aus Südafrika trägt angenehm duftende, nadelartige Blätter. Der südafrikanische Name Kapokstrauch bedeutet Wollkopfstrauch, die Samen sind wollig behaart.

Standort Ein sonniger Platz in offenen, luftigen Lagen wird bevorzugt. Durchlässiger Boden ist ideal.

Pflege Wenig gießen und düngen, auch im Winter. Der Kapokstrauch verträgt Trockenheit und übersteht problemlos leichte Fröste. Bei uns am besten im Kübel pflegen. Überwinterung: hell, bei 0 bis 5 °C.

Schädlinge Schmier- und Schildläuse, nicht mit den weißen Samen im Herbst verwechseln!

Vermehrung Aussaat im späten Frühjahr, Stecklinge im Frühsommer.

Ernten Zweige und duftende Blätter nach Bedarf ernten.

Gesundheit und Küche Der Afrikanische Rosmarin ist aromatisch und hat harntreibende Eigenschaften. Mit den Blättern können Eintöpfe gewürzt werden. Sein Tee hilft bei Husten, Erkältungen, Blähungen und Koliken. Ein Fußbad mit dem Sud aus Zweigen wirkt gegen geschwollene und müde Füße.

BLÜTENFARBE

BLÜTEZEIT

Jan	Feb	**März**	**April**	**Mai**	Juni	Juli	Aug	Sept	Okt	Nov	Dez

Mexikanischer Koriander

Mexikanischer Koriander
Eryngium amethystinum (syn. *Eryngium foetidum*)

		Höhe 20–50 cm	Erntezeit Juli bis September	anspruchs-voll	

Der mehrjährige, nicht winterharte Dolden-blütler ist in Mexiko und der Karibik heimisch. Die schlanke, immergrüne Pflanze trägt sta-chelig gezähnte Blätter. Im Sommer erschei-nen hellgrüne Blüten.

Standort Sonnig bis halbschattig, warm. Feuchte, humose Böden werden bevorzugt.

Pflege Ständig leicht feucht halten, Wurzel-ballen nicht austrocknen lassen. Blüten sofort entfernen, dann werden mehr Blätter gebildet. Überwinterung: hell, bei 10 °C.

Vermehrung Aussaat im Frühjahr (Keimtem-peratur zirka 20 °C), Wurzelteilung im Herbst.

Ernten Blüten und Blätter zum Trocknen, Wurzeln.

Gesundheit und Küche Der Mexikanische Koriander ist ein scharfes, aromatisch schme-ckendes Kraut, das Fieber senkt, Krämpfe löst und der Verdauung hilft. In der Karibik wird die ganze Pflanze bei hohem Blutdruck, Fieber und Erkältungen als Tee aufgebrüht. Die Blätter schmecken wie Koriander, aber milder und aro-matischer. Blüten und Blätter werden nach dem Trocknen zu Pulver weiterverarbeitet. Mit dem Mexikanischen Koriander werden Suppen, Reis und Fisch sehr sparsam gewürzt.

BLÜTENFARBE

BLÜTEZEIT

Jan	Feb	März	April	Mai	Juni	Juli	Aug	Sept	Okt	Nov	Dez

Eucalyptus globulus

Eukalyptus
Eucalyptus globulus

☀	**Höhe** bis 300 cm	**Erntezeit** Januar bis Dezember	**pflege-leicht** 🌱

Der bei uns immergrüne, mehrjährige Strauch wird in unseren Breiten am besten als Kübelpflanze gezogen. In seiner Heimat Australien und Tasmanien wird der Eukalyptusbaum bis zu 25 Meter hoch. Bei genügend Abhärtung kann Eukalyptus in Gegenden mit mildem Weinbauklima auch ins Freie gepflanzt werden. Die silbergrauen, weichen Blätter werden getrocknet.

Standort Sonnig. Nährstoffreiche, neutrale bis saure Böden sind am besten geeignet.

Pflege Im Sommer viel gießen und düngen. Im Winterquartier nur wenig Wasser und Dünger geben. Überwinterung: hell, zwischen 0 °C und 20 °C.

Schädlinge Woll- und Schmierläuse.

Vermehrung Aussaat (Lichtkeimer), Stecklinge.

Ernten Blätter nach Bedarf, frisch verwenden.

Gesundheit Eukalyptus wirkt aromatisch, stimulierend und schleimlösend. Er lindert Krämpfe und senkt Fieber. Das bekannte Eukalyptusöl wird aus den Blättern gewonnen. Die zerkleinerten Blätter werden äußerlich zum Inhalieren und für Dampfbäder bei Katarrh, Bronchitis, Nebenhöhlenentzündungen, Erkäl-

BLÜTENFARBE

BLÜTEZEIT

Jan	Feb	März	April	Mai	Juni	*Juli*	*Aug*	*Sept*	*Okt*	Nov	Dez

Blätter des Eukalyptus

Eukalyptusblüte

tungen und Influenza verwendet. Mit dem
Eukalyptusöl können Quetschungen und Muskelschmerzen behandelt werden. Bei sehr
empfindlicher Haut kann das Eukalyptusöl
auch mit einem milden Olivenöl vermischt
werden. Vorsicht: Nicht überdosieren, Eukalyptus enthält sehr viel ätherische Öle. Das Öl
wird in Australien nicht bei Kindern angewendet, weil es möglicherweise zu asthmatischen
Anfällen führen kann.

Weitere Arten Der Zitronenduft-Eukalyptus
(*Eucalyptus citriodora*) ist mehrjährig, sehr
aromatisch und hat ähnliche Eigenschaften.
Er hilft auch bei Bakterien- und Pilzinfektionen.
Die getrockneten Blätter finden in Duftmi-
schungen und Duftsäckchen Verwendung.

getrocknete Eukalyptusblätter

Auch zum Inhalieren bei Fieber und Asthma
anwendbar. Diese Art wird auch zum Parfü-
mieren in der Kosmetik- und Waschmittelin-
dustrie verwendet. Der Honig-Eukalyptus
(*Eucalyptus mellifera*) ist ebenfalls ein mehrjähriger Strauch aus Australien. Seine Blätter
duften sehr stark nach Honig. Der Pfefferminz-
Eukalyptus (*Eucalyptus radiata*) ist auch ein
mehrjähriger Strauch aus Australien. Er duftet
ebenfalls nach Pfefferminze.

Gewöhnlicher Erdrauch

Gewöhnlicher Erdrauch
Fumaria officinalis

☀	Höhe 10–30 cm	Erntezeit Mai bis Oktober	pflege- leicht

Das einjährige Mohngewächs ist fast auf der ganzen Welt verbreitet. Das aufrechte, leicht kletternde Kraut mit kräftigem Stängel bildet kleine, silbergraue Blätter. Die hellrosafarbenen bis purpurroten, zierlichen Blüten mit schwarzroter Spitze stehen in aufrechten Trauben am Triebende und blühen von Mai bis Oktober.

Standort Sonnig. Kalkreicher, magerer Boden wird gewünscht.

Pflege Der Gewöhnliche Erdrauch ist völlig anspruchslos.

Vermehrung Aussaat im Frühjahr.

Ernten Ganzes Kraut ohne Wurzel, vor und während der Blüte.

Gesundheit und Küche Erdrauch wirkt blutreinigend, verdauungsfördernd und cholesterinsenkend. Es enthält viele Bitterstoffe, Harz und Schleim sowie Flavonoide. Erdrauchblätter können, als Tee aufgebrüht, bei Gallensteinen helfen. Äußerlich wird es auch als Tinktur zum Bleichen von Sommersprossen und zur Behandlung von Ekzemen und Schorf verwendet. Bei längerer Anwendung kann es schlaffördernd wirken. Nicht zu lange anwenden.

Weitere Namen Ackerraute, Apostelkraut.

BLÜTENFARBE

BLÜTEZEIT

| Jan | Feb | März | April | Mai | Juni | Juli | Aug | Sept | Okt | Nov | Dez |

Spanisches Süßholz

Spanisches Süßholz
Glycyrrhiza glabra

getrocknete Lakritzwurzel

 | Höhe bis 120 cm | Erntezeit September bis Dezember | pflege-leicht |

Das mehrjährige, winterharte Süßholz ist in Südosteuropa und Südwestasien heimisch. Die Unterseite der Blätter ist harzig klebend. Im Spätsommer erscheinen violette und weiße Schmetterlingsblüten in kurzen, aufrechten Ähren.

Standort Sonnig. In lockere, sandige, tiefgründige Böden pflanzen.

Pflege Erde gleichmäßig feucht halten, viel düngen.

Vermehrung Aussaat im Frühjahr, Wurzelteilung im Herbst, Stecklinge von Ausläufern im Frühjahr oder Herbst.

Ernten Wurzeln und Ausläufer von drei bis vier Jahre alten Pflanzen im Frühherbst, trocknen lassen.

Gesundheit Die Lakritzwurzel ist ein süßes Kraut, das, als Tee zubereitet, entzündungshemmend und schleimlösend wirkt. Es lindert Husten, entgiftet und schützt die Leber. Das Kraut ist die Grundlage für die meisten Abführmittel. Die Wurzeln werden gekocht, um Lakritze zu extrahieren, die für Süßigkeiten verwendet wird. Getrocknete Wurzeln können verzehrt werden.

Weiterer Name Lakritzwurzel.

BLÜTENFARBE

BLÜTEZEIT

Jan | Feb | März | April | Mai | Juni | Juli | Aug | Sept | Okt | Nov | Dez

Vanilleblume

Vanilleblume
Heliotropium arborescens

	Höhe bis 80 cm	Erntezeit Juni bis Oktober	pflege-leicht	

Die mehrjährige, nicht winterharte Vanille-blume ist in Peru heimisch. Die stark nach Va-nille duftenden Blüten erscheinen in Büscheln. Die offenen Blüten folgen dem Stand der Sonne. Die Vanilleblume ist auch eine sehr schöne Duftpflanze für Sommerblumenbeete, Einfassungen, Töpfe und Wintergärten.
Standort Sonnig. Nährstoffreiche und hu-mose Böden werden bevorzugt.
Pflege In der Blütezeit viel Wasser geben und regelmäßig düngen. Überwinterung: frostfrei und hell. Nur noch wenig gießen und düngen.
Schädlinge Weiße Fliege.

Vermehrung Kopfstecklinge von Frühjahr bis Herbst.
Ernten Blüten von Juni bis in den Herbst.
Gesundheit und Küche Die Vanilleblume enthält ätherische Öle, die zur Herstellung von Potpourris und Parfüms verwendet werden. In der griechischen Volksheilkunde wurde die Tinktur aus den Blüten gegen rauen Hals ange-wendet. In der Küche wird die Vanilleblume zum Aromatisieren von Fruchtspeisen verwen-det.
Weitere Sorte 'Alba' schmückt sich mit rein-weißen Blüten, die in Büscheln erscheinen.

BLÜTENFARBE

BLÜTEZEIT
Jan   Feb   März   April   Mai   **Juni**   **Juli**   **Aug**   **Sept**   Okt   Nov   Dez

Duftendes Mariengras

Duftendes Mariengras, Vanillegras
Hierochloe odorata

		Höhe 20–50 cm	Erntezeit Juni bis September	pflege-leicht	

Dieses mehrjährige, nicht winterharte Süßgras ist in Nordamerika, Europa und Asien heimisch. Die aromatisch duftende, mit dünnen, kriechenden Rhizomen wachsende Pflanze, bildet dichte Horste. Früher wurde sie bei Hochzeiten vor die Kirchentür gestreut.

Standort Sonnig bis halbschattig. Feuchte, magere Böden sind erwünscht. In der Natur wächst das Duftende Mariengras an Flussufern.

Pflege Stets feucht halten, nicht düngen. Kann auch im Topf gezogen werden. Das Gras wuchert gerne. Frostfrei überwintern.

Vermehrung Aussaat im Frühjahr, Wurzelausläufer ganzjährig.

Ernten Ganze Pflanze mit Wurzeln, auch zum Trocknen geeignet.

Gesundheit und Küche Das Mariengras kann bei Erkältungen, als erfrischender Tee und auch zum Räuchern verwendet werden. Die ganze Pflanze ist zum Aromatisieren von Likören, für Auszüge für Süßigkeiten und Getränke und zur Parfümierung von Kleidung geeignet. Erst beim Trocknen entsteht das intensive Cumarinaroma, das dem Duftenden Mariengras den Waldmeisterduft verleiht.

BLÜTENFARBE

BLÜTEZEIT

Jan	Feb	März	April	Mai	Juni	Juli	Aug	Sept	Okt	Nov	Dez

Hypericum hircinum

Zitronen-Johanniskraut
Hypericum hircinum

		Höhe 50–90 cm	Erntezeit Juni bis August	anspruchs- voll	

Diese mehrjährige, nicht vollkommen winterharte Johanniskrautart ist im östlichen Mittelmeergebiet heimisch. Die großen, gelben Blüten mit langen, gelben Staubgefäßen wachsen endständig. Ihre großen Blätter duften stark nach Zitrone, vergleichbar mit dem Aroma des Zitronen-Eukalyptus. Bei Regen und schon bei leichter Berührung entfaltet sich der erfrischende Zitronenduft.

Standort Sonnig bis halbschattig. Ein gut durchlässiger bis trockener Boden ist ideal.
Pflege Gleichmäßig gießen und düngen. Das Johanniskraut verträgt keine Staunässe und re-
agiert mit braunen Blattspitzen darauf. Im Winter einen leichten Winterschutz geben und abdecken. Im Kübel geschützt überwintern.
Vermehrung Diese Art wird nur durch Stecklinge im Sommer vermehrt.
Ernten Blätter und Blüten nach Bedarf zur Blütezeit, auch zum Trocknen.
Gesundheit Das Kraut ergibt einen wohlschmeckenden, entspannenden, aromatischen, stimmungsaufhellenden und nervenberuhigenden Tee. Das getrocknete Kraut kann zu Cremes, Tees, medizinischen Ölen sowie Tinkturen verarbeitet werden.

BLÜTENFARBE

BLÜTEZEIT

Jan	Feb	März	April	Mai	Juni	Juli	Aug	Sept	Okt	Nov	Dez

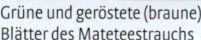

Mateteestrauch

Mateteestrauch
Ilex paraguariensis

  | Höhe bis 500 cm | Erntezeit April bis Oktober | anspruchs-voll |

Grüne und geröstete (braune)
Blätter des Mateteestrauchs

Der anspruchsvolle, frostempfindliche Mate-teestrauch wächst in seiner Heimat Paraguay und Brasilien als immergrüner Strauch oder Busch.

Standort Sonnig bis halbschattig. Gedeiht in feuchten, gut durchlässigen, auch lehmigen Böden.

Pflege Regelmäßig gießen und düngen. Verträgt keine Staunässe. Ganzjährig gleiche Kulturtemperaturen sind wichtig, nicht unter 5 °C halten. Kann bei uns nur im Kübel gezogen werden. Höchstens alle 5 Jahre umtopfen. Überwinterung: hell, bei 5 bis 10 °C.

Schädlinge Spinnmilben.

Vermehrung Aussaat in der Natur, in Kultur mit Stecklingen (sehr schwierig).

Ernten Blätter, auch vor und nach der Blüte.

Gesundheit und Küche Die großen Blätter werden über Holzfeuer geröstet und dann zerkleinert in Stoffsäckchen gelagert. Nach einem Jahr kann daraus der Mate-Tee aufgebrüht werden. Er enthält Koffein und viele Gerbstoffe. Das Kraut wirkt schmerzlindernd und harntreibend, löst Krämpfe und reinigt den Körper. Der Tee aus dem Mateteestrauch ist ein leichtes Abführmittel.

BLÜTENFARBE

BLÜTEZEIT

| Jan | Feb | März | April | Mai | Juni | Juli | Aug | **Sept** | **Okt** | Nov | Dez |

Ausdauernde Gartenkresse

Ausdauernde Gartenkresse
Lepidium latifolium

  | Höhe 40–100 cm | Erntezeit Mai bis Oktober | pflege-leicht |

Diese ausdauernde Kresse-Art ist mehrjährig und winterhart. Sie ist in den Küstenregionen Nordwesteuropas heimisch und bildet Ausläufer. Die Kresse verzweigt sich und bildet feste, dunkelgrüne und lange Blätter. Die zahlreichen, unscheinbaren, weißen Blüten erscheinen von Juni bis August.

Standort   Sonnig bis halbschattig. Lehmige, feuchte Böden sind ideal.

Pflege   Reichlich gießen und düngen. Der abgeschnittene Kressestumpf sollte im Spätherbst mit einem Tontopf bedeckt werden. Dann wachsen besonders zarte, gelbe und schmackhafte Blätter nach, die nach Bedarf geerntet und auch roh verzehrt werden.

Schädlinge   Schnecken.

Vermehrung   Ausläufer und Wurzelschösslinge im Frühjahr oder Herbst.

Ernten   Blätter und Wurzeln nach Bedarf.

Küche   Die frische Kresse enthält schwefelhaltiges, ätherisches Öl, Flavonoide und Rutin. Junge Blätter werden als Würze oder als Salat verwendet. Die Wurzeln und älteren Blätter können als Gemüse gekocht oder als Beilage zu Fleischgerichten verzehrt werden.

Weiterer Name   Breitblättrige Kresse.

BLÜTENFARBE

BLÜTEZEIT

| Jan | Feb | März | April | Mai | Juni | Juli | Aug | Sept | Okt | Nov | Dez |

Schottischer Liebstöckel

Schottischer Liebstöckel
Ligusticum scoticum

		Höhe bis 60 cm	Erntezeit Mai bis Oktober	pflege-leicht	

Diese mehrjährige Liebstöckel-Art stammt von den Küstengebieten Schottlands. Sie ist nicht vollkommen winterhart und benötigt, vor allem bei Kahlfrösten, einen leichten Winterschutz. Die Blätter sind kleiner als beim größeren Verwandten. Im Sommer erscheinen weiße, kleine Doldenblüten.

Standort Sonnig bis halbschattig. In durchlässige, feuchte und humose Erde säen.

Pflege Im Frühjahr mit sehr nährstoffreicher Erde auffüllen. Gleichmäßig mit Wasser und Dünger versorgen. Ältere Pflanzen jedes Jahr im Herbst teilen.

Vermehrung Aussaat im Frühjahr, Wurzelteilung im Herbst.

Ernten Blätter nach Bedarf im Sommer, Wurzeln im Herbst.

Gesundheit und Küche Die Wurzeln, als Tee gekocht, werden als leichtes Beruhigungsmittel verwendet. In der Küche ist das sehr milde, fast nach Petersilie schmeckende Liebstöckel-Aroma der Blätter beliebt. Diese Liebstöckel-Art kann auch für Salate genutzt werden. Außerdem kann sie als Würzkraut in Suppen und Eintöpfen mitgekocht werden und passt sehr gut zu Muscheln und Meeresfrüchten.

BLÜTENFARBE

BLÜTEZEIT

Jan	Feb	März	April	Mai	Juni	**Juli**	**Aug**	**Sept**	Okt	Nov	Dez

Lein

Lein
Linum usitatissimum convar. *usitatissimum*

	Höhe	Erntezeit	pflege-
☼	50–80 cm	September bis Oktober	leicht

Die Pflanzenfasern des einjährigen Leins wurden schon in der Steinzeit zur Herstellung von Seilen und Stoffen genutzt. Inzwischen wird Lein auf der ganzen Welt angebaut. Neben dem sehr ölhaltigen Samen werden auch die faserreichen Blattstiele für Stricke und andere Gewebe verwendet.

Standort Sonnig. Wächst auf allen Böden.

Pflege Bei nährstoffreicher Erde ist kein weiteres Düngen erforderlich. Gleichmäßig feucht halten. In nassen Sommern werden zum Teil keine Blüten und Samen gebildet.

Vermehrung Aussaat im späten Frühjahr.

Ernten Reife Samen, Stiele als Flachs zur weiteren Verarbeitung.

Gesundheit und Küche Der an Schleimstoffen und ungesättigten Fettsäuren reiche Leinsamen dient als wichtiges Arzneimittel für viele Beschwerden des Verdauungssystems und der Atemwege. Als Tee können die Samen eine günstige Wirkung auf die Harnwege haben. Äußerlich hilft auch ein Umschlag aus zerquetschten Samen bei chronischem Husten und Bronchitis. Vorsicht: Keine unreifen Samen verwenden! Diese enthalten giftige, cyanogene Glykoside.

BLÜTENFARBE

BLÜTEZEIT

Jan	Feb	März	April	Mai	Juni	Juli	Aug	Sept	Okt	Nov	Dez

Aztekisches Süßkraut

Aztekisches Süßkraut
Lippia dulcis

☀	Höhe 20–30 cm	Erntezeit Januar bis Dezember	anspruchs-voll	🌱

Das mehrjährige und nicht winterharte Eisen-krautgewächs ist frostempfindlich. Seine Heimat ist Mexiko. Es wächst kriechend, über-hängend mit meterlangen Ranken. Die dunkel-grünen, gerippten Blätter sind behaart und fast klebrig. Die kleinen, weißen Blüten duften wie die Blätter süßlich nach Honig.

Standort Sonnig. Durchlässige und sandige Böden wählen.

Pflege Wenig gießen und düngen. Das Süß-kraut sollte als Kübelpflanze gezogen werden. Regelmäßig zurückschneiden. Überwinterung: hell und kühl, bei 5 bis 10 °C.

Schädlinge Weiße Fliege.

Vermehrung Kopf- oder Teilstecklinge, am besten von verholzten Trieben.

Ernten Blätter und Blüten, je nach Bedarf ganzjährig.

Gesundheit und Küche In Mexiko wird das Süßkraut als Arzneipflanze kultiviert. Der Tee hat eine leicht entspannende Wirkung und ein minziges, süßes Aroma. Das enthaltene ätheri-sche Öl enthält Campher, das schleimlösend wirken kann. In der Küche wird das Aztekische Süßkraut als Süßungsmittel für Speisen und Kräutertees eingesetzt.

BLÜTENFARBE

BLÜTEZEIT

Jan	Feb	März	April	Mai	Juni	**Juli**	**Aug**	**Sept**	Okt	Nov	Dez

Mexikanischer Oregano

Mexikanischer Oregano
Lippia graveolens

	Höhe bis 200 cm	Erntezeit Januar bis Dezember	anspruchs- voll	

Der buschige, immergrüne Halbstrauch aus dem tropischen bis subtropischen Mittel- und Südamerika ist mehrjährig, aber nicht winterhart.
Standort Sonnig. Gut durchlässige, sandige Böden sind geeignet.
Pflege Gießen nach Bedarf, wenig düngen. Regelmäßiger Rückschnitt im Herbst. Überwinterung: hell, mäßig warm, bei 5 bis 10 °C.
Schädlinge Weiße Fliege, besonders bei älteren Pflanzen.
Vermehrung Kopf- und Teilstecklinge von verholzten Trieben.

Ernten Blätter und Blüten, nach Bedarf ganzjährig.
Küche In Mittelamerika ist der Mexikanische Oregano als Gewürzpflanze in Kultur. In der Küche wird der oreganoähnliche Geschmack als Gewürz für Chilis, Eintöpfe und Bohnengerichte geschätzt. Die Blätter duften beim Zerreiben nach Oregano.
Weitere Art Die Anis-Verbene (*Lippia alba*) ist ein mehrjähriger, bis zu zwei Meter hoher Halbstrauch aus Südamerika: Aus ihren großen, lindgrünen Blättern wird ein Öl gewonnen, das nach Anis duftet.

BLÜTENFARBE

BLÜTEZEIT

Jan	Feb	März	April	Mai	Juni	Juli	Aug	Sept	Okt	Nov	Dez

Blüten der Rosen-Malve

Rosen-Malve
Malva alcea

| ☀ | ◑ | Höhe bis 100 cm | Erntezeit April bis September | pflege-leicht |

Dieses mehrjährige, winterharte Malvenge-wächs aus Südeuropa wächst straff aufrecht und verzweigt. In der Natur findet man es an Wegrändern und Böschungen. Die Pflanze sät sich selbst aus.

Standort Sonnig bis halbschattig, nähr-stoffreiche und kalkhaltige Böden wählen.

Pflege Reichlich gießen und düngen. Nach der Blüte kräftig zurückschneiden, um eine Nachblüte anzuregen. Im Herbst die Stängel bis zu den unteren Blättern zurückschneiden.

Krankheiten Rostpilze, befallene Blätter ab-schneiden.

Vermehrung Aussaat im Herbst, Stecklinge ganzjährig.

Ernten Junge Blätter im Frühjahr, blühendes Kraut ab Mai, Wurzeln im zweiten Jahr.

Gesundheit und Küche Die krautigen Teile wirken schmerzstillend und entzündungshem-mend. Die Blätter können, als Tee aufgebrüht, bei chronischer Verstopfung, Husten und Hals-entzündungen helfen. Die Wurzeln mit den Blättern werden zu Salben und Hustensirup verarbeitet. In der Küche können Malvenblät-ter, roh oder gekocht, in Salate gemischt wer-den.

BLÜTENFARBE

BLÜTEZEIT

| Jan | Feb | März | April | Mai | Juni | **Juli** | **Aug** | **Sept** | Okt | Nov | Dez |

Austernpflanze

Austernpflanze
Mertensia maritima

		Höhe bis 20 cm	Erntezeit Juni bis Oktober	anspruchs-voll	

Das mehrjährige Raublattgewächs braucht bei uns wegen der fehlenden Luftfeuchte im Winter einen Winterschutz. Ursprünglich ist es im Norden Japans und auf der Insel Sachalin heimisch. Die röhrig-trichterförmigen bis glockenförmigen, nickenden, blauen Blüten sitzen an endständigen, überhängenden Trauben. Der Geschmack der Austernpflanze erinnert an Austern, Anchovis oder Pilze. Daher kommt der deutsche Name.
Standort Sonnig bis halbschattig, möglichst keine volle Sonne. In humose und frische Böden setzen.

Pflege Gleichmäßig gießen und düngen. Ab August nicht mehr düngen. Bei Kahlfrösten unbedingt abdecken. Im Sommer Ruhezeit.
Schädlinge Schnecken.
Vermehrung Aussaat, Stecklinge, Wurzelteilung im Sommer.
Ernten Frische Blätter nach Bedarf.
Küche Die frischen Blätter schmecken sehr intensiv nach Austern oder Fisch. Die Austernpflanze passt sehr gut zu Meeresfrüchten oder nach Belieben fein gehackt auf Butterbrote und zu Quarkspeisen. Sie kann auch als Gemüse zubereitet werden.

BLÜTENFARBE

BLÜTEZEIT

Jan	Feb	März	April	Mai	Juni	Juli	Aug	Sept	Okt	Nov	Dez

Bergkraut

Bergkraut, Bergthymian
Micromeria fruticosa

	Höhe	Erntezeit	anspruchs-	
	20–30 cm	Juni bis September	voll	

Der stark duftende, ausdauernde, halb verholzende und niedrig wachsende, kleine Strauch ist mit Thymian und Bohnenkraut verwandt. In Höhenlagen ab 500 m braucht das mehrjährige und winterharte Bergkraut Winterschutz. Die stark mentholhaltigen Blätter ähneln denen von Thymian oder Oregano.

Standort Sonnig und geschützt. In einen gut durchlässigen, auch steinigen Boden setzen.

Pflege Magere Böden fördern die Bildung der Duftstoffe. Bei uns wird das Bergkraut auch als Kübelpflanze gezogen. Überwinterung: Mit Reisig oder Laub abdecken. Nicht mehr gießen.

Vermehrung Aussaat, Stecklinge von Sommer bis Herbst.

Ernten Frische Zweige mit Blüten im Sommer, kann auch getrocknet werden.

Gesundheit und Küche Die ganze Pflanze wird zur Extraktion von ätherischem Öl verwendet. In der Volksheilkunde wird der Tee bei Ermüdungserscheinungen angewendet. In der mediterranen wie auch in der nordafrikanischen Küche wird das Bergkraut zum Würzen verwendet, vor allem zur Nationalspeise Couscous und zu Fleisch- und Fischgerichten gegeben.

BLÜTENFARBE

BLÜTEZEIT

Jan	Feb	März	April	Mai	Juni	Juli	Aug	Sept	Okt	Nov	Dez

![Monarda didyma]

Monarda didyma

Scharlach-Indianernessel, Goldmelisse
Monarda didyma

		Höhe bis 90 cm	Erntezeit Juni bis Oktober	pflege-leicht	

Der mehrjährige und winterharte Lippenblüt-ler aus Nordamerika ist eine aromatische Pflanze mit ovalen, gezähnten Blättern und hellroten Blüten. Diese werden mit rotgrünen Deckblättern von Sommer bis Herbst in end-ständigen Wirbeln gebildet.

Standort Sonnig bis halbschattig. In nähr-stoffreiche, feuchte Böden pflanzen.

Pflege Regelmäßig gießen. Wurzelballen nicht austrocknen lassen. Reichlich düngen. Im Herbst knapp über dem Boden abschneiden, sobald der Austrieb für nächstes Jahr sichtbar ist. Alle drei bis vier Jahre teilen und umsetzen.

Krankheiten Falscher Mehltau.

Vermehrung Aussaat im Frühjahr, Wurzeltei-lung vor der Blüte oder im späten Herbst.

Ernten Frische Blätter nach Bedarf, die ganze Pflanze kann getrocknet werden.

Gesundheit und Küche Die Monarde ist ein aromatisches, anregendes, schleimlösendes Kraut, das Fieber senkt und verdauungsför-dernd wirkt. Blätter werden zu Tees aufgebrüht und geben Grünem Tee und gekühlten Ge-tränken einen bergamotteartigen Geschmack. Die Blüten verwendet man in Salaten, grüne Blätter in Obstsalaten und Gelees.

BLÜTENFARBE

BLÜTEZEIT

Jan	Feb	März	April	Mai	Juni	*Juli*	*Aug*	*Sept*	Okt	Nov	Dez

Myrrhis odorata

Süßdolde
Myrrhis odorata

	Höhe bis 150 cm	Erntezeit April bis Dezember	pflege-leicht	

Die mehrjährige und winterharte Süßdolde ist im gesamten südeuropäischen Raum heimisch. Die farnartig geteilten, behaarten Blätter zieren die Pflanze neben den cremefarbenen Blüten. Später entwickeln sich daraus sichelförmige, schwarze Samen.

Standort Halbschattig bis schattig. Humusreiche, durchlässige Böden sind ideal.

Pflege Gleichmäßig gießen und düngen.

Vermehrung Aussaat, Wurzelteilung im Herbst oder Frühjahr.

Ernten Blätter während der Wachstumsperiode (frisch verwenden oder einfrieren), Wurzeln im Herbst (frisch und getrocknet), Samen grün ernten und trocknen.

Gesundheit und Küche Die Süßdolde ist ein süßes, aromatisches, schleimlösendes Kraut, das die Verdauung fördert. Aus den getrockneten Wurzeln können Absude hergestellt werden. Innerlich werden die Blätter als Tee bei Husten und leichten Verdauungsbeschwerden angewendet. Frische Blätter und Wurzeln werden als Gemüse oder als Gewürz Suppen, Eintöpfen und Bowlen beigegeben. Die Blätter und Blüten können als kalorienarmer Süßstoff verwendet werden.

BLÜTENFARBE

BLÜTEZEIT

| Jan | Feb | März | April | **Mai** | **Juni** | **Juli** | Aug | Sept | Okt | Nov | Dez |

Katzenminze

Gewöhnliche Katzenminze
Nepeta cataria

☀	Höhe bis 50 cm	Erntezeit Juni bis November	pflege-leicht	🪴

Die mehrjährige, winterharte Katzenminze lockt mit ihrem Aroma Katzen an. Die leicht behaarten, graugrünen und gezähnten Blätter sind aromatisch. Die Katzenminze blüht hellblau oder purpurfarben.

Standort Sonnig. Ein feuchter Boden ist ideal.

Pflege Nach der ersten Blüte zurückschneiden, um die zweite Blüte anzuregen. Verträgt keine Staunässe.

Vermehrung Aussaat im Frühjahr, Wurzelteilung im Herbst.

Ernten Junge Blätter und Triebe, zum Trocknen Pflanzen im Knospenstadium schneiden.

Gesundheit Die Katzenminze ist ein bitteres, zusammenziehendes und kühlendes Kraut mit einem kampferartigen Thymian-Aroma. Es wirkt fiebersenkend, krampflösend, schweißbildend und beruhigend. Die Blätter werden zu einem minzig schmeckenden Tee aufgebrüht. Mit getrockneter Katzenminze wird Katzenspielzeug ausgestopft. Katzen lieben den Geruch der Katzenminze.

Weitere Sorte Die Weiße Melisse (*Nepeta cataria* 'Citriodora') wird bis zu einem Meter hoch. Ihre Blätter duften mild aromatisch nach Zitronen und Rosen.

BLÜTENFARBE

BLÜTEZEIT

| Jan | Feb | März | April | Mai | Juni | **Juli** | **Aug** | **Sept** | Okt | Nov | Dez |

Perovskia atriplicifolia

Russischer Salbei
Perovskia atriplicifolia

☀	Höhe bis 150 cm	Erntezeit Juli bis Oktober	anspruchs- voll	🪴

Der mehrjährige, winterharte Lippenblütler ist im Westhimalaja heimisch und blüht wunderschön lavendelblau. Die ganzrandigen Blätter sind weißfilzig behaart und duften stark aromatisch, herb und zitronig.

Standort Ein sonniger und geschützter Platz ist für den Russischen Salbei ideal. Wählen Sie einen durchlässigen, trockenen und nährstoffarmen Platz.

Pflege Der Russische Salbei sollte gleichmäßig Wasser- und Nährstoffgaben bekommen. Im Frühjahr wird er jedes Jahr bodennah zurückgeschnitten. Er überwuchert gerne niedrigere Pflanzen und sollte nicht mit schwachwüchsigen Pflanzen kombiniert werden.

Vermehrung Aussaat im Frühjahr, Stecklinge im Sommer.

Ernten Blätter und Blüten nach Bedarf.

Gesundheit und Küche Der Russische Salbei ist aromatisch und anregend. Seine Blätter können, fein geschnitten, als Würze für Fleisch und Fisch verwendet werden. In Russland wird die Pflanze zum Einlegen von Gewürzen und Knoblauch verwendet, auch als Kräutertabak und zum Räuchern von Fleisch und Fisch ist sie beliebt.

BLÜTENFARBE

BLÜTEZEIT

| Jan | Feb | März | April | Mai | Juni | Juli | **Aug** | **Sept** | **Okt** | Nov | Dez |

Pfefferblatt

Pfefferblatt, Hoja Santa
Piper auritum

		Höhe bis 250 cm	Erntezeit Januar bis Dezember	anspruchsvoll	

Das mehrjährige, frostempfindliche Pfeffergewächs stammt aus dem tropischen Mittelamerika. Die verwendeten Blätter können bis 25 cm groß werden. An den Unterseiten können sich bei älteren Blättern kleine, schwarze Pfefferkörner bilden.

Standort Sonnig bis halbschattig. In humusreiche Erde pflanzen.

Pflege Häufig gießen und düngen. Ganzjährig Temperaturen ab 12 °C erforderlich. Kann nur als Kübelpflanze gezogen werden. Im Winter in ein helles und warmes Winterquartier räumen. Kräftiger Rückschnitt wird vertragen.

Probleme Spinnmilben.

Vermehrung Stecklinge.

Ernten Aromatische Blätter nach Bedarf.

Küche Die Blätter schmecken sehr pfeffrig und können Saucen und Salat würzen. Man kann sie auch zum Füllen von Fleisch und Fisch verwenden.

Weitere Art Der Pfefferstrauch (*Piper nigrum*) ist ein mehrjähriges Klettergewächs, das durchlässige Erde und hohe Luftfeuchtigkeit benötigt. Die reifen, schwarzen oder unreifen, weißen Beeren werden als Pfeffer verwendet.

BLÜTENFARBE

BLÜTEZEIT

Jan	Feb	März	April	Mai	Juni	Juli	Aug	Sept	Okt	Nov	Dez

Blüte des Mexikanischen Oreganos

Mexikanischer Oregano
Poliomintha longiflora

	Höhe bis 90 cm	Erntezeit Januar bis Dezember	anspruchs- voll	

Von Frühjahr bis in den Herbst blüht der Mexikanische Oregano unaufhörlich mit vielen, zunächst weißen, später rosafarbenen Blüten. Das mehrjährige und frostempfindliche Gewächs ist in Mexiko und im südlichen Nordamerika heimisch. Die ovalen Blätter und Blüten schmecken wunderbar nach Oregano.

Standort Sonnig. Durchlässige und humose Böden sind ideal.

Pflege Der Mexikanische Oregano wird bei uns nur als Kübelpflanze gezogen. Wenig gießen und düngen. Verträgt keine Staunässe. Im Sommer vor Regen schützen. Bei zu viel Nässe werden über längere Zeit keine Blüten mehr gebildet. Überwinterung: hell und nicht unter 10 °C.

Schädlinge Weiße Fliege.

Vermehrung Stecklinge im Sommer.

Ernten Frische Blätter und Blüten.

Küche Die Blüten und Blätter des Mexikanischen Oreganos schmecken nach Oregano. Im getrockneten Zustand ist das Aroma der Blätter eher pfeffrig. Dann können sie Pfeffer ersetzen, um den Magen zu schonen. Mit den Blüten und Blättern können Fisch und Fleisch gewürzt werden.

BLÜTENFARBE

BLÜTEZEIT

Jan	Feb	März	April	Mai	Juni	Juli	Aug	Sept	Okt	Nov	Dez

Quillquina-Blüte

Quillquina
Porophyllum ruderale

		Höhe bis 150 cm	Erntezeit Mai bis November	anspruchs-voll	

Das einjährige, sehr frostempfindliche Quill-quina ist in Mittel- und Südamerika heimisch. In Bolivien wird die Würzpflanze Killi genannt. Weiße und lilafarbene Stängel zieren neben den dunkelgrünen Blättern diese ungewöhn-liche und anspruchsvolle Pflanze. An den Blatt-rändern befinden sich große Öldrüsen. Die un-scheinbaren, anfangs gelben, später weiß-lichen Blüten bilden keine Blütenblätter.

Standort Sonnig bis halbschattig. Ein humo-ser und feuchter Boden ist ideal.

Pflege Reichlich gießen, Quillquina braucht nur wenig Dünger.

Vermehrung Aussaat auf der Fensterbank, nach den Spätfrösten auch im Freien möglich.

Ernten Blätter nach Bedarf.

Gesundheit und Küche Die Blätter können, als Tee aufgebrüht, die Verdauung fördern und den Kreislauf in Schwung bringen. In Bolivien werden mit Quillquina hauptsächlich kalte und warme Salsas, aber auch viele andere Speisen gewürzt. Eine Quillquina-Paste mit Petersilie und Zitronensaft kann gut in Salatdressing und Saucen gemischt werden. In der mexika-nischen Küche werden mit Quillquina viele Tomatengerichte gewürzt.

BLÜTENFARBE

BLÜTEZEIT

Jan	Feb	März	April	Mai	Juni	Juli	Aug	Sept	Okt	Nov	Dez

Amerikanische Bergminze

Amerikanische Bergminze
Pycanthemum pilosum

| | Höhe bis 120 cm | Erntezeit Juni bis September | pflege- leicht | |

Die mehrjährige, in rauen Lagen nicht winter- harte Amerikanische Bergminze ist in Nord- amerika heimisch. Dort wurde sie von Chero- kee-, Choctaw- und den Koasati-Indianern als Stärkungsmittel genutzt. Sie wächst aufrecht und trägt lange, schmale und behaarte Blätter und weiße Blüten.

Standort Sonnig. Durchlässiger und humus- reicher Boden wird erwünscht.

Pflege Die völlig unempfindliche Wildpflanze sollte regelmäßig gewässert und gedüngt wer- den.

Probleme Falscher Mehltau.

Vermehrung Aussaat im Frühjahr und Herbst.

Ernten Blätter und Blüten zu Beginn der Blü- tezeit.

Gesundheit und Küche Ein aromatisches, stärkendes und stimulierendes Kraut, das als Tee aufgebrüht, die Durchblutung der Haut för- dert, Krämpfe löst und die Verdauung in Schwung bringt. Innerlich kann der Tee bei Ko- liken, Schüttelfrost und Fieber helfen. In der Küche verleihen die frischen Blätter, Blüten- spitzen und Blütenknospen pikanten Gerichten einen minzartigen Geschmack.

BLÜTENFARBE

BLÜTEZEIT

Jan Feb März April Mai **Juni Juli Aug Sept** Okt Nov Dez

Rosenwurz

Rosenwurz
Rhodiola rosea

☀	◐	Höhe 5–30 cm	Erntezeit Juni bis September	anspruchs- voll	🌱

Das mehrjährige, winterharte Dickblattgewächs ist sukkulent und bildet fleischige Rhizome. Die Pflanzen sind einhäusig, das heißt,
zur Bestäubung müssen männliche und weibliche Pflanzen gepflanzt werden. Die zunächst
gelben Blüten färben sich mit der Zeit rot-
orange.

Standort   Sonnig bis halbschattig. In Moorbö-
den oder Feuchtwiesen fühlt sich die Rosenwurz wohl. Auch für raue Lagen geeignet.

Pflege   Feucht halten und regelmäßig düngen.
Im Topf in Hochmoorerde setzen. Erst im dritten Jahr werden die Inhaltsstoffe der Rosenwurz voll ausgebildet.

Vermehrung   Wurzelteilung im Herbst.

Ernten   Wurzelstock ab dem 3. Jahr im Sommer oder Herbst.

Gesundheit und Küche   Der Wurzelstock
wird gereinigt und langsam getrocknet. Dann
kann er staubfrei aufbewahrt oder in hochpro-
zentigem Alkohol eingelegt werden. Die Rosenwurz fördert die Durchblutung, stärkt das Ge-
hirn und wirkt wundheilend. Rosenwurztees
steigern die physische Kraft und Ausdauer. Die
Rosenwurz wird vor allem morgens als Pulver,
Tee oder Tinktur angewendet.

BLÜTENFARBE

BLÜTEZEIT

Jan	Feb	März	April	Mai	**Juni**	Juli	Aug	Sept	Okt	Nov	Dez

Blüte des Wald-Sanikels

Wald-Sanikel
Sanicula europaea

| | Höhe bis 30 cm | Erntezeit Mai bis August | anspruchs- voll | |

Aus dem kräftigen Wurzelstock des mehrjährigen und winterharten Sanikels wachsen grundständige Blätter, die eine Rosette bilden. Der Blütenstand besteht aus mehreren Dolden.
Standort Schattig. In der Natur wächst es auf feuchten Böden in schattigen Laubwäldern.
Pflege Nicht austrocknen lassen und nicht düngen.
Krankheiten Rost.
Vermehrung Aussaat (schwierig), Wurzelteilung im Herbst.
Ernten Blätter ab Mai bis zur Blüte (ohne Stiel pflücken), Blüten, Wurzeln nach der Blüte.

Gesundheit und Küche Der Sanikel wirkt vor allem blutstillend und fördert die Narbenbildung bei Wunden. Dazu wird mit einem Blatt die entsprechende Stelle eingerieben oder ein Brei aus den Wurzeln und den Blättern hergestellt und auf die Stelle gestrichen. Der Absud aus den Wurzeln kann zum Auswaschen offener Wunden und Geschwüre verwendet werden. Bei akuter oder chronischer Bronchitis lindert ein Tee aus den Blättern und Blüten den Husten und wirkt schleimlösend. In der Küche wird Sanikel zum Würzen von Fleisch und Eintöpfen verwendet.

BLÜTENFARBE

BLÜTEZEIT

| Jan | Feb | März | April | **Mai** | **Juni** | Juli | Aug | Sept | Okt | Nov | Dez |

![Heiligenkraut]
Heiligenkraut

Heiligenkraut, Zypressenkraut
Santolina chamaecyparissus

 | Höhe bis 50 cm | Erntezeit Juni bis September | pflege-leicht |

Der mehrjährige, winterharte Halbstrauch aus dem Mittelmeerraum verholzt an seiner Basis. Die gesamte Pflanze verströmt einen starken, herben Geruch. Die Blätter sind behaart und weißfilzig.

Standort Sonnig. Das Heiligenkraut gedeiht auf trockenen, steinigen und auch alkalischen Böden.

Pflege Wenig gießen. Das Heiligenkraut ist empfindlich für Staunässe. Reichlich düngen. Im Herbst nur die Blüten zurückschneiden, im darauffolgenden Frühjahr dann um die Hälfte zurücknehmen. In rauen Lagen Winterschutz geben, damit die Pflanze nicht zu stark zurückfriert und im Frühjahr spät austreibt.

Vermehrung Stecklinge im Herbst.

Ernten Blätter in der Wachstumszeit, Blüten im Sommer.

Gesundheit Blüten und Blätter können für Tees verwendet werden. Das Heiligenkraut ist bitter und anregend, mit einem starken Kamille-Aroma. Es hemmt Entzündungen, verbessert die Verdauung, regt die Gebärmutter und Leber an und vertreibt Darmparasiten. Die Zweige können zwischen Kleidungsstücke gelegt werden, um Motten zu vertreiben.

BLÜTENFARBE

BLÜTEZEIT

| Jan | Feb | März | April | Mai | Juni | Juli | Aug | Sept | Okt | Nov | Dez |

Satureja douglasii

Indianische Minze
Satureja douglasii

| | Höhe 10 cm | Erntezeit Juli bis Oktober | pflege-leicht | |

Die mehrjährige, nicht winterharte Indianische Minze ist in Mittelamerika heimisch. Sie wächst kriechend und hängt bis zwei Meter. Ihre rundlichen Blätter sind paarweise angeordnet und hellgrün. Sie haben einen starken, angenehmen Minzeduft. Die zierlichen Blüten sind weiß. Auffällige Hängepflanze, die schnell wächst und windunempfindlich ist.

Standort Sonnig, geschützt. Auch für Kübel- und Balkonkasten.

Pflege Gleichmäßig gießen und regelmäßig düngen. Frostfrei überwintern.

Krankheiten Falscher Mehltau.

Vermehrung Stecklinge im Frühjahr.

Ernten Triebe und Blätter werden nach Bedarf geerntet.

Gesundheit und Küche Die Blätter der Indianischen Minze können als Tee aufgebrüht werden, der gegen Kopfschmerzen hilft. Der abgeseihte Tee kann auch in Vollbäder gegeben werden. Das hilft gegen Keuchhusten. Auch Kinder können bereits darin baden. Die Indianische Minze ist ein Würzkraut für Speisen mit Hülsenfrüchten und Fleischgerichte. Blätter und Triebspitzen dieser Minze passen gut zu Cocktails, zum Beispiel zu Mojitos.

BLÜTENFARBE

BLÜTEZEIT

| Jan | Feb | März | April | Mai | Juni | Juli | Aug | Sept | Okt | Nov | Dez |

Satureja montana ssp. *citriodora*

Zitronen-Bohnenkraut
Satureja montana ssp. *citriodora*

☀	Höhe bis 50 cm	Erntezeit Mai bis Oktober	pflege- leicht	🌱

Das mehrjährige, winterharte Zitronen-Bohnenkraut ist im Mittelmeerraum heimisch. Die rosafarbenen Blüten erscheinen von Juni bis August.

Standort Sonnig. Der Boden sollte kalkhaltig, nährstoffreich, sandig und durchlässig sein.

Pflege Wenig düngen, damit die Pflanze ihr Zitronenaroma ausbilden kann. Wenig gießen.

Vermehrung Stecklinge vor der Blüte.

Ernten Blätter, zum Trocknen im Herbst ernten.

Küche Das Zitronen-Bohnenkraut hat ein intensives Zitronenaroma. Es schmeckt wenig nach Bohnenkraut. In der Küche kann es als Gewürz, wie das Berg-Bohnenkraut, verwendet werden. Es passt gut zu Fleisch- und Bohnengerichten. Auch zum Grillen geeignet.

Weitere Art Das sehr anspruchsvolle Afrikanische Zitronenkraut (*Satureja biflora*) gedeiht nur an sonnigen Standorten mit nicht zu feuchter, durchlässiger Erde. In unseren Breiten kann es nur als Kübelpflanze gezogen werden. Für einen buschigen Wuchs muss es öfters zurückgeschnitten werden. Das Aroma ist süßzitronig. Als Würzkraut wird es zu Süßspeisen und Fischgerichten verwendet.

BLÜTENFARBE

BLÜTEZEIT

Jan	Feb	März	April	Mai	Juni	Juli	Aug	Sept	Okt	Nov	Dez

Scandix pecten-veneris

Nadelkerbel
Scandix pecten-veneris

  Höhe bis 50 cm | Erntezeit Juli bis August | pflege-leicht

Das einjährige Doldengewächs wächst in den Europäischen Mittelgebirgen. Die wechselständigen Blätter sind gefiedert. Die weißen Blütendolden mit bis zu 15 weißen Einzelblüten erscheinen von Juni bis August. Die spitzen Samennadeln bilden sich in einem schmucken, kammähnlichen Fruchtstand.

Standort Sonnig bis halbschattig. Nadelkerbel gedeiht in kalkhaltigen, lockeren, steinigsandigen, leicht humosen Lehm- oder Tonböden.

Pflege Nadelkerbel benötigt reichliche Wasser- und Düngergaben während der Wachstumsperiode. Er sollte nur in Lagen mit sommerwarmem Klima gepflanzt werden. Nadelkerbel kann sich auch durch Selbstaussaat vermehren.

Vermehrung Aussaat im Frühjahr.

Ernten Spitze Samennadeln von Juli bis August.

Küche Die in der Küche verwendeten, schmackhaften Nadeln schmecken petersilienartig. Sie können roh oder gekocht verzehrt werden.

Weitere Namen Spechtzunge, Hirtennadel, Nadelkraut, Venuskamm.

BLÜTENFARBE

BLÜTEZEIT

Jan Feb März April Mai **Juni** **Juli** **Aug** Sept Okt Nov Dez

Sideritis syriaca

Griechischer Bergtee
Sideritis syriaca

| ☀ | Höhe 30–40 cm | Erntezeit Mai bis September | pflege-leicht | 🪴 |

Der mehrjährige, im Mittelmeergebiet heimische Griechische Bergtee benötigt in unseren Breiten Winterschutz. In der Natur wächst er auf trockenen, steinigen Bergwiesen. Die grauen Blätter sind filzig behaart. Von Juni bis Juli erscheinen die gelbgrünen Blütenkerzen.

Standort Sonnig. Ein durchlässiger, steiniger oder sandiger, kalkhaltiger oder lehmig-humoser Boden ist ideal.

Pflege Nicht zu feucht halten und möglichst wenig düngen. Die trockenheitsliebende Pflanze gedeiht in Steingärten und Trockenmauern am besten. Alle drei Jahre neu säen oder mit Stecklingen vermehren, um den Bestand zu sichern.

Vermehrung Aussaat ab März, Stecklinge im Spätsommer.

Ernten Blätter und Blüten im Sommer.

Gesundheit Der Tee schmeckt mild und zimtartig. Er regt Magen und Darm an, ist entzündungshemmend und antibiotisch und kann gegen Husten und rauen Hals getrunken werden. Der Tee ist in Griechenland auch unter dem Namen Püringer Tee bekannt.

Weitere Namen Gliedkraut, Beschreikraut.

BLÜTENFARBE

BLÜTEZEIT

| Jan | Feb | März | April | Mai | **Juni** | **Juli** | Aug | Sept | Okt | Nov | Dez |

Taubenkropf

Taubenkropf, Leimkraut
Silene vulgaris

	Höhe 20–50 cm	Erntezeit April bis September	pflege- leicht	

Das mehrjährige, winterharte Nelkengewächs ist in ganz Europa heimisch. Die bläulich grünen, eiförmigen Blätter wachsen gegenständig. Die Blüten erscheinen in lockeren Trugdolden. Der blasig aufgetriebene Blütenkelch gab der Pflanze ihren deutschen Namen. In der Natur wächst der Taubenkropf auf trockenen Wiesen und Rainen sowie an Waldlichtungen.
Standort Sonnig. Mäßig nährstoffreicher, steiniger Untergrund wird bevorzugt.
Pflege Wenig gießen und düngen. Die Pflanze vermehrt sich auch durch Selbstaussaat.
Vermehrung Aussaat von Sommer bis Herbst.

Ernten Wurzel, Blätter, junge Triebe.
Gesundheit und Küche Die Blätter werden nur frisch verwendet. Ausgegrabene Wurzeln trocknen. Der frische Presssaft aus den Blättern dient der Vitalisierung des Körpers. Die Wurzel enthält besonders viele Saponine. Junges Leimkraut schmeckt süßlich. Ihre Blättchen können im Sommer in Salate gemischt werden. Frische Wurzeln oder Blätter können zu Suppen verarbeitet werden. Auch als Gemüse schmecken sie gut. Der Sud aus den Wurzeln ist eine milde Waschlauge für empfindliche Materialien.

BLÜTENFARBE

BLÜTEZEIT

Jan	Feb	März	April	Mai	Juni	Juli	Aug	Sept	Okt	Nov	Dez

Blüte der Mariendistel

Mariendistel, Fieberdistel
Silybum marianum (syn. *Carduus marianus*)

	Höhe	Erntezeit	pflege-
	bis 120 cm	Juli bis September	leicht

getrocknetes Mariendistelkraut

Der zweijährige, winterharte Korbblütler aus Südosteuropa bildet eine große, dunkelgrüne Rosette, die überwintert. Die weiß geaderten und gefleckten Blätter sind dornig gelappt. Aus den lilafarbenen Blüten entstehen kleine Früchte, die an ihrer Spitze gelb gefärbt sind.

Standort Sonnig. Wächst an Wegrändern auf trockenen, sandigen Böden.

Pflege Die Mariendistel ist anspruchslos und braucht wenig Pflege. Gleichmäßig gießen und düngen. Die Pflanze neigt zur Selbstaussaat.

Schädlinge Schnecken.

Vermehrung Aussaat im Frühjahr.

Ernten Samen, Blütenköpfchen abschneiden, kurz bevor die Samen reif sind, in der Sonne trocknen lassen und Samen ausschütteln.

Gesundheit und Küche Die Mariendistel-samen sind ein bitteres, harntreibendes, stärkendes Heilmittel, das Leberzellen regenerieren lässt, den Gallenfluss anregt und Krämpfe löst. Innerlich wird der Brei aus den Samen bei Leber- und Gallenkrankheiten, Zirrhose, Hepatitis und Vergiftungen angewendet. Die Blütenköpfe können wie Artischocken zubereitet werden. Die jungen Blätter werden wie Spinat gekocht.

BLÜTENFARBE

BLÜTEZEIT

Jan	Feb	März	April	Mai	Juni	Juli	Aug	Sept	Okt	Nov	Dez

Sium sisarum

Süßwurzel
Sium sisarum

| | | Höhe | Erntezeit | pflege- |
| --- | --- | bis 120 cm | September bis März | leicht |

Der mehrjährige, winterharte Doldenblütler ist in Südosteuropa heimisch. Die Süßwurzel wächst aufrecht und verzweigt. Die süßen, winterharten Wurzeln werden bei frostfreiem Wetter ausgegraben. Das historische Gemüse wurde bereits von den Römern und Griechen wegen der süßen Wurzeln angebaut.

Standort Sonnig bis halbschattig. Gedeiht auf nährstoffreichen, tiefgründigen und sandigen Böden.

Pflege Nicht zu trocken halten und mäßig düngen. Die anspruchslose Pflanze ist problemlos zu ziehen.

Vermehrung Aussaat im späten Frühjahr, Wurzelteilung beziehungsweise -verjüngung.

Ernten Wurzeln im Herbst bis zum Frühjahr bei frostfreiem Wetter ausgraben, junge Triebe.

Küche Die jungen Triebe und süßen Wurzeln werden in der Küche gedünstet oder gebraten. Die Wurzeln können auch als Gemüsebeilage oder für Eintöpfe verwendet werden. Die Blätter können wie Petersilie genutzt werden. Die zuckersüßen Wurzeln dienen auch als Zuckerersatz.

Weitere Namen Merk, Zuckermerk, Zuckerwurzel.

BLÜTENFARBE

BLÜTEZEIT

Jan	Feb	März	April	Mai	**Juni**	**Juli**	Aug	Sept	Okt	Nov	Dez

Süßkraut

Süßkraut
Stevia rebaudiana

  | Höhe 30–70 cm | Erntezeit Mai bis Oktober | anspruchs-voll |

Das ein- oder mehrjährige, frostempfindliche Süßkraut ist in Südamerika heimisch, wird heute aber weltweit angebaut. In Europa war der Handel für viele Jahre verboten. Das Süßkraut wurzelt nur sehr oberflächlich und hält eine Art Winterruhe, bei der die gesamten oberen Pflanzenteile absterben. Im späten Frühjahr treiben die Wurzeln wieder aus.

Standort Sonnig bis halbschattig, aber hell. In humose, sandige Erde setzen.

Pflege In der Wachstumszeit reichlich düngen und gleichmäßig gießen. Nach der Blüte ins Überwinterungsquartier bringen. Das Süß-kraut braucht auch im Winter mindestens 12 °C. Bei zu niedrigen Temperaturen treibt es später aus.

Vermehrung Aussaat im Frühjahr, Stecklings-vermehrung ganzjährig.

Ernten Blätter, frisch und zum Trocknen.

Gesundheit und Küche Die süßen Blätter der Stevie werden frisch und getrocknet zum Süßen verwendet. Das Kraut kann auch bei Diabetes und Übergewicht verwendet werden. Es ist kalorienarm und enthält etliche Vitamine und Mineralstoffe. Das Süßkraut kann bei Karies und Paradontose helfen.

BLÜTENFARBE

BLÜTEZEIT

| Jan | Feb | März | April | Mai | Juni | Juli | Aug | **Sept** | **Okt** | **Nov** | Dez |

Gewürz-Tagetes

Gewürz-Tagetes
Tagetes tenuifolia

		Höhe 20–40 cm	Erntezeit Juni bis September	pflege-leicht	

Die in Mittelamerika heimische Verwandte der bekannten Balkonblume wächst kissenförmig und reich verzweigt. Die Blätter sind zierlich und duften fein nach Orange und Zitrone. Die essbaren Blüten blühen je nach Sorte von gold- bis zitronengelb.

Standort Sonnig bis halbschattig. Gedeiht in allen Böden.

Pflege Benötigt reichlich Dünger und Wasser.

Schädlinge Schnecken, Blattläuse.

Vermehrung Aussaat, im zeitigen Frühjahr vorziehen, ab Mai Direktsaat ins Freiland.

Ernten Junge Blüten und Blätter im Sommer.

Gesundheit und Küche Das ätherische Öl wird mit Wasserdampfdestillation aus der blühenden Pflanze gewonnen. Bei Muskelkater und leichten Nervenentzündungen mischt man einige Tropfen davon in ein Massageöl und reibt die betroffenen Stellen damit ein. Die Tagetesblüten können in der Duftschale verwendet werden. Blütenblätter können als Dekoration in den Salat gegeben und mitgegessen werden.

Weitere Art Das Laub der Lakritz-Tagetes (*Tagetes filifolia*) verströmt ein feines Lakritz-Aroma.

BLÜTENFARBE

BLÜTEZEIT

Jan	Feb	März	April	Mai	Juni	Juli	Aug	Sept	Okt	Nov	Dez

Trigonella foenum-graecum

Griechischer Bockshornklee
Trigonella foenum-graecum

Samen des Bockshornklees

 | Höhe | Erntezeit | pflege-
| 30-80 cm | Juli bis September | leicht

Einjähriger Schmetterlingsblütler aus Süd-westasien und östlichem Europa. Sehr aromatische Pflanze mit dreizähligen Blättern, gelblich weißen Schmetterlingsblüten und länglichen Samenhülsen mit langem Schnabel.
Standort Sonnig. Dieser Klee gedeiht auf mageren, durchlässigen Böden.
Pflege Die Pflanze sollte reichlich gegossen werden, braucht aber keine zusätzlichen Düngergaben. Sie vermehrt sich leicht durch Selbstaussaat.
Vermehrung Aussaat.
Ernten Junge Blätter, reife Samen sobald

Samenhülle sich gelb färbt, Keimlinge können sofort gezogen und geerntet werden (wie Kresse).
Gesundheit und Küche Der Griechische Bockshornklee wirkt schleim- und krampflösend. Als Tee aufgebrüht, wirken die Samen verdauungsfördernd. Geschwüre werden aus der Haut gelöst, indem man Samenpulver mit heißem Wasser zu einem Brei verrührt und auf die betroffenen Stellen streicht. Dieser Brei hilft auch stillenden Frauen bei einer Brustverhärtung. Mit dem Samenpulver können in der Küche Currygerichte gewürzt werden. Die jungen Blätter werden als Gemüse verzehrt.

BLÜTENFARBE

BLÜTEZEIT

| Jan | Feb | März | April | Mai | Juni | Juli | Aug | Sept | Okt | Nov | Dez |

Tulbaghia violacea

Zimmerknoblauch
Tulbaghia violacea

		Höhe 40–80 cm	Erntezeit Januar bis Dezember	pflege- leicht	

Der mehrjährige, nicht winterharte Lauch ist in Südafrika heimisch. Die immergrüne Pflanze trägt schmale, grasartige Blätter und bildet von Mai bis September sehr schöne, purpurviolette oder weiße Blüten. Die Pflanze schmeckt intensiv nach Knoblauch, bildet aber keine Knolle. Es werden die Blätter und Blüten zum Würzen verwendet.

Standort Sonnig bis halbschattig. Durchlässige, humusreiche Böden sind ideal. Den Zimmerknoblauch am besten im Topf ziehen. In kleinen Töpfen werden mehr Blüten, in größeren Töpfen mehr Halme gebildet.

Pflege Viel gießen, verträgt für kurze Zeit auch Staunässe. Wurzelballen aber von Zeit zu Zeit abtrocknen lassen. Nicht mit Dünger sparen.

Vermehrung Aussaat im Frühjahr, Rhizomteilung im Herbst.

Ernten Blätter und Blüten nach Bedarf.

Küche Die Halme des Zimmerknoblauchs können wie Schnittlauch verwendet werden. Klein gehackt passen sie zu Salaten, Saucen und Knoblauchbutter. Die hübschen Blüten können als Würze und Garnierung genutzt werden.

BLÜTENFARBE

BLÜTEZEIT

Jan	Feb	März	April	**Mai**	**Juni**	**Juli**	**Aug**	**Sept**	Okt	Nov	Dez

Wildkräuter

Wildkräuter sind seit einigen Jahren in aller Munde. Sterneköche machen es vor und verwenden einst unbedeutende oder nur als Unkraut bekannte Pflanzen in leckeren Menüs. Viele Wildkräuter enthalten heilkräftige Inhaltsstoffe, die früher in der Volksheilkunde wichtig waren, heute aber in Vergessenheit geraten sind. Entdecken Sie hier altbekanntes Wissen wieder und probieren Sie mal eine Brennnesselsuppe oder einen Wildkräutersalat mit Gänseblümchen, Löwenzahn und Spitz-Wegerich!

Bitte seien Sie sehr vorsichtig, wenn Sie Kräuter in der freien Natur sammeln wollen. Das Allerwichtigste ist, dass Sie die Kräuter einwandfrei erkennen. Oftmals gibt es verwandte Arten, die dem gewünschten Kraut sehr ähnlich sehen, aber giftig sind. Wenn Sie irgendwelche Zweifel haben, lassen Sie die Pflanze lieber stehen.

In vielen Regionen bieten Kräuterkundige Führungen in der Natur an, bei denen verschiedene heimische Kräuter gesucht und gesammelt werden. Erkundigen Sie sich bei örtlichen Verbänden (zum Beispiel den Landfrauen) oder in Tourismusbüros.

Wiesen-Schafgarbe

Wiesen-Schafgarbe
Achillea millefolium

	Höhe	Erntezeit	pflege-
	bis 40 cm	März bis August	leicht

getrocknete Wiesen-Schafgarbe

Die Schafgarbe kann man häufig an Feld- und Wiesenrändern sammeln. Sie ist eine würzig duftende Wiesenstaude mit weißen Blüten.

Standort Sonnig bis halbschattig. Wächst auf jedem, nicht zu saurem Boden.

Pflege Braucht wenig Dünger und passt sich den natürlichen Bedingungen an.

Schädlinge Raupen, Minierfliegen, beschädigte Pflanzenteile entfernen.

Vermehrung Aussaat im Frühjahr, Wurzelteilung von Sommer bis Herbst.

Ernten Zarte Blätter im Frühjahr, während der Blütezeit alle krautigen Teile sammeln.

Gesundheit und Küche Die Wiesen-Schafgarbe ist ein aromatisches und zusammenziehendes Kraut, das Entzündungen hemmt, Verdauungsstörungen lindert und harntreibend wirkt. Sie hat auch blutdrucksenkende, krampflösende und blutungsstillende Eigenschaften. Die Blätter der Wiesen-Schafgarbe werden als Tee zubereitet. In der Küche werden die zarten Blätter frisch zu Salaten oder an Quark gegeben.

Weitere Art Die Zwerg-Schafgarbe (*Achillea nana*) wäct ebenfalls mehrjährig und ist winterhart. Sie wird nur bis zu 20 cm hoch.

BLÜTENFARBE

BLÜTEZEIT

Jan	Feb	März	April	Mai	Juni	Juli	Aug	Sept	Okt	Nov	Dez

Ajuga reptans

Kriechender Günsel
Ajuga reptans

			Höhe 10–20 cm	Erntezeit Juni bis August	pflege- leicht

Das mehrjährige und winterharte Lippenblütengewächs ist auf der gesamten nördlichen Halbkugel heimisch. An den oberirdischen Ausläufern wachsen ovale Blätter. Im Sommer erscheinen endständige, purpurfarbene Blüten.

Standort Sonnig bis schattig. Der Günsel bevorzugt sumpfige Wälder, Wiesen und Berghänge mit nährstoffreichen Böden.

Pflege Vollkommen pflegeleichte Pflanze. Wenn der Standort ihm zusagt, breitet sich der Günsel flächendeckend aus.

Vermehrung Ausläuferteilung im Frühjahr.

Ernten Blätter im Sommer.

Gesundheit und Küche Die frischen Blätter des Günsels werden für Salben und Öle verwendet, die wundheilend und schmerzstillend wirken. Die getrockneten Blätter haben einen harzigen bis rosmarinartigen Duft. Sie werden als Tee aufgebrüht oder für Extrakte verwendet. Die Blätter können leicht abführend wirken und reinigen die Leber. Die frischen Seitentriebe kann man als Sprossen in der Wildkräuterküche verwenden, zu Salaten, Gemüse und Spinatgerichten servieren.

Weitere Namen Kuckucksblume, Güldengünsel, Guglkraut.

BLÜTENFARBE

BLÜTEZEIT

Jan	Feb	März	April	Mai	Juni	Juli	Aug	Sept	Okt	Nov	Dez

Bärlauchblüte

Bärlauch
Allium ursinum

| Höhe | Erntezeit | pflege- |
| 20–30 cm | April bis Juni | leicht |

Der Bärlauch ist eines der ersten Wildkräuter im Jahr. Er wächst in der Natur an Bachufern, in feuchten Laubwäldern und an Waldrändern. Die Blätter werden vor der Blüte gesammelt und möglichst frisch verwendet. Sie schmecken knoblauchähnlich. Vorsicht: Pflanze nicht mit den ähnlich aussehenden Maiglöckchen oder Herbstzeitlosen verwechseln! Sie sind hochgiftig.

Standort Schattig. An feuchten Standorten auch bodendeckend.

Pflege Nur bei anhaltender Trockenheit gießen, nicht düngen. Das Herbstlaub als natürlichen Winterschutz nicht abräumen. Nach der Blüte beginnt die Pflanze mit der Ruhezeit, die bis ins frühe Frühjahr andauert.

Vermehrung Aussaat im Herbst, Zwiebelteilung in der Ruhezeit.

Ernten Blätter vor der Knospenbildung, Zwiebeln im Sommer.

Gesundheit und Küche Bärlauch besitzt reichlich ätherisches Öl und wertvolle Mineralsalze, Schleim und Zucker. Hilft bei Arterienverkalkung, erhöhtem Blutdruck und reinigt den gesamten Körper. In der Küche können frische Blätter an Salate und Suppen gegeben werden.

BLÜTENFARBE

BLÜTEZEIT

| Jan | Feb | März | April | Mai | Juni | Juli | Aug | Sept | Okt | Nov | Dez |

Wundklee

Wundklee
Anthyllis vulneraria

		Höhe 20–40 cm	Erntezeit Juni bis August	pflege-leicht

getrockneter Wundklee

Der zwei- bis mehrjährige, winterharte Wundklee ist in ganz Europa zu Hause. Die Pflanze ist seidig behaart, die Blütenköpfchen sind von handförmigen, gelappten Hochblättern umgeben. Bei starker Sonneneinstrahlung färben sich die weißen bis gelben Blüten rot. Diese Heilpflanze findet man häufig in lichten Wäldern oder an Wegesrändern in Höhenlagen.
Standort Sonnig bis halbschattig. Wundklee gedeiht auf kalkhaltigen und durchlässigen Böden.
Pflege Die Pflanze ist völlig anspruchslos.
Vermehrung Aussaat im Frühjahr.

Ernten Junge Triebspitzen und Blüten, auch zum Trocknen.
Gesundheit Der Wundklee hilft, äußerlich angewendet, bei Hautproblemen und Wunden. Mit einem Sud aus Wundkleeblüten können Waschungen und Umschläge gemacht werden. Diese helfen bei verschiedenen Hautleiden. Auch zum Gurgeln bei Entzündungen im Mund- und Rachenraum ist der Wundkleesud geeignet. Aus dem frischen Kraut und den Blüten kann man auch eine Salbe herstellen.
Weitere Namen Apothekerklee, Tannenklee, Gelber Klee.

BLÜTENFARBE

BLÜTEZEIT

Jan	Feb	März	April	Mai	**Juni**	**Juli**	**Aug**	Sept	Okt	Nov	Dez

Bärentraube

Bärentraube
Arctostaphylos uva-ursi

 | Höhe 10–30 cm | Erntezeit Juli bis September | anspruchs-voll |

Die mehrjährige, winterharte Bärentraube ist in Südtirol und den Schweizer Alpen, in Polen, Russland und Finnland heimisch. Diese immergrüne Pflanze wächst mit niederliegenden Zweigen. Die ledrigen Blätter sind häufig rötlich und behaart. Später bilden sich rote Beeren mit mehligem, sehr saurem Fruchtfleisch, die in skandinavischen Ländern traditionell verzehrt werden.

Standort Sonnig. Wächst in Bergregionen und in saurem Waldboden.

Pflege Nicht bis wenig düngen, für ausreichend Feuchtigkeit sorgen.

Krankheiten Rost.

Vermehrung Stecklinge, in Torf stecken.

Ernten Blätter nach Bedarf im Sommer. Nicht die jungen Blätter sammeln.

Gesundheit und Küche Die Bärentraube wirkt harnregulierend, antibiotisch und entzündungshemmend. Die Blätter werden als Tee aufgebrüht. Der Tee kann Nierensteine lösen. Vorsicht: Nicht für längere Zeit anwenden. Die Beeren kann man wie Preiselbeeren verwenden und einkochen.

Weitere Namen Harnkraut, Moosbeeren, Wolfbeere.

BLÜTENFARBE

BLÜTEZEIT

| Jan | Feb | März | April | Mai | Juni | Juli | Aug | Sept | Okt | Nov | Dez |

Amerikanische Arnika

Amerikanische Arnika
Arnica chamissonis (syn. *Arnica foliosa*)

 | Höhe | Erntezeit | pflege- |
bis 60 cm | Juni bis August | leicht |

Die mehrjährige, winterharte Verwandte der bei uns heimischen Berg-Arnika ist ursprünglich in Nordamerika heimisch. Die Art bildet eine grundständige Rosette mit länglichen, spitzen Blättern. Die gelben Korbblüten wachsen an langen Stielen.
Standort Sonnig. Wächst in der Natur auf ungedüngten, lichten Waldwiesen. Gedeiht in humosen, sandigen oder torfigen, auch leicht alkalischen Böden.
Pflege Regelmäßig gießen, nicht düngen. Im Gegensatz zur Berg-Arnika ist diese Art völlig problemlos zu ziehen.

Vermehrung Aussaat im Frühjahr, Wurzelteilung im Herbst.
Ernten Blüten sammeln, rasch in der Sonne trocknen lassen.
Gesundheit Die Amerikanische Arnika enthält den Bitterstoff Arnicin, ätherisches Öl und Gerbstoffe. Der Arnikageist, aus den Blüten hergestellt, kann zum Einreiben bei rheumatischen Beschwerden, Hexenschuss, Prellungen, Blutergüssen, Muskelkater und Verstauchungen verwendet werden. Innerlich sollte der Arnikageist nur sehr sparsam bei Immunschwäche verwendet werden.

BLÜTENFARBE

BLÜTEZEIT

| Jan | Feb | März | April | Mai | Juni | Juli | Aug | Sept | Okt | Nov | Dez |

Berg-Arnika

Berg-Arnika
Arnica montana

| | Höhe
bis 60 cm | Erntezeit
Juni bis August | anspruchs-
voll |

getrocknete Arnikablüten

Diese mehrjährige, winterharte Arnika-Art findet man auf mageren, sauren Wiesen und in Mooren. Die Pflanze steht unter Naturschutz und darf nicht ausgegraben werden. Arnika-Pflanzen erhalten Sie in Gärtnereien. Die goldfarbenen Blüten werden in der Naturheilkunde verwendet.

Standort   Sonnig. Wasserdurchlässige, saure Böden wählen.

Pflege   Ungedüngte, sandige aber auch torfhaltige Erde verwenden. Besonders im Winter ist die Berg-Arnika gegen Nässe empfindlich. Auf abschüssige Hanglagen pflanzen.

Vermehrung   Aussaat (schwierig), Wurzelteilung nach der Blüte. Keine Pflanzen vom Naturstandort ausgraben!

Ernten   Blüten, sofort trocknen.

Gesundheit   Die Berg-Arnika ist ein aromatisches, bitteres und zusammenziehendes Kraut, das Herz sowie Immunsystem stärkt. Es lindert Schmerzen, hemmt Entzündungen und heilt Infektionen. Die Blüten werden in voller Blüte gepflückt und in Alkohol angesetzt oder in Tinkturen verwendet. Damit können zum Beispiel Verstauchungen eingerieben werden.

Weitere Namen   Bergwohlverleih, Bergwurz

BLÜTENFARBE

BLÜTEZEIT

| Jan | Feb | März | April | Mai | Juni | Juli | Aug | Sept | Okt | Nov | Dez |

Gänseblümchen, Maßliebchen
Bellis perennis

☀	Höhe 5–15 cm	Erntezeit März bis November	pflege-leicht

Das mehrjährige, winterharte Gänseblümchen ist auf der ganzen Welt verbreitet. Es wächst auf Wiesen, Weiden und Parkrasen. Ab dem Frühjahr werden die jungen Blätter und die Blüten gepflückt. Die Blüten öffnen sich nur bei schönem Wetter. Sind sie am Morgen noch geschlossen, wird es wahrscheinlich im Laufe des Tages regnen.

Standort Sonnig. Humose, leicht feuchte Böden sind am besten geeignet.

Pflege Regelmäßig düngen.

Vermehrung Aussaat, Wurzelteilung im Herbst.

Ernten Blüten und Blätter von Frühjahr bis Herbst.

Gesundheit und Küche Die frischen Blätter werden für Absude und Salben, die Blüten für Tees und Salben verwendet. Das Gänseblümchen wirkt blutreinigend, schleimlösend und wassertreibend. Innerlich kann es als Tee bei Husten und Katarrh, äußerlich als Umschlag bei Krampfadern, leichten Verletzungen und entzündeten Augen helfen. Die jungen Blätter und vor allem die Blüten schmecken angenehm säuerlich. Sie können an Salate gegeben werden.

BLÜTENFARBE

BLÜTEZEIT

Jan	Feb	**März**	**April**	**Mai**	**Juni**	**Juli**	**Aug**	**Sept**	**Okt**	**Nov**	Dez

Calluna vulgaris

Heidekraut, Besenheide
Calluna vulgaris

☼	Höhe bis 60 cm	Erntezeit August bis Oktober	pflege- leicht	🪴

Der mehrjährige, winterharte Kleinstrauch ist in Nordeuropa und Nordamerika heimisch. Die winzigen, sich überlappenden Blätter sind dreieckig. Die rosafarbenen, glockenförmigen Blüten öffnen sich von Juli bis Oktober. Nur naturnahes Heidekraut ist heilkräftig. Die im Handel erhältlichen Sorten haben keine Wirkstoffe mehr.

Standort Sonnig. Trockener, saurer, kalkfreier Boden. Wächst überwiegend in Heiden, Mooren und an Wald- und Wegrändern.

Pflege Wenig gießen und düngen, Wurzelballen nicht ganz austrocknen lassen. Die verblühten Blütenstände im Frühjahr zurückschneiden.

Vermehrung Absenker im Frühjahr, Stecklinge im Spätsommer.

Ernten Blühendes Kraut im Herbst.

Gesundheit Die blühenden Triebe werden getrocknet. Sie wirken harntreibend und blutreinigend. Drei Tassen davon täglich getrunken helfen bei Nieren- und Harnwegsentzündungen. Ein Bad, zweimal täglich mit zwei Handvoll Heidekraut, lindert rheumatische Beschwerden. Auch Salben können aus dem getrockneten Kraut hergestellt werden.

BLÜTENFARBE

BLÜTEZEIT

Jan	Feb	März	April	Mai	Juni	Juli	Aug	Sept	Okt	Nov	Dez

Hirtentäschelkraut

Gewöhnliches Hirtentäschelkraut
Capsella bursa-pastoris

  | Höhe 10–70 cm | Erntezeit Mai bis September | pflege-leicht

getrocknetes Hirtentäschelkraut

Das ein- bis zweijährige Hirtentäschelkraut ist weltweit verbreitet. Man erkennt dieses Wildkraut leicht an den herzförmigen Schoten. Die Pflanze blüht ganzjährig und trägt gleichzeitig Blüten und Früchte. In der Natur findet man es auf Äckern, Wiesen und Brachland. Sie sät sich auf nährstoffreichen Böden selbst aus.

Standort Sonnig bis halbschattig. Das Hirtentäschelkraut hat sehr geringe Bodenansprüche, ist aber stickstoffliebend.

Vermehrung Aussaat im Frühjahr.

Ernten Oberirdische Pflanzenteile von Frühjahr bis Herbst.

Gesundheit und Küche Das ganze Kraut kann für Tees getrocknet werden. Man kann es aber auch in der Apotheke kaufen. Das Hirtentäschelkraut wirkt zusammenziehend, harntreibend und fördert die Blutgerinnung. Innerlich wie äußerlich kann es blutstillend bei Hämorrhoiden, Menstruationsblutungen und Nasenbluten angewendet werden. Vorsicht: Keinesfalls während der Schwangerschaft innerlich anwenden! Dies kann zu Fehlgeburten führen. Tränken Sie zur äußerlichen Anwendung eine sterile Kompresse mit dem Aufguss und legen Sie die Kompresse auf die Wunde.

BLÜTENFARBE

BLÜTEZEIT

| Jan | Feb | März | April | Mai | Juni | Juli | Aug | Sept | Okt | Nov | Dez |

Wiesen-Schaumkraut

Wiesen-Schaumkraut
Cardamine pratensis

		Höhe bis 30 cm	Erntezeit März bis Juni	pflege-leicht

Der mehrjährige und winterharte Kreuzblütler wächst auf der gesamten Nordhalbkugel. Aus einer flachen, gerillten und gefiederten Rosette erhebt sich der weiße bis rosafarbene Blütenstand.
Standort Sonnig bis halbschattig. Gedeiht auf feuchten und nährstoffreichen Böden.
Pflege Das Wiesen-Schaumkraut ist völlig anspruchslos.
Vermehrung Aussaat im Frühjahr, Wurzelteilung im Frühjahr oder Herbst.
Ernten Junge Blätter und Triebspitzen im Frühjahr, frisch oder einfrieren.

Gesundheit und Küche Die frischen Blätter des Wiesen-Schaumkrauts schmecken nach Brunnenkresse. Sie enthalten Senfölglykoside, die ihren einen scharfen Geschmack und dem Öl, aus der ganzen Pflanze gewonnen, medizinische Eigenschaften verleihen. Das kräftigende, reinigende Kraut enthält viel Vitamin C. Daher kann es krampf- und hustenlösend wirken. Als Tee aufgebrüht werden Blätter und Wurzel bei chronischen Hautproblemen getrunken. Junge Blätter und Blüten an Salate, Suppen oder Quark geben.
Weitere Namen Wiesenkresse, Wasserkraut

BLÜTENFARBE

BLÜTEZEIT

Jan	Feb	März	April	Mai	Juni	Juli	Aug	Sept	Okt	Nov	Dez

Schöllkraut

Schöllkraut
Chelidonium majus

Höhe	Erntezeit	pflege-
50–70 cm	Mai bis September	leicht

Aus den abgebrochenen Stängeln tropft ein oranger Pflanzensaft.

Das Schöllkraut kommt bei uns an Wegrändern oder in Gebüschen vor. Aus dem Stängel quillt ein orangefarbener Pflanzensaft hervor, wenn man die Blätter abbricht. Der Pflanzensaft kann hautreizend wirken. Das Schöllkraut sät sich leicht selbst aus.

Standort Sonnig bis halbschattig. Gedeiht in jedem ausreichend humosen, kalkhaltigen und durchlässigen Boden.

Vermehrung Aussaat im Frühjahr.

Ernten Triebe und Kraut.

Gesundheit Frisches Schöllkraut wird nur für Aufgüsse und Tinkturen zur äußerlichen Anwendung verwendet. Vorsicht: Alle Pflanzenteile enthalten ein zellschädigendes Alkaloid und sind somit schwach giftig. Das Schöllkraut wirkt reinigend, krampflösend und entzündungshemmend. Es regt die Produktion der Gallenflüssigkeit und den Kreislauf an. Verwenden Sie innerlich kein selbst gesammeltes Kraut, sondern greifen Sie auf geprüfte Arzneimittel aus der Apotheke zurück. Der ausfließende, orangefarbene Pflanzensaft kann gegen Warzen helfen. Streichen Sie die gereinigte Warze so lange mit dem frischen Saft ein, bis sie schwarz wird.

BLÜTENFARBE

BLÜTEZEIT

Jun	Feb	März	April	Mai	Juni	Juli	Aug	Sept	Okt	Nov	Dez

Gewöhnliche Wegwarte

Gewöhnliche Wegwarte
Cichorium intybus

☀	Höhe 30–100 cm	Erntezeit Juni bis Oktober	pflege-leicht

Die milchsaftführende Wegwarte kommt in ganz Europa vor. Man findet sie meist an Wegrändern. Daher kommt auch der deutsche Name. Sammeln Sie keine Pflanzen am Straßenrand, diese sind von Autoabgasen hoch belastet. Aus einer Rosette entwickeln sich ihre löwenzahnähnlichen Blätter und schöne, blaue Blüten, die nach Norden zeigen.
Standort Sonnig. Bevorzugt kalkhaltige, lehmige und trockene Böden.
Pflege Nicht düngen.
Vermehrung Aussaat im Frühjahr, Wurzelteilung im Herbst.

Ernten Wurzeln im zweiten Jahr im Herbst, junge Blätter vor Blühbeginn, Blüten.
Gesundheit und Küche Das bittere, harntreibende, abführende und entzündungshemmende Kraut wirkt beruhigend auf die Leber und die Gallenblase. Der Tee wird bei Leberbeschwerden, Rheuma, Gicht und Hämorrhoiden getrunken. Vorsicht: Nicht bei Gallensteinen anwenden! Kann zu schweren Koliken führen. In der Küche werden die frischen, bitter schmeckenden Blätter der Wegwarte als Gemüse und für Salate verwendet, Blüten zur Garnierung und zum Kandieren.

BLÜTENFARBE

BLÜTEZEIT

Jan	Feb	März	April	Mai	Juni	**Juli**	**Aug**	**Sept**	Okt	Nov	Dez

Kleinblütiges Weidenröschen

Kleinblütiges Weidenröschen
Epilobium parviflorum

Höhe	Erntezeit	pflege-
30–50 cm	Juni bis Oktober	leicht

Das einjährige Nachtkerzengewächs ist in Europa und Asien heimisch. Es kommt wild wachsend weit verbreitet vor. Die Pflanze neigt zur Selbstaussaat. Es gibt noch weitere Weidenröschen-Arten, die sich durch Einkreuzen entwickelt haben. Diese sind aber nicht heilkräftig.

Standort Sonnig. Das Kleinblütige Weidenröschen kommt mit allen Bodenarten zurecht.

Pflege Das Weidenröschen ist völlig anspruchslos. Um die Selbstaussaat zu verhindern, werden die Samenstände der verblühten Pflanzen entfernt.

Vermehrung Aussaat ganzjährig.

Ernten Frisches Kraut und Blüten.

Gesundheit und Küche Das Kleinblütige Weidenröschen wirkt entzündungshemmend, wassertreibend und enthält Gerbstoffe, Flavonoide, Schleimstoffe und Gallussäure. Das Weidenröschen wird in der Volksmedizin bei Prostataleiden, auch unterstützend bei Prostatakrebs und Blasenentzündung verwendet. Brühen Sie einen Tee aus dem getrockneten Kraut. Auch Sitzbäder haben sich gegen Prostataleiden bewährt. Das Kraut kann auch als Gemüse gegessen werden.

Weitere Namen Antinskraut, Waldröschen.

BLÜTENFARBE

BLÜTEZEIT

Jan	Feb	März	April	Mai	Juni	Juli	Aug	Sept	Okt	Nov	Dez

Zinnkraut

Zinnkraut, Acker-Schachtelhalm
Equisetum arvense

		Höhe 30–50 cm	Erntezeit Mai bis Oktober	pflege-leicht

Das mehrjährige, winterharte Zinnkraut ist auf der gesamten nördlichen Halbkugel verbreitet. Die dünnen Triebe sind etagenartig verzweigt. Die sporentragenden Blüten bilden schwarzbraune Kolben.

Standort Sonnig bis halbschattig, man findet es auf feuchten Äckern und Wiesenrändern.

Pflege Zinnkraut verbreitet sich unablässig aus Wurzelsprossen, die viele Jahre lang keimfähig bleiben.

Vermehrung Wurzelsprosse.

Ernten Kraut von Mai bis Oktober, keine kolbentragenden Stängel. Vorsicht: Die Pflanze kann leicht mit dem giftigen Sumpf-Schachtelhalm (*Equisetum palustris*) verwechselt werden! Nur Pflanzen sammeln, die eindeutig erkannt werden.

Gesundheit und Küche Das Zinnkraut wirkt blutstillend, zusammenziehend, wassertreibend und schleimlösend. Es enthält Kieselsäure, Gerbstoffe, Saponine, Magnesium und Natrium. Als Tee wird es bei Blasen-, Nieren- und Lungenerkrankungen empfohlen. Außerdem regt es den Stoffwechsel der Haut an. Das Zinnkraut kann auch als Badezusatz verwendet werden.

BLÜTENFARBE

BLÜTEZEIT

Jan	Feb	**März**	**April**	**Mai**	Juni	Juli	Aug	Sept	Okt	Nov	Dez

getrocknete Mädesüßblüten

Filipendula ulmaria

getrocknetes Mädesüßkraut

Echtes Mädesüß
Filipendula ulmaria

☀	◑	Höhe	Erntezeit	pflege-
		50–150 cm	Juni bis September	leicht

Das mehrjährige, winterharte Rosengewächs ist in Europa bis Sibirien heimisch. Der waagrecht kriechende, knotig verdickte Wurzelstock enthält rote Farbstoffe. Die grundständigen Blätter werden bis zu 50 cm lang. Im Sommer trägt das Echte Mädesüß weiße, nach Honig duftende Blüten.

Standort Sonnig bis halbschattig. Das Mädesüß findet man auf feuchten, lehmigen Stellen in Wiesen, Sümpfen, Wäldern und in der Nähe von Flussufern.

Pflege Völlig anspruchslos. Nach der Blüte zurückschneiden.

Vermehrung Aussaat im Frühjahr, Wurzelteilung im Herbst, Stecklinge im Sommer.

Ernten Blüten während der Blütezeit, Wurzeln im Sommer.

Gesundheit und Küche Das Mädesüß ist schmerzlindernd, schweiß- und harntreibend und blutstillend. Es enthält viel Salicylsäure und Gerbstoffe. Ein Tee aus den Blüten wird bei Erkältungskrankheiten, Nierenproblemen und rheumatischen Beschwerden empfohlen. In der Küche können die Doldenblüten wie Holunderblüten zu Sirup oder Ähnlichem verarbeitet werden.

BLÜTENFARBE

BLÜTEZEIT

Jan	Feb	März	April	Mai	**Juni**	**Juli**	**Aug**	**Sept**	Okt	Nov	Dez

Wald-Erdbeere

Wald-Erdbeere
Fragaria vesca

 | Höhe
bis 20 cm | Erntezeit
Mai bis August | pflege-
leicht |

Das mehrjährige, winterharte Rosengewächs ist in Europa und Asien heimisch. Die Wald-Erdbeere bildet Ausläufer und eine grundständige Rosette. Die weißen Blüten erscheinen von Mai bis Juni. Später bilden sich daraus rote Beeren.

Standort Sonnig. Durchlässiger Boden wird bevorzugt. Wald-Erdbeeren findet man häufig an Waldrändern und abgeholzten Stellen in Mischwäldern.

Pflege Die Wald-Erdbeere ist völlig anspruchslos. Sie kann auch in Topf und Kübel gezogen werden.

Vermehrung Ausläufer im August, Aussaat im Frühjahr.

Ernten Blätter von Mai bis Juni sammeln, rote Früchte im Sommer, Wurzeln im Herbst.

Gesundheit und Küche Wald-Erdbeeren wirken appetitanregend, harntreibend, entzündungshemmend und blutreinigend. Die Blätter und Wurzeln enthalten Salicylsäure und Gerbstoffe. Sie sind in sehr vielen Teemischungen enthalten. Eine Handvoll Erdbeerblätter gibt man ins Badewasser, um empfindliche und entzündete Haut zu beruhigen. Die Früchte enthalten viele Vitamine und Mineralstoffe.

BLÜTENFARBE

BLÜTEZEIT

| Jan | Feb | März | April | *Mai* | *Juni* | *Juli* | *Aug* | Sept | Okt | Nov | Dez |

Waldmeister

Waldmeister
Galium odoratum
(syn. *Asperula odoratum*)

| | Höhe bis 30 cm | Erntezeit Mai bis Juni | pflege- leicht |

Turiner Waldmeister

Waldmeister wächst in ganz Europa in schattigen Buchenwäldern. Er bildet einen kriechenden Wurzelstock und lanzettliche Blätter in Etagen. Die sternförmigen Blüten erscheinen in lockeren Trugdolden.

Standort Halbschattig bis schattig. Waldmeister fühlt sich auf nährstoffreichen, feuchten, stark humushaltigen Böden wohl.

Pflege Nicht austrocknen lassen. Laub im Herbst als Schutz liegen lassen.

Vermehrung Wurzelteilung im Frühjahr oder nach der Blüte.

Ernten Frisches Kraut zur Blütezeit.

Gesundheit und Küche Waldmeister enthält ätherische Öle und Cumarin. Waldmeistertee wirkt anregend, auch beruhigend und verdauungsfördernd. Nur angewelktes Kraut strömt den intensiven Cumaringeruch aus. Das Waldmeisterkraut kann zur Herstellung von Bowlen und vielen Erfrischungsgetränken verwendet werden.

Weitere Art Der Turiner Waldmeister (*Asperula taurina*) ist mehrjährig und winterhart. Er duftet stark und wächst in Buchenwäldern. Die weißen Blüten erscheinen im Frühjahr und duften nach Jasmin.

BLÜTENFARBE

BLÜTEZEIT

| Jan | Feb | März | April | **Mai** | **Juni** | Juli | Aug | Sept | Okt | Nov | Dez |

Echtes Labkraut

Echtes Labkraut
Galium verum

getrocknetes Labkraut

Höhe 20–80 cm	Erntezeit Juli bis September	pflege- leicht

Das Echte Labkraut ist mehrjährig und winterhart. Es wächst im gesamten europäischen und nordamerikanischen Raum. Die sehr kleinen Blüten erscheinen an Rispen. Früher wurde das Labkraut bei der Käseherstellung zur Gerinnung der Milch verwendet. Außerdem wurde es für Matratzen und zur Fußbodeneinstreu genutzt.

Standort Sonnig bis halbschattig. In der Natur wächst es auf trockenen Wiesen, an Hecken und Wegrändern in magerer Erde.

Pflege Das Echte Labkraut ist völlig anspruchslos. Nicht düngen.

Vermehrung Aussaat im Sommer, Wurzelteilung im Herbst.

Ernten Blühende Pflanze sammeln. Auch zum Trocknen.

Gesundheit Das saure, zusammenziehend wirkende, leicht bittere Kraut wirkt harntreibend, blutreinigend und krampflösend. Innerlich kann das Kraut bei Blasen- und Nierenentzündungen helfen. Das getrocknete Labkraut kann auch in Kräuterkissen für guten Schlaf sorgen.

Weitere Namen Gelber Butterstiel, Gelbes Käselab, Magerkraut.

BLÜTENFARBE

BLÜTEZEIT

Jan	Feb	März	April	Mai	Juni	Juli	Aug	Sept	Okt	Nov	Dez

Echte Nelkenwurz

Bach-Nelkenwurz

Echte Nelkenwurz
Geum urbanum

Höhe	Erntezeit	pflege-
20–50 cm	Juni bis Juli	leicht

Die mehrjährige, winterharte Nelkenwurz wächst auf der gesamten nördlichen Halbkugel. Sie hat einen starken Wurzelstock und hohe, behaarte Stängel. Die endständigen Blüten erscheinen im Sommer. Später bilden sich runde Samen mit Kletten, mit denen sich die Nelkenwurz durch Tiere verbreitet.

Standort Sonnig bis halbschattig. Man findet die Wildpflanze häufig an Waldrändern und in Naturhecken. Gedeiht in durchlässigen Böden.

Pflege Sehr pflegeleichte Pflanze.

Probleme Falscher Mehltau.

Vermehrung Aussaat im Frühjahr.

Ernten Gesamtes, blühendes Kraut von Juni bis Juli, Wurzeln von Frühling bis Herbst.

Gesundheit und Küche In der Volksheilkunde wird die Nelkenwurz innerlich als Tee bei Durchfallerkrankungen, Verdauungsbeschwerden, Fieber sowie Nerven- und Muskelschmerzen, Schleimhaut- und Zahnfleischentzündungen angewendet. Der Tee wird auch dem Badewasser beigegeben und hilft bei Hämorrhoiden und Hautausschlägen.

Weitere Art Die Bach-Nelkenwurz (*Geum rivale*) findet man an feuchten Ufern oder niedrigen Wasserläufen, sie blüht wunderschön.

BLÜTENFARBE

BLÜTEZEIT

Jan	Feb	März	April	Mai	Juni	Juli	Aug	Sept	Okt	Nov	Dez

Stinkender Storchschnabel

Stinkender Storchschnabel
Geranium robertianum

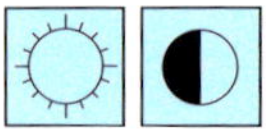

		Höhe bis 30 cm	Erntezeit Mai bis September	pflege-leicht

Das ein- oder zweijährige Storchschnabelge-
wächs ist auf der gesamten Nordhalbkugel
heimisch. Das Ruprechtskraut riecht unangenehm, ist an Stielen und Blättern stark behaart.
Die tief eingeschnittenen Blätter sind rötlich
überlaufen. Die fünfteiligen, rosaroten Blüten
sitzen zu zweit bis viert in den Blattachseln
und blühen von Mai bis Oktober.
Standort Sonnig bis halbschattig. Feuchte,
nährstoffreiche Böden sind ideal. Besonders
als Unterwuchs für Gehölze geeignet.
Pflege Völlig anspruchslose Pflanze, neigt zur
Selbstaussaat.

Vermehrung Aussaat im Sommer.
Ernten Blühendes Kraut sammeln und trocknen.
Gesundheit und Küche Ein Tee aus dem getrockneten Kraut kann den Blutzuckerspiegel
senken. Mit Tee getränkte Kompressen helfen
gegen Augen- und Ohrenentzündungen. Wenn
sich Ohrenschmerzen ankündigen, sammelt
man frisches Kraut, bündelt es und legt es auf
die betroffene Stelle, die Schmerzen werden
schnell abklingen. Das Kraut schmeckt herb bis
salzig .
Weiterer Name Ruprechtskraut.

BLÜTENFARBE

BLÜTEZEIT

Jan	Feb	März	April	Mai	Juni	Juli	Aug	Sept	Okt	Nov	Dez

Kahles Bruchkraut

Kahles Bruchkraut
Herniaria glabra

		Höhe	Erntezeit	pflege-
		bis 5 cm	Juni bis Oktober	leicht

Das ein- oder mehrjährige, winterharte Nelkengewächs ist auf der gesamten nördlichen Halbkugel heimisch. Bruchkraut bildet eine kleine Pfahlwurzel und viele niederliegende Triebe aus, die bis 30 cm lang werden können.
Standort Sonnig bis halbschattig. Bevorzugt sandige Böden, wächst auch in Pflasterritzen.
Pflege Völlig anspruchsloses Kraut, das zur Selbstaussaat neigt.
Vermehrung Aussaat im Sommer, Wurzelteilung.
Ernten Oberirdische Pflanzenteile, nur frisch verwenden oder einfrieren für den Winter.

Gesundheit und Küche Das Bruchkraut wirkt entkrampfend. Die Blätter und Blüten werden als Tee und auch als Kaltauszug angewendet. Damit können Blasenentzündungen, Nierensteine und Prostataleiden gelindert werden. Es ist als auflösendes, harntreibendes Mittel bekannt. Das ganze Kraut wurde früher bei Knochenbrüchen aufgelegt, daher der Name.
Weitere Art Behaartes Bruchkraut *(Herniaria hirsula)* ist komplett behaart. Es hat die gleichen Eigenschaften wie Kahles Bruchkraut.
Weitere Namen Tausendkorn, Dürrkraut, Nierenkraut.

BLÜTENFARBE

BLÜTEZEIT

Jan	Feb	März	April	Mai	**Juni**	**Juli**	**Aug**	**Sept**	**Okt**	Nov	Dez

Kleines Habichtskraut

Kleines Habichtskraut
Hieracium pilosella

| ☀ | Höhe 5–30 cm | Erntezeit Juli bis September | pflege-leicht |

Der mehrjährige, winterharte Korbblütler wächst in Europa, Asien und Nordamerika wild. Die elliptisch geformten Blätter mit weißen, filzigen Unterseiten bilden sich aus einer Rosette. Die einzeln stehenden Blüen sind zitronengelb.

Standort Sonnig. An gut entwässerten bis trockenen, nährstoffarmen Böden gedeiht es besonders gut.

Pflege Das Habichtskraut ist völlig anspruchslos. Als Pionierpflanze besiedelt es als eine der ersten Pflanzen gerodete und brachliegende Flächen.

Vermehrung Aussaat, Wurzelteilung im Herbst bis Frühjahr.

Ernten Kraut im Sommer.

Gesundheit Das frische oder getrocknete Kraut wird für Tees, Flüssigextrakte und Tinkturen verwendet. Die Pflanze ist bitter und wirkt antibiotisch, schleimlösend und harntreibend. Es fördert die Heilung, löst Krämpfe, hemmt Entzündungen und regt die Speichelbildung an. Als Tee aufgebrüht, wird es zum Gurgeln und zur äußerliche Wundbehandlung verwendet. Augenspülungen mit dem durch ein Tuch geseihten Tee erhalten die Sehkraft.

BLÜTENFARBE

BLÜTEZEIT

| Jan | Feb | März | April | Mai | **Juni** | **Juli** | **Aug** | **Sept** | **Okt** | Nov | Dez |

Weiße Taubnessel

Weiße Taubnessel
Lamium album

getrocknete Taubnessel

Höhe bis 30 cm	Erntezeit April bis September	pflege-leicht

Die Taubnessel ist weit verbreitet. Man findet sie auf feuchten Fluren und in Gebüschen. Sie kann leicht von der Brennnessel unterschieden werden, weil die Taubnessel keine brennenden Nesselhaare bildet. Daher auch der deutsche Name. Die weißen, großen, in Scheinquirlen angeordneten Blüten duften honigartig.

Standort Sonnig bis schattig. Auf feuchten, wasserdurchlässigen und nahrhaften Böden.

Vermehrung Wurzelteilung von Oktober bis März, Stecklinge im Frühjahr.

Ernten Junge Blätter, blühendes Kraut, Wurzeln im Herbst.

Gesundheit und Küche Die Weiße Taubnessel wirkt schleimlösend, schmerzlindernd, krampflösend, entzündungshemmend und blutreinigend. Sie enthält Schleimstoffe, Gerbstoffe und ätherisches Öl. Die Blüten, Blätter und die Wurzeln können, als Tee aufgebrüht, gegen Menstruationsbeschwerden und Blasenentzündungen helfen. Äußerlich wird der Tee auch als Spülung bei Weißfluss verwendet. Junge Taubnesselblätter mit Brennnesselblättern können als schmackhafte Frühjahrsspeise wie Spinat zubereitet werden.

Weitere Namen Blindnessel, Ackernessel.

BLÜTENFARBE

BLÜTEZEIT

Jan	Feb	März	April	Mai	Juni	Juli	Aug	Sept	Okt	Nov	Dez

Alpen-Mutterwurz

Alpen-Mutterwurz
Ligusticum mutellina

  | Höhe 30–60 cm | Erntezeit Mai bis September | anspruchs-voll |

Das mehrjährige, winterharte Doldengewächs ist im Norden Europas heimisch. Die Alpen-Mutterwurz trägt gefiederte, feine Blätter und weiße Doldenblüten. Ihre Wurzel kann bis zu 50 cm lang werden.

Standort Sonnig bis halbschattig. In der Natur findet man die Alpen-Mutterwurz unter lichten Laubwäldern in feuchten, tiefgründigen und humusreichen Böden.

Pflege Gleichmäßig feucht halten, wenig düngen.

Vermehrung Aussaat im Herbst, Wurzelteilung im Sommer.

Ernten Wurzeln im Herbst ausgraben, Kraut nach Bedarf ernten.

Gesundheit und Küche Die verdauungsfördernde und krampflösende Mutterwurz kann als Tee aus der Wurzel oder den Blättern verwendet werden. In der Volksheilkunde wird sie gegen Leberleiden, außerdem bei Frauenkrankheiten und Nierenleiden empfohlen. In der Küche wird das Kraut genauso wie Petersilie verwendet. Es ist im Bayerischen Wald ein beliebtes Würzmittel für Frischkäse und andere Käsezubereitungen. Aus der Wurzel wird auch Schnaps hergestellt.

BLÜTENFARBE

BLÜTEZEIT

| Jan | Feb | März | April | Mai | Juni | **Juli** | **Aug** | Sept | Okt | Nov | Dez |

Blut-Weiderich

Blut-Weiderich
Lythrum salicaria

		Höhe	Erntezeit	pflege-
		80–150 cm	Juli bis September	leicht

Der Blut-Weiderich wächst in Nordwest-Afrika und ist auch in Mitteleuropa verwildert. Die endständigen Blüten sind kräftig weinrot bis purpurviolett gefärbt und erscheinen von Juli bis September.

Standort Sonnig bis halbschattig. Benötigt zumindest zeitweise feuchte, nasse Lehm- und Tonböden. In der Natur findet man ihn an Uferrändern und in Sumpfwiesen.

Pflege In Kultur am besten an Teichnähe oder Uferbereich setzen.

Vermehrung Aussaat im Frühjahr, Teilung im Herbst oder zeitigen Frühjahr.

Ernten Blätter und Blüten während der Blüte, frisch oder trocken verwenden.

Gesundheit und Küche Die hochwirksamen Blätter und Blüten wirken zusammenziehend, antibakteriell, harntreibend, beruhigend, blutstillend und hemmen Juckreize. Für Aufgüsse und Tees wird das getrocknete Kraut verwendet. Wegen des hohen Gerbstoffgehaltes wurde der Blut-Weiderich früher zur Ledergerbung verwendet. Man kann braunes Haar damit spülen und erreicht hübsche Glanzeffekte.

Weitere Namen Stolzer Heinrich, Blutkraut.

BLÜTENFARBE

BLÜTEZEIT

| *Jan* | *Feb* | *März* | *April* | *Mai* | *Juni* | *Juli* | *Aug* | *Sept* | *Okt* | *Nov* | *Dez* |

Echter Steinklee

Echter Steinklee
Melilotus officinalis (syn. *Melilotus arvensis*)

	Höhe	Erntezeit	pflege-
	bis 100 cm	Juli bis September	leicht

Diese Steinklee-Art ist in der gesamten nördlichen Halbkugel heimisch. Sie wächst aufrecht buschig und trägt gelbe Schmetterlingsblüten in Ähren von Juli bis September. Später entwickeln sich daraus braune Samenhülsen.

Standort Sonnig. Wächst auf trockenen Plätzen und ist manchmal an Wegrändern zu finden.

Pflege Der Echte Steinklee kommt mit allen Bedingungen zurecht.Die Pflanze neigt zur Selbstaussaat.

Vermehrung Aussaat von Frühjahr bis Sommer.

Ernten Obere Teile des Krautes zur Blütezeit.

Gesundheit und Küche Der Echte Steinklee wirkt harntreibend und schlaffördernd. Er enthält Gerbstoffe, Flavonoide und Cumarin. Eine Teekur mit Steinklee ist sehr wirksam bei Krampfadern oder bei Krämpfen in den Waden sowie bei Lymphdrüsen-Erkrankungen. Das ganze Kraut kann bei rheumatischen Erkrankungen und Schwellungen aufgelegt werden. Das getrocknete Kraut wurde früher in den Gartenboden gegraben, um Mäuse zu vertreiben.

Weitere Namen Honigklee, Melilotenklee.

BLÜTENFARBE

BLÜTEZEIT

Jan	Feb	März	April	Mai	Juni	Juli	Aug	Sept	Okt	Nov	Dez

Klatsch-Mohn

Klatsch-Mohn
Papaver rhoeas

	Höhe	Erntezeit	pflege-
	bis 50 cm	Juni bis August	leicht

Das einjährige Mohngewächs ist in Europa, Asien und Nordafrika heimisch. Man findet es häufig an Weg- und Feldrändern. Im Sommer blüht der Mohn auffallend rot. Die Pfahlwurzel ist weißlich. Nach der Blüte bilden sich kleine, ovalängliche Kapseln mit einem gewellten Deckel. In der Mohnkapsel befinden sich zahlreiche, braunschwarze Samen.

Standort Sonnig. Trockene Plätze werden bevorzugt. Der Mohn sät sich selbst an geeigneten Standorten aus.

Pflege Klatsch-Mohn ist völlig anspruchslos.

Vermehrung Aussaat.

Ernten Blütenblätter in der Blütezeit, Kapseln mit den Samen, sobald diese im Sommer reif sind.

Gesundheit und Küche Klatsch-Mohn wirkt zusammenziehend und beruhigend. Er kann Schmerzen lindern, Krämpfe lösen und ist schleimlösend. Der Samen kann bei Husten, Schlaflosigkeit und nervösen Verdauungsstörungen als Tee aufgebrüht werden. Die roten Blütenblätter enthalten viele Farbstoffe und werden zum Einfärben von Arzneimitteln und Teemischungen verwendet. Vorsicht: Keine frischen Pflanzenteile verzehren!

BLÜTENFARBE

BLÜTEZEIT

Jan	Feb	März	April	Mai	**Juni**	**Juli**	Aug	Sept	Okt	Nov	Dez

Spitz-Wegerich

Blatt des Breit-Wegerichs

Spitz-Wegerich
Plantago lanceolata

  | Höhe 10–30 cm | Erntezeit Mai bis Oktober | pflege-leicht |

Der robuste, mehrjährige und winterharte Spitz-Wegerich wächst wild fast überall an Wiesen- und Wegrändern und ist in ganz Europa heimisch. Der grundständige Wurzelstock treibt schmale, spitze Blätter.

Standort Sonnig bis halbschattig. Kommt mit jedem Boden zurecht.

Vermehrung Aussaat im Frühjahr.

Ernten Blätter von Mai bis September während der Blüte, nicht ganz ausgereifte Samen, Wurzel von September bis Oktober.

Gesundheit und Küche Spitz-Wegerich wirkt blutreinigend, hustenlindernd und enthält Schleim-, Gerb- und Bitterstoffe sowie Kieselsäure. Zur äußerlichen Anwendung legt man frische Blätter auf wunde Stellen. Wegerichtee ist innerlich angewendet ein gutes Mittel gegen Bronchialverschleimung, Husten, Asthma und kann auch bei Kindern eingesetzt werden. In der Küche können junge Spitz-Wegerichblätter wie Spinat, als Wildgemüse und Suppe zubereitet werden. Die Samenstände eignen sich gut als Vogelfutter.

Weitere Art Der Breit-Wegerich (*Plantago major*) bildet breite Blätter. Er enthält mehr antibiotische Wirkstoffe als der Spitz-Wegerich.

BLÜTENFARBE

BLÜTEZEIT

| Jan | Feb | März | April | Mai | Juni | Juli | Aug | Sept | Okt | Nov | Dez |

Gänse-Fingerkraut

Gänse-Fingerkraut
Potentilla anserina

 | Höhe 10–20 cm | Erntezeit Mai bis Septmeber | pflege-leicht

getrocknetes Gänse-Fingerkraut

Das hübsche Rosengewächs wächst flach niederliegend und kriechend. Diese Fingerkraut-Art kommt in fast allen Gebieten auf der nördlichen Welt-Halbkugel vor. Sie wächst vor allem an Wegrändern. Der Wurzelstock ist innen rötlich gefärbt. Die unterirdischen Wurzelausläufer können sich stark ausbreiten.

Standort Sonnig. Durchlässige, auch steinige Böden sind geeignet.

Vermehrung Aussaat im Herbst, Wurzelteilung von Frühjahr bis Herbst.

Ernten Kraut und Wurzel von Frühjahr bis Herbst, frisch oder getrocknet verwenden.

Gesundheit und Küche Das Gänse-Fingerkraut wirkt krampflösend und enthält viele Gerb- und Bitterstoffe. Der Tee aus dem getrockneten Kraut oder den Wurzeln hilft bei verschiedenen Frauenkrankheiten sowie bei Muskel- und Wadenkrämpfen. Äußerlich kann der Fingerkrauttee auch als Tinktur verwendet werden. In der Küche können die zarten, jungen Fingerkrautblätter roh an Salate und Gemüsegerichte gegeben werden. Die Blätter schmecken leicht bitter.

Weitere Namen Silberkraut, Anserine, Krampfkraut, Gänserich.

BLÜTENFARBE

BLÜTEZEIT

| Jan | Feb | März | April | Mai | Juni | Juli | Aug | Sepl | Okt | Nov | Dez |

Blutwurz

Blutwurz
Potentilla erecta (syn. *Potentilla tormentilla*)

☀	Höhe bis 10 cm	Erntezeit April und Oktober	pflege- leicht

Das mehrjährige, winterharte Rosengewächs aus Europa und Asien wächst niederliegend. Die hübschen, gelben Blüten erscheinen von Juni bis August. Der Wurzelstock ist innen rot gefärbt.
Standort Sonnig. Die Blutwurz wächst auf Wiesen und lichten Wäldern. Sie gedeiht in mageren, sauren Lehmböden.
Pflege Die pflegeleichte Blutwurz braucht nur wenig Dünger und keine Wassergaben.
Krankheiten Rost.
Vermehrung Spross, Wurzelteilung von Frühjahr bis Spätherbst.

Ernten Wurzelstock im Frühjahr und Herbst.
Gesundheit und Küche Die Blutwurz ist bitter und wirkt zusammenziehend und kühlend. Sie kann Blutungen stillen, Entzündungen lindern und den Heilprozess fördern. Innerlich wird die Blutwurz als Tee bei Durchfall, Darmentzündung und Gastritis angewendet. Äußerlich angewendet hilft sie als Tinktur bei Hämorrhoiden, Rachenentzündungen, Mundgeschwüren, Schnittwunden und Sonnenbrand. Die Blutwurz wird auch zur Likörherstellung verwendet.
Weitere Namen Ruhrwurz, Fingerkraut.

BLÜTENFARBE

BLÜTEZEIT

Jan	Feb	März	April	Mai	Juni	Juli	Aug	Sept	Okt	Nov	Dez

Echte Schlüsselblume

Echte Schlüsselblume
Primula veris

	Höhe bis 10 cm	Erntezeit März bis April	pflege-leicht

Das mehrjährige, winterharte Primelgewächs ist in ganz Europa bis Asien heimisch. Die hübsche Frühjahrsblume steht unter Artenschutz und darf in der Natur nicht gesammelt werden.
Standort Sonnig bis halbschattig. Die Schlüsselblume wächst auf Wiesen und in feuchten Laubwäldern, oft auf Kalkböden.
Pflege Für ausreichende Wasserversorgung sorgen, sonst sehr anspruchslos.
Vermehrung Aussaat im Herbst, nach dem Verblühen durch Wurzelteilung.
Ernten Wurzeln; Blüten und Blätter im Frühjahr.

Gesundheit Die Schlüsselblume wirkt beruhigend und schleimlösend. Die Wurzel wird bei chronischem Husten, besonders bei chronischer Bronchitis und erkältungsbedingter Bronchienverengung angewendet. Die im Herbst ausgegrabenen Wurzeln können, zerkleinert und als Tee aufgebrüht, harntreibend, antirheumatisch und gerinnungsverzögernd wirken. Die Blätter haben eine ähnliche, aber schwächere Wirkung. Die Blüten sollen beruhigen und werden bei Überaktivität und Schlaflosigkeit empfohlen. Sie helfen auch bei Asthma.
Weiterer Name Himmelschlüssel.

BLÜTENFARBE

BLÜTEZEIT

| Jan | Feb | **März** | **April** | Mai | Juni | Juli | Aug | Sept | Okt | Nov | Dez |

Geflecktes Lungenkraut

Geflecktes Lungenkraut
Pulmonaria officinalis

getrocknetes Lungenkraut

		Höhe 10–30 cm	Erntezeit Juni bis Juli	pflegeleicht

Das mehrjährige, winterharte Borretschgewächs ist in Mitteleuropa und im Kaukasus heimisch. Es kommt nicht überall vor, kann aber in Apotheken bei Bedarf gekauft werden. Die großen, spitzovalen Blätter sind weiß gefleckt. Die hübschen Blüten sind rosa- bis blauviolett.

Standort Halbschattig bis schattig. Wächst in feuchten, lehmigen und lichten Wäldern.

Pflege Das Gefleckte Lungenkraut ist sehr anspruchslos.

Probleme Mehltau, Blattwespenlarven, befallene Blätter entfernen.

Vermehrung Aussaat im Frühjahr, Wurzelteilung von Herbst bis Frühjahr.

Ernten Blätter im Frühsommer.

Gesundheit und Küche Das blühende Kraut wirkt beruhigend, schleimlösend und zusammenziehend. Die gesammelten Blätter werden für Tees und Extrakte getrocknet. Innerlich kann ein Tee aus dem getrockneten Kraut bei Husten, Bronchitis, Katarrh, Hämorrhoiden und Durchfall helfen. Äußerlich wird der Tee bei Wunden und als Augenwasser angewendet. Die jungen Blätter werden in der Küche in Suppen und Salaten verwendet.

BLÜTENFARBE

BLÜTEZEIT

Jan	Feb	März	April	Mai	Juni	Juli	Aug	Sept	Okt	Nov	Dez

Scharbockskraut

Scharbockskraut
Ranunculus ficaria

Höhe	Erntezeit	pflege-
bis 15 cm	März bis April	leicht

Das mehrjährige, winterharte Scharbockskraut wächst bodendeckend. Es bildet kleine Wurzelknollen und glänzende, herzförmige Blätter. Die hübschen leuchtend gelben Blüten zeigen sich bereits früh im Jahr.

Standort Schattig. In feuchten Wiesen und Wäldern anzutreffen, gedeiht in durchlässiger, humoser Erde.

Pflege Das Scharbockskraut ist sehr anspruchslos. Es gedeiht lange Zeit am selben Platz. Zieht nach dem Frühling ein.

Vermehrung Brutknollen-Teilung nach der Blüte.

Ernten Blätter von März bis April.

Gesundheit Verwenden Sie das Scharbockskraut nur äußerlich. Innerlich angewendet können Nierenprobleme auftreten. In der Volksmedizin werden die Blättchen, grob zerkleinert und mit heißem Wasser überbrüht, als Auflage gegen Hämorrhoiden, Venenleiden, Krampfadern und Geschwüre, bei Ischias, Gicht und Arthritis verwendet. Sobald sich die Haut rötet, sollten die Blätter sofort wieder entfernt werden. Das Kraut ist in vielen Salben enthalten.

Weiterer Name Feigwurz.

BLÜTENFARBE

BLÜTEZEIT

Jan	Feb	**März**	**April**	Mai	Juni	Juli	Aug	Sept	Okt	Nov	Dez

Kleiner Sauerampfer

Kleiner Sauerampfer
Rumex acetosella

 | Höhe bis 30 cm | Erntezeit Mai bis Juni | pflege-leicht

Das mehrjährige, winterharte Knöterichge-wächs ist weltweit in den gemäßigten Klima-zonen heimisch. Die Blätter sind pfeilförmig. Die kleinen, grünen Blüten an endständigen Ähren färben sich zur Fruchtreife rot.
Standort   Ein sonniger Standort ist ideal. Der Kleine Sauerampfer wächst auf Ödland und Wiesen. Humusreiche, feuchte Böden werden von ihm bevorzugt.
Schädlinge   Erdflöhe.
Vermehrung   Wurzelteilung im Frühjahr.
Ernten   Alle Sprossteile vor der Blüte im Früh-sommer.

Gesundheit und Küche   Der Kleine Sauer-ampfer wirkt entgiftend. Der frische Presssaft aus den Blättern wirkt abführend und harn-treibend. Die Pflanze kann, als Tee aufgebrüht, zur Behandlung des Magen-Darm-Trakts an-gewendet werden. Bei nordamerikanischen Indianern wird diese Ampfer-Art auch zur Behandlung von Krebs genutzt. Der Kleine Sau-erampfer enthält den Gerbstoff Oxalat und Vi-tamin C. Oxalate wirken reizend, abführend. Die Blätter des Kleinen Sauerampfers haben einen sehr sauren Geschmack und werden zur Herstellung des Sauerkleesalzes verwendet.

BLÜTENFARBE

BLÜTEZEIT

| Jan | Feb | März | April | Mai | Juni | Juli | Aug | Sept | Okt | Nov | Dez |

Braunwurz

Braunwurz
Scrophularia nodosa

	Höhe	Erntezeit	pflege-
	bis 100 cm	Juli bis Oktober	leicht

Die mehrjährige, winterharte Braunwurz wächst in ganz Europa aufrecht mit vierkantigem Stängel. Die kleinen, bräunlichen, rundlichen Blüten erscheinen in Scheinrispen. Daraus entwickeln sich später grüne Kapselfrüchte.

Standort Sonnig bis halbschattig. Die Braunwurz wächst an feuchten Stellen in Wäldern, an Ufern und Gräben. Sie gedeiht in nährstoffreichen, feuchten Böden.

Pflege Die Braunwurz ist völlig anspruchslos.

Schädlinge Dickmaulrüsslerlarven an den Wurzeln.

Vermehrung Wurzelteilung im Herbst und Frühjahr, Stecklinge im Sommer.

Ernten Wurzeln im Sommer und Herbst.

Gesundheit Die im Herbst gesammelten Wurzeln werden getrocknet und für Tees verwendet. Sie sind entzündungshemmend, harntreibend und abführend. Die Braunwurz hilft als Tinktur bei chronischen Hautkrankheiten und geschwollenen Lymphknoten. Äußerlich wird sie als Tinktur bei Pilzkrankheiten, Geschwüren und Verbrennungen angewendet.

Weitere Namen Sauerwurz, Drüsenwurz, Feigenkraut.

BLÜTENFARBE

BLÜTEZEIT

Jan	Feb	März	April	Mai	Juni	Juli	Aug	Sept	Okt	Nov	Dez

Löwenzahn

Löwenzahn
Taraxacum officinale

☼	Höhe bis 30 cm	Erntezeit März bis Oktober	pflege- leicht

Der Löwenzahn ist eines der ersten Wildkräuter im Jahr. Die Pflanze wächst in der Natur fast überall. Im Spätsommer entwickeln sich aus den goldgelben Blüten die bekannten Pusteblumen.

Standort   Sonnig. Durchlässige, feuchte bis trockene, neutrale bis alkalische Böden sind geeignet.

Vermehrung   Aussaat.

Ernten   Blüten und Blätter im Frühjahr, Wurzeln im Herbst.

Gesundheit und Küche   Im Frühjahr gesammelte Blätter können frisch als Gemüse verzehrt werden. Aus ihnen wird auch der Pflanzensaft gepresst. Für Tees und Tinkturen trocknen lassen. Das bittersüße, kühlende Kraut wirkt harntreibend, abführend und antirheumatisch. Es regt die Leberfunktion an, verbessert die Verdauung und lässt Schwellungen und Entzündungen zurückgehen. Die Wurzeln der zweijährigen Pflanzen können ebenfalls ausgepresst werden. Die Blätter und der Wurzelsaft werden zum Aromatisieren von Kräuterbieren und Erfrischungsgetränken verwendet. Die frischen Blätter werden frischen Salaten beigegeben oder wie Spinat zubereitet.

BLÜTENFARBE

BLÜTEZEIT

Jan	Feb	**März**	**April**	**Mai**	Juni	Juli	Aug	Sept	Okt	Nov	Dez

Wiesen-Klee

Wiesen-Klee
Trifolium pratense

☀	Höhe	Erntezeit
	15–40 cm	Juni bis September

Der zweijährige, aufrecht wachsende Wiesen-Klee kommt in der Natur auf Wiesen und Äckern vor. Die hübschen, rosaroten Blüten riechen schwach süßlich und schmecken etwas herb. Sie erscheinen im Sommer. Die Blätter sind rundlich bis elliptisch und unterseits behaart. Oft haben sie eine helle Zeichnung.

Standort Sonnig. Der Wiesen-Klee liebt tiefgründige und nährstoffreiche Böden.

Pflege Der Wiesen-Klee ist sehr anspruchslos.

Vermehrung Aussaat.

Ernten Frische, oberirdische Pflanzenteile, Blüten, auch zum Trocknen geeignet.

Gesundheit Der Wiesen-Klee enthält Isoflavone und kann daher Wechseljahresbeschwerden, Hitzewallungen, Schweißausbrüche und Erschöpfungszustände mindern. Dazu werden die Blüten und Blätter als Tee aufgebrüht. Der Tee hilft auch bei Schleimhautentzündungen, Durchfall, Husten, Leberproblemen. Er ist auch ein gutes Mittel zur Blutreinigung.

Weitere Art Der Hasen-Klee (*Trifolium arvense*) hat einen hohen Gehalt an Gerbstoffen und wurde früher bei Durchfall, Mund- und Rachenentzündungen sowie bei Wunden angewendet.

BLÜTENFARBE

BLÜTEZEIT

| Jan | Feb | März | April | Mai | **Juni** | **Juli** | **Aug** | **Sept** | Okt | Nov | Dez |

Huflattich

Huflattich
Tussilago farfara

			Höhe bis 30 cm	Erntezeit März bis August	pflege- leicht

Der mehrjährige, winterharte Korbblütler ist in ganz Europa heimisch. Im März erscheinen zuerst die gelben Körbchenblüten an schuppig behaarten Stängeln. Nach der Blüte wachsen die Blätter direkt aus dem Boden. Sie sind handtellergroß und hufeisenförmig.
Standort Sonnig bis schattig. Wächst in feuchten und lehmigen Böden. Huflattich ist eine Zeigerpflanze für lehmige, tonhaltige Böden. Er ist häufig an Wegrändern zu finden.
Vermehrung Wurzelteilung nach der Blüte.
Ernten Blüten im zeitigen Frühjahr, Blätter im Sommer.

Gesundheit und Küche Huflattich wirkt entzündungshemmend und krampflösend, er enthält Flavonoide, Schleimstoffe und Gerbstoffe. Als Tee kann Huflattich gegen Husten und Asthma helfen. Bei geschwollenen Füßen können grüne Huflattichblätter aufgelegt werden. Auch ein Fußbad mit dem Absud kann gegen müde und geschwollene Füße helfen. Die Blätter enthalten sehr viel Vitamin C. In der Küche können sie in Frühjahrssalate gemischt werden. Sparsam verwenden!
Weitere Namen Berglatschen, Märzblume, Tabakkraut.

BLÜTENFARBE

BLÜTEZEIT

Jan	Feb	**März**	**April**	Mai	Juni	Juli	Aug	Sept	Okt	Nov	Dez

Große Brennnessel

Große Brennnessel
Urtica dioica

		Höhe bis 150 cm	Erntezeit Mai bis August	pflege-leicht

Die Brennnessel wächst in ganz Europa wild. An Blättern und Stängeln wachsen viele kleine Brennhaare. Die unscheinbaren, grünen Blüten erscheinen in Rispen in den Blattachseln.
Standort Sonnig bis halbschattig. Humose und stickstoffreiche Erde wird bevorzugt.
Pflege Breitet sich in stickstoffreichen Böden stark aus. In der Ruhezeit können die Rhizome aus der Erde genommen werden, um die Pflanze unter Kontrolle zu halten.
Vermehrung Aussaat, Wurzelteilung im Frühjahr.
Ernten Ganze Pflanze, Blattspitzen.

Gesundheit und Küche Die Brennnessel wirkt zusammenziehend, harntreibend, stärkend und blutstillend. Die Blätter werden zur Verwendung als Tee getrocknet. Er wirkt innerlich gegen Blutungen, Arthritis, Rheuma, Gicht und bei Hautleiden. Außerdem spült er Giftstoffe aus dem Körper. Für die Küche sollten nur ganz junge Blattspitzen von kleinen Pflanzen verwendet werden. Dann haben sich in den Blättern noch keine Oxalatkristalle gebildet. Die jungen Blattspitzen werden wie Spinat gekocht. Man kann sie auch für Suppen pürieren und zur Nesselbierherstellung verwenden.

BLÜTENFARBE

BLÜTEZEIT

Jan	Feb	März	April	Mai	Juni	Juli	Aug	Sept	Okt	Nov	Dez

Service

Bezugsquellen

Sortierung nach
Postleitzahlen

Kräuter- und Stauden-
gärtnerei Mann
Schönbacher Str. 25
02708 Lawalde
www.pflanzenreich.com

Kräuterei Silvia Heinrich
Alexanderstr. 29
26121 Oldenburg
www.kraeuterei.de

Rühlemann's Kräuter &
Duftpflanzen
Auf dem Berg 2
27367 Horstedt
www.ruehlemanns.de

herb's
Stedinger Weg 16
27801 Dötlingen OT Nuttel
www.genuss-garten.de

Gärtnerei Strickler
Lochgasse 1
55232 Alzey-Heimersheim
www.gaertnerei-strickler.de

Kräuterey Lützel
Im stillen Winkel 5
57271 Hilchenbach-Lützel
www.kraeuterey.de

Otzberg-Kräuter
Erich-Ollenhauer-Str. 87b
65187 Wiesbaden
www.otzberg-kraeuter.de

Calendula Kräutergarten
Storchshalde 200
70378 Stuttgart-Mühlhausen
www. calendula-kraeutergar-
ten.de

Heilpflanzenanbau
R. Wiedemann
Ditzenbacher Str. 22
73312 Geislingen-Aufhausen

Gartenbau Stegmeier
(Duftgeranien)
Unteres Dorf 7
73457 Essingen
www.gaertnerei-stegmeier.de

Syringa Samen
Bachstr. 7 (Büro)
78247 Hilzingen
www.syringa-pflanzen.de

Artemisia
Vorderer Moosweg 1
79350 Sexau
www.artemisiagarten.de

Hof Berggarten
Lindenweg 17
79737 Großherrischwand
www.hof-berggarten.de

Blumenschule Rainer Engler
Augsburger Str. 62
86956 Schongau
www.blumenschule.de

Christian Herb
Heiligkreuzerstr. 70
87439 Kempten
www.bio-kraeuter.de

Artemisia
Hopfen 29
88167 Stiefenhofen im Allgäu
www.artemisia.de

Dieter Gaissmayer
Jungviehweide 3
89257 Illertissen
www.gaissmayer.de

Magic Garden Seeds
Regerstr. 3
93053 Regensburg
www.magic-garden-seeds.de

Raritätengärtnerei Treml
Eckerstr. 32
93471 Arnbruck
www.pflanzentreml.de

Sortimentsgärtnerei Simon
Staudenweg 2
97828 Marktheidenfeld

Österreich:
Gartenbau Wagner
Gutendorf 36
A-8353 Kapfenstein
www.gartenbauwagner.at

Register

Impressum

Mit 455 Farbfotos von:
CMA, Berlin: 12, 13, 26; **Otmar Diez**, Sulzthal: 10, 18; **Elsner Pac**, Dresden: 75 Mire, 76 (alle 3); **Flora Press**, Hamburg: 57 ure, 66 re, 67 ore, 74, 75 Mili, 183 ore, 272; **Flora Press/Living & More**, Hamburg: 111 re; **Florensis Deutschland GmbH**, Stuttgart: 2 Mili, 51 re, 54, 68, 70 re, 112, 113 oli; **Gartenschatz**, Stuttgart: 3 o (beide), 6/7, 33, 36 (beide), 37, 38, 39, 41, 44 o, 45, 46 (beide), 48, 49, 50 (beide), 51 li, 55, 56, 59 ore, 59 ure, 60 (alle 3), 62, 63, 65 o, 65 Mili, 66 li, 73, 77 (beide), 79, 80, 82, 84, 86, 87 li, 90, 91, 94, 96, 98, 100 li, 106 li, 113 Mili, 117 re, 118 li, 121 u, 123 o, 124, 125, 135, 142 li, 144 (beide), 145, 146, 157, 160, 161, 162, 165 (beide), 169 re, 176, 178 o, 179 li, 184, 190 re, 203 u, 206, 222, 238, 241, 245, 248, 264, 265, 270 u, 273 (beide), 276 (beide), 277, 280, 284, 285 li, 286, 287 o, 289 re, 290, 298 re, 300, 303, 308; **Frank Hecker**, Panten-Hammer: 78 Mi, 99, 136, 151 o, 154, 232, 233 li, 243, 259, 268, 271, 274, 278, 292, 295, 297, 299 li, 302 o; **Kientzler**, Gensingen: 16; **Bayerische Landesanstalt für Landwirtschaft, Freising/Bomme:** 171, 194, 196 li, **Bayerische Landesanstalt für Landwirtschaft, Freising/Fuchs:** 174 ore; **Bayerische Landesanstalt für Landwirtschaft, Freising/Heuberger:** 174 li, 195 re, 198 u; **Bayerische Landesanstalt für Landwirtschaft, Freising/Rinder:** 195 li, 198 o; **Bayerische Landesanstalt für Landwirtschaft, Freising/Seemann:** 127 o, 173 re, 174 Mire, 188 (beide), 196 re, 199 li, 199 Mire; **Hans E. Laux**, Biberach/Riß: 95, 109 (beide), 190 li, 246, 255, 281 u, 158 u; **Verena Lindenthal**, Sommerach: 2 o (beide),2 Mire, 3 ure, 4 o, 31 (alle 3), 34, 40, 42, 43, 44 u, 47, 57 Mili, 58 (beide), 59 Mi (beide), 61 (alle 3), 65 ure (beide), 67 oli (beide), 67 ure, 70 li, 81 ore, 81 Mi (beide), 83 o, 85 Mi (beide), 87 Mire, 88 oli, 88 Mire, 88 ure, 93, 97 Mili, 100 re, 103 o, 103 u, 113 re (beide), 114 re, 118 re, 119 u, 121 Mi, 122 u, 123 u, 127 u, 129 Mire, 130 Mire, 139 Mili, 142 re, 151 u, 153 (beide), 156, 167 (alle 3), 178 u, 180 u, 183 ure, 187, 197 u, 199 ore, 201, 203 oli, 205 u, 219, 228, 231 Mire, 233 re, 235, 237 u, 242, 257, 258, 262 (beide), 269 u, 270 o, 279 u, 281 o, 285 re (beide), 287 u, 288 u, 293 u, 299 re, 302 u; **LPA Sachsen-Anhalt**, Magdeburg: 20 re; **Dirk Mann**, Lawalde: 20 li, 71; **Reinhard-Tierfoto**, Heiligkreuzsteinach-Eiterbach: 1, 3 uli, 5, 8, 9 (alle 3), 11, 14, 15, 17, 19, 20, 27, 29, 30, 32, 35, 75 oli, 75 oMi, 78 o, 85 o, 88 ore, 97 o, 101, 102, 106 Mire, 111 li, 116, 119 o, 120, 121 o, 122 o, 129 o, 130 o, 133, 137, 138, 140, 141, 143, 147, 149, 158 o, 166, 168, 172, 175, 183 li, 185, 186, 189, 202, 204, 207, 212, 220, 223, 227, 230, 234, 237 o, 239, 254, 261, 267, 269 o, 269 Mi, 279 o, 293 o, 298 li, 309; **Peter Schönfelder**, Pentling: 107 li, 128, 150, 152, 155, 163 li, 164, 173 li, 181 o, 203 ore, 282, 289 li, 291, 294, 296, 305, 307; **Roland Spohn**, Engen: 53 ure, 83 u, 89, 92, 105 o, 106 ore, 107 re, 108 (beide), 110, 115 (beide), 117 li, 126, 131, 139 Mire, 159, 177, 179 re, 180 o, 181 u, 191, 193, 197 o, 200 (beide), 208, 209, 211, 213 o, 215, 216, 217, 221 (beide), 224 (beide), 225 re, 226, 229, 231 ore, 240, 247, 250, 251, 252, 253, 260, 263, 266 (beide), 275, 283, 288 o, 301; **Stegmeier Gartenbau**, Essingen: 75 ore; **Syringa/Bernd Dittrich**, Hilzingen-Binningen: 105 u, 163 re, 214, 218, 225 li, 236, 244, 249, 256; **Annette Timmermann**, Kalübbe: 28; **Andreas Vietmeier**, Münster: 21 u; **Franz-Xaver Treml**, Arnbruck: 4 u; **Helga Wagner**, Kapfenstein (Österreich): 2 u (beide), 3 Mi, 52, 53 li, 53 ore, 57 o, 64, 69, 72, 81 oli, 87 ore, 97 Mire, 103 Mi, 104, 132, 139 o, 169 li, 182, 192, 205 o, 205 Mi, 210, 213 u, 231 oli; **Xeniel-Dia**, Stuttgart: 114 li, 134, 148, 304, 306.

Mit 9 Farbillustrationen von:
Horst Lünser, Berlin: 22 (alle 4), 23 (beide), 24 (alle 3)

Umschlaggestaltung von eStudio Calamar unter Verwendung eines Farbfotos von Tierfoto Reinhard, Heiligkreuzsteinach, und eines Farbfotos von Verena Lindenthal, Sommerach.

Unser gesamtes lieferbares Programm und viele weitere Informationen zu unseren Büchern, Spielen, Experimentierkästen, DVDs, Autoren und Aktivitäten finden Sie unter **www.kosmos.de**

Gedruckt auf chlorfrei gebleichtem Papier.

2., überarbeitete Auflage
© 2009, Franckh-Kosmos Verlags GmbH & Co. KG, Stuttgart
Alle Rechte vorbehalten
ISBN: 978-3-440-12079-8
Lektorat: Verena Lindenthal, Carolin Küßner
Produktion: Siegfried Fischer
Grundlayout: eStudio Calamar
Printed in Germany/Imprimé en Allemagne

Alle Angaben in diesem Buch sind sorgfältig geprüft und geben den neuesten Wissensstand bei der Veröffentlichung wieder. Da sich das Wissen aber laufend in rascher Folge weiterentwickelt und vergrößert, muss jeder Anwender prüfen, ob die Angaben nicht durch neuere Erkenntnisse überholt sind. Dazu muss er zum Beispiel Beipackzettel zu Dünge-, Pflanzenschutz- bzw. Pflanzenpflegemittel lesen und genau befolgen sowie Gebrauchsanweisungen und Gesetze beachten.

Bitte beachten Sie auch, dass für Kinder, Schwangere und stillende Mütter besondere Vorsichtsmaßnahmen bestehen. Nicht alle Kräuter dürfen eingenommen werden oder die Dosierung muss herabgesetzt werden. Fragen Sie daher Ihren Kinder- oder Frauenarzt, was Sie dürfen und was nicht. Das Gesagte gilt einmal mehr für Kranke, zum Beispiel mit chronischer Nierenentzündung oder Diabetes. Sie müssen in diesem Fall Ihren Arzt fragen, was Sie einnehmen dürfen und was nicht.

Dieses Buch ersetzt keinen Arztbesuch!
Es gibt viele Krankheiten, zum Beispiel Diabetes, Tinnitus, Nierenentzündung, die gehören in die Hand eines erfahrenen Arztes, **bevor** Sie anfangen, mit Hausmitteln unterstützend zu helfen. Auch bei scheinbar „leichten" Krankheiten, zum Beispiel Husten oder Schnupfen, müssen Sie zum Arzt gehen, wenn die Beschwerden nicht innerhalb weniger Tage abgeklungen sind.

Kräuter selbst sammeln
Das Allerwichtigste ist, dass Sie die Kräuter einwandfrei erkennen. Oftmals gibt es verwandte Arten, die sich sehr ähnlich sehen. Die eine ist jedoch gut, die andere giftig. Wenn Sie irgendwelche Zweifel haben, dann lassen Sie die Pflanze stehen. In der Apotheke bekommen Sie die beschriebenen Kräuter in getrockneter Form.

KOSMOS.
Vielfalt der Natur entdecken.

Preisänderung vorbehalten

Burkhard Bohne | Kräuter
256 Seiten, ca. 730 Farbfotos, €/D 29,90
ISBN 978-3-440-11730-9

Aroma und Genuss pur!

Wer jenseits von Rosmarin und Petersilie Kräuter sucht, die bei uns
erhältlich sind und im Garten, Topf oder unter Glas gedeihen, hält
mit diesem Buch einen wahren Schatz in den Händen!
Der Kräuterexperte Burkhard Bohne blickt als Leiter eines Arznei-
pflanzengartens auf unermessliche Erfahrungen zurück, die dieses
Praxis-Handbuch wie kein zweites prägen. Angefangen bei der
optimalen Gestaltung eines eigenen Kräutergartens, über Anbau,
Pflege, Ernte und Verwendung von Küchen- und Heilkräutern bis hin
zu über 500 Porträts. Kräuterfans werden ins Schwärmen geraten!

kosmos.de/garten